國學叢譚

张文勋 著

云南大学出版社

图书在版编目（C I P）数据

国学丛谭/张文勋著．—昆明：云南大学出版社，2009
ISBN 978-7-81112-801-7

Ⅰ．国… Ⅱ．张… Ⅲ．国学—中国—文集 Ⅳ．Z126-53

中国版本图书馆CIP数据核字（2009）第105610号

國學叢譚

张文勋 著

责任编辑：施惟达
责任校对：段建堂
装帧设计：猎鹰创想|书籍设计

出版发行：云南大学出版社
印　　装：昆明美林彩印包装有限公司
开　　本：787mm×1092mm　1/16
印　　张：28
字　　数：270千
版　　次：2009年8月第1版
印　　次：2009年8月第1次印刷
书　　号：ISBN 978-7-81112-801-7
定　　价：50.00元

地址：云南省昆明市一二一大街182号云南大学英华园（邮编：650091）
发行电话：(0871) 5033244 5031071
网址：http://www.ynup.com E-mail : market @ ynup.com

勳手吾畏友，卓爾起予商。
鳳翥羅山拔，蛟騰海水揚。
文心臻邃密，詩眼貴平章。
即此青藍意，江天任頡頏。

拙文集六卷本出版於公元二千年，承馬曜教授題詩以贈，激勵有加，並寄予厚望。今先生已仙逝，值此《國學叢譚》出版之際，謹書先生詩冠於卷首以誌不忘。

文勛謹誌於龍泉齋

張文勛

目录

下　编

自叙

我把拙著题名为《国学丛谭》，是基于以下几方面的考虑。首先，我国近年来出现『国学热』，我认为是个好现象，尽管对国学概念的认识不一定都很明确，也还存在各种不同看法，但是国学是我国数千年文明史发展中形成的一个具有特定内涵的学术概念，是研究中国学术文化的专有名词，这一点是大家所认同的。其次，国学的内容有狭义和广义之分，从先秦时期以儒学经典为宗的国学，直到近代以经、史、子、集为代表的国学，国学范围已不断扩大。现在有的学者认为国学是一个广泛的概念，其范畴不仅只限于古代，还应该包括现代各种门类的社会科学对古代典籍的研究。我写的《国学漫议》一文只是我个人的认识，以供大家参考。我想，对『国学』概念的历史演变，大家应有个基本认识，以免使国学研究流于不着边际的泛议空谈。本书称为丛谭云者，乃非系统研究国学，但所论者俱与国学有关而非杂论无绪。再次，本书中所录的文章，大体上可分为两部分，第一部分是有关儒、道、佛的思想文化的研究，都应属国学的范畴。第二部分为我国古代的诗文论研究，其作为我国国学之内容应无疑义。『诗言志，歌咏言』，『言之无文，行而不远』，这都是我国诗文论的滥觞，典俱出于国学早期文献。所以，我把我有关诗文论的几篇文章都收入本书，其中研究古代文论在现代文艺理论中的融通与转换等论文，也都与国学有关。最后还要说明的是我为什么要把《题品司空图（诗品）》也收入本书。以诗论诗，用诗的形式去谈诗歌理论，这是我国古代特有的一种诗词美学，把抽象的理论，化为鲜明生动的意境，极具民族特色，也是我国国学中的一种特殊文体。本书的出版如果对国学研究还有点参考价值，那我也就满足了。

上编

国学漫议

（国学讲座之一）

一个国家，一个民族，都有自己的传统文化。这些文化有的是靠口头流传，有的则是以文字为载体加以记录、阐释得以流传，形成一种特定的文化系统和各种门类的学问。研究、弘扬自己国家民族的文化遗产，可以振兴民族精神，成为一种内倾的精神凝聚力，成为民族团结的精神纽带。遗弃国家民族的优秀文化传统，数典忘祖，这意味着是一种背叛。中华民族有五千年文明史，有悠久的光辉文化传统，有浩如烟海的典籍文献。这些极其丰富的文化遗产，历代都有许多博学宏才之士去研究它们，从而每个历史时期都有大批学者、大师出现，形成我国数千年赓续不断、博大精深的学术传统，留下举世无双的学术文化遗产。近百年间，在我国社会急剧变化的洪流中，这些遗产曾几次遭到濒临毁灭的厄运，这是众所周知的。『文革』结束后，经过拨乱反正，对传统文化的研究才得到全面的重视，尤其是在最近二十多年间，我国出现了传统文化研究热、国学研究热，这是可喜的现象。但是，研究国学的老一代学者渐渐少了，中年一代还未形成强大的队伍，年轻一代则对国学还很陌生。所以，在如何实现中华民族伟大复兴的进程中，倡导、宣传、组织对国学的研究，是当前最现实也最迫切的任务。

一、源远流长的国学

『国学』是一个广泛的概念，凡是对我国的历史、文化、学术的研究都属于国学范畴。我们习惯用的国学，是指以文字为载体的历史典籍为研究对象的学问，有人称之为『精英文化』。国学又称国故，如章太炎的《国故论衡》。

①我国自从有文字记载以来的文明史，也可以说是我国国学的历史，那么，我们就可以溯源到甲骨文的时代作为国学滥觞。甲骨文，又称殷墟文字，商周时代刻在龟甲或其他兽骨上的文字，这都是占卜的卜辞以记载凶吉的文字，最早出土于河南安阳小屯村的殷墟（一八九九年，清光绪二十五年才被学者发现）。已发现的文字有四千五百字左右，可认识者约一千七百多字（《甲骨文编》，孙海波编），一九八九年由四川辞书出版社出版、徐中舒主编的《甲骨文字典》，综合了前

人的研究成果，是一部研究甲骨文较方便和完善的工具书。近世研究形成『甲骨学』。

②国学的形成和发展，应该说是从周代到春秋战国时期。周王朝已奠定了华夏文化的基础，《周易》、《周礼》等典籍较系统地记载了周文化。西周时已设有国学，分为小学和大学，这时的国学之称是指学校，当然也就有规定的国学教学内容。到孔子时代（公元前约五百多年），儒学兴起，儒家经典《诗》、《书》、《易》、《礼》、《春秋》（被汉儒奉为『五经』）较集中地反映了早期国学之大成。此后，研究儒家经典之学被称为『经学』，这可看做是以『经学』为宗的国学形成时期。国学从经学向多元大发展，则是『百家争鸣』的战国时代，大约是公元前四百多年至二百一十年左右，历时约二百年。这时期的最大特点是随着周王朝各地方政权的分裂，各地在政治、经济、文化各方面都摆脱周文化的一统局面而得到相对独立的发展，学术思想十分活跃，出现孔子所哀叹的『礼崩乐坏』的局面。其实，这正是思想大解放，学术大发展的新局面。以道家、墨家、法家、名辩家、阴阳家等等为代表的『百家争鸣』，促使国学获得巨大的发展。以孔、孟为代表的儒家只不过是『百家』中的一个学派而已。这个时期，以孔子为代表的儒家把周王朝到春秋时代的文化作了系统的整理，孔子研究《周易》以至『苇编三绝』的传说，足见其用功之勤奋。他之所以『述而不作』，正是他整理『国故』的功绩。但诸子百家的学术大发展，其中特别是孟子对正

宗儒学的发展，左派儒学荀子对儒学的修正，老庄学说异军突起，名学的思辨学说对传统思维模式的突破，法家学说「法制」与儒家「礼治」的二元对立等等，都标志着国学的大发展。这都是当时社会变革的产物，反过来又促进我国从奴隶制社会向封建社会转变的步伐。

③秦汉时期，这是一段具有特殊意义的时期。说他特殊，是因为秦始皇统一六国之后，继之以西汉「大一统」的封建集权政治的确立，随之以「大一统」的学术思想的巩固，使我国古代学术思想得到一次明确的定位，树立了儒家学说的「主流」和「正统」地位。所谓「罢黜百家，独尊儒术」，是当时学术服从于政治需要所产生的「独此一家，别无分店」的怪现象。董仲舒的「天人感应」、「天人合一」的理论，有意识地把儒学引向「天子受命于天，天下受命于天子」（《汉书·董仲舒》）的神学观念。可以说先秦时期的人本思想为核心的儒学，到了这时期已经开始变异了。就学术而言，经学大盛。由于秦始皇焚书坑儒之举，使经籍大量损毁，故到汉代尊儒术时，经学形成古、今文之争。汉武帝建「经学博士」，属官方性质，统一用经师如伏生、高堂生等所传述的儒家经典（无先秦古本为依据），由师徒相传，写成「五经」定本，称今文学派。后相传于孔子住宅壁中发现《古文尚书》、《礼记》、《论语》等等，汉成帝时史学家刘向于皇帝秘府中发现古文经籍，逐渐形成以古本为依据的古文学派。古、今文经学都为争其正宗地位而展开二百多年的论争。这种争

论虽壁垒森严，但最终还是推动了国学发展，使汉代儒生『皓首穷经』，一辈子抱着一经的烦琐训诂之学（如郑玄）和注重经书义理发挥（所谓『微言大义』）的学问结合起来，使国学得到很大的发展。

虽然如此，但汉儒毕竟局限于经学束缚，他们的学问多只限于对『经』的校读和字辞的校注之学，而能有独立见解、著书立说者则不多。像王充那样有离经叛道的学术个性而有创见者则甚少。对当时的儒学，王充这样评论说：『故夫能说一经者为儒生；博览古今者为通人；采掇传书，以上书奏论者为文人；能精思著文，连结篇章者为鸿儒。』他主张学术要能『立义创意』、『眇思自出于胸中』，既要『博通』，又要『贵其能用』（《论衡·超奇》）。可以这样说，国学在两汉，其功在于『一统』，但一『统』就『死』，阻碍学术发展，故其过也在于『一统』，这恐怕也是历史发展的一种必然逻辑吧！

④魏晋南北朝时期，从曹丕称帝（公元二二〇年）到隋文帝（杨坚）称帝（公元五八一年）大约三百五十年间，是我国历史上社会、政治、经济最动荡的时期，汉王朝大一统局面的瓦解，以儒学为独尊的大一统思想的崩溃，出现了学术思想的大解放和多元化的新时代。传统儒学和道家老、庄学说的互渗互补趋势日益明显，而佛学中国化的巨大影响，使中国本土的传统学术思想发生变

异。先说儒学，魏晋以后，虽说儒学一尊的地位已不复存在，但作为统治阶级的统治思想，仍然要保持儒学的门面，这就是名门士族的所谓『名教』。然而『名教』的忠孝仁义往往培养出一批争权夺利的假名节之士，所以王弼、何晏等一批有头脑的学者，力图以道家『无为』之学，去改造『名教』之实。再说道家学说，汉武帝虽崇儒，但也推崇黄老之术，所谓『王霸之道』，虚实并举。尔后有许多学者或是『内儒外道』，或是『内道外儒』，道家之学又在学界流行起来，其影响之大，甚至超过儒学。王弼是魏王朝时期的年轻学者（二二六—二四九），他的著作有《周易注》、《周易略例》、《老子注》、《老子微旨释例》、《论语释疑》（今佚）等等，这不是单纯的注释，而是发挥自己的哲学见解，有创意，力图以儒道互参，以老子的无为学说去改造儒家的『名教』。和王弼差不多是同时代的郭象（二五二—三一二）是注《庄子》的名家，深得庄学要旨又有自己的发挥。关于庄子在魏晋时期的影响，闻一多先生有一段精辟的论述：

庄子果然毕生是寂寞，不但如此，死后还埋没了很长时间。一到魏晋之间，庄子的声势忽然浩大起来，崔馔首先给他作注，跟着向秀、郭象、司马彪、李颐都注《庄子》，像魔术似的，庄子忽然占据了那全时代的身心，他们的生活、思想、文艺——整个文明的核心是庄子。……①

再看佛学，佛教传入中国大约是东汉末期，历魏晋而至南北朝，已逐渐发展为影响深远、势力

①《闻一多全集》第二卷二七九—二八〇页，三联书店一九八二年版。

强大的中国化的佛教。我们所说的中国化，就是说来自印度的佛教，要在中国这么大的一个国家得以传播和立足，它势必要适应中国的社会和文化。它和中国本土文化儒学和道家学说，既有矛盾斗争和各自独立，但它又力图和本土文化之间找到融通和契合之处，所以才产生了『三教同源』、『教殊道契』等种种理论。于是，儒、道、佛三家学说在矛盾斗争中，不断互补融合，从多学科的撞击中出现了许多新的学术火花而成为时代的显学。那时期，恐怕很难找到纯儒、纯佛、纯道的学者，绝大多数是三教兼通，好像已成为时尚。鲁迅在《准风月谈·吃教》中对此有一段非常中肯的分析，他说：

中国自南北朝以来，凡有文人学士、道士和尚，大抵以「无特操」为特色的。晋以来的名流，每一个人总有三种小玩意，一是《论语》和《孝经》，二是《老子》，三是《维摩诘经》，不但采作谈资，并且常常做一点注解。

他尖锐地把这种现象称为『吃教』，他说：『有宜于专吃的时代，则指归应定于一尊，有宜合吃的时代，则诸教亦本非异致，不过一碟是全鸭，一碟是杂拌儿而已。』这些话虽带有讥嘲之意，但也说明儒、道、佛学说互补与融通的必然趋势。

由于上述原因，所以魏晋南北朝时期学术思想较为开放，国学也往深度和广度发展，产生了玄学。虽然谈玄之风，标榜老庄的虚无为本的学说，但又融之以儒、佛理论。魏晋名士喜清谈、喜辩论，到南北朝时，佛学的兴盛，引起学界对许多哲学概念的大讨论，诸如有神与无神之争、崇有与崇无之争、言尽意与言不尽意之争等等，这些争论涉及哲学本体论的一些根本问题。争论到最后，总是未能得出大家认同的结论，但是在我国哲学史上，对促进我国古代哲学本体论的认识，提升哲学思辨的能力，甚至对我国古代美学的影响，都是极具其深远的历史意义。而对儒、道、佛三家学说研究的深化并促进三教合一的中华文化理念的形成，尤其具有里程碑的意义。多元学术思想的发展与融通，才能促进学术的创新和发展，魏晋南北朝佛学理论和老庄之学的发展与深化、玄学的创新，就足以说明这一点，而我国古代文学理论在这历史时期内的空前繁荣，产生了像《文心雕龙》那样的文学理论巨著，都是有力的证明。

⑤隋唐至宋是国学全面发展和深化期，从隋文帝建国至南宋亡（五八一—一二七九）近七百年的时间，其间以唐宋古文运动为标志的国学，虽以复古为名，实际上是对传统文化的发展与革新。历史发展不可能重复，但往往有惊人的相似，正如《三国演义》里说的『天下大势分久必合，合久必分。』经历了南北朝长期动乱和分裂，学术思想也得到多元发展，反映在文学艺术方面，也获得较自由的发展，追求个性化、追求形式美，这对我国古代文学无疑是一种促进和创新。但随着社会

的稳定，国家的统一，封建中央集权的加强，相应地也要求有统一的思想去巩固封建统治。隋文帝统一中国不久，就下诏书革除华艳文风，李谔《上隋高帝革文华书》就是一篇复古的宣言，但那时国事方定，尚未能形成左右全局的气候。到了唐代确立了全国的统一、稳定、繁荣的盛唐气象，以儒学为正统的复古思想才在学术上取得统治地位。古文运动的先声萌发于初唐，发展于盛唐，到中唐以韩、柳为领袖的古文运动，才从理论到实践，确立了儒学的正统地位。也可以说把儒学树为国学的主流。韩愈的《原道》和《原毁》二篇就是带纲领性的宣言书，他对儒家的『道』作了经典性的定义：『博爱之谓仁，行而宜之之谓义，由是而之焉之谓道。』这就明确地把形而上的道具体化为现实社会中付诸实践行为的仁义，确立儒家仁义道德的正统地位。同时又明确地列出了尧、舜、禹、汤、文、武、周、孔的传统，我们把它称之为『道统』。至于诗、书、易、礼、春秋五部儒学经籍亦成为官方钦定经典，唐太宗命孔颖达等一批学者编撰了《五经正义》，吸取了此前各家经学学派之说，作了一番取舍，特别是在『正义』方面对『五经』作了阐释，力图使学术的统一适应政治上的统一。此后，儒家的经典被正式奉为官方的正统之学，所以过去也常习惯把国学局限于儒学。

宋代尚有古文运动的余波，这是因为唐宋之间经历了五代十国之乱，（九〇七—九七六）

六七十年间政权不断更迭，穷兵黩武，社会动乱，文事失修，所以到宋王朝统一中国后，学术上只能继承唐代儒学正统的余绪，又一次掀起古文运动的高潮，韩愈被奉为儒学正统的继承者。北宋时期的柳开、石介、欧阳修、苏轼等，先后继承鼓吹，形成儒学正统的又一次复兴、发展。到了程、朱理学时代，儒学的统治地位被推向极点。《大学》、《中庸》、《论语》、《孟子》四书成为官方规定的教材。儒家的仁、义、道、德学说被推向了极端，成为封建统治的思想工具。早期以人文为本的儒学变味了，『三纲五常』成为束缚人们思想的绳索。后人统称之为道学。正统的国学已走上了非变革不可的道路。于是，物极必反，新的学派必将冲破旧的束缚而出现。张载、陆九渊、陈亮、叶适等一批学者，从不同角度创造性地发展了儒学，或是唯物、或是唯心、或是功利、或是人性，都突破了『三纲五常』的束缚而作了独立的思考，使国学开启了新的视野。

这里，我想特别指出的是，唐宋时期在大倡儒学的同时，还有佛学和老庄学的发展，足以与儒学抗衡。如果说儒学是正统的『官学』，故其影响力大而且持久，但是由于佛教和道教的广泛流传，唐王朝采取调和三教的政策，所以佛学和老庄之学的影响也很深远。正统儒学学者虽竭力反佛，韩愈在《谏迎佛骨表》中大力排佛，实际上他主要是反对劳民伤财的迎佛骨活动。而佛学之发展，从唐太宗命玄奘去印度取经文的事可以看出，佛教也得到官方的支持，而且中国化的佛学已发展到很高的水平。以玄奘为代表的唯识宗，以法藏为代表的华严宗，已慧能为代表的禅宗，都对佛学研究有很高的成就，玄奘的《成唯识论》、法藏的《华严金师子章》、慧能的《坛经》等等，都是极富思辨性的哲学著作。道教在唐代也得到很大的发展，唐高宗李治追封老子（李耳）为『太上玄元皇帝』，玄宗李隆基设『玄学博士』，以《老子》、《庄子》、《文子》、《列子》四部道教尊奉的经典作为应举考试的『明经』科之一，大大提高了道教及其经典的地位。因此，出现了一批有名的老庄研究学者，著名的有成玄英的《老子注》、《老子疏》等。在唐代，儒、道、佛学说在对立中走向融合的趋势更为明显了。到了宋代，老庄之学虽较为寂寞，但佛学仍兴盛，有些高僧力图去说明儒佛互补的理论，如契嵩认为：

儒佛者，圣人之教也。其所出虽不同，而归乎始。儒者，圣人之大有为者也；佛者，圣人之大无为者也。有为者以治世，无为者以治心。①

对此，我在拙文《从『心性』学说看儒、佛的道德观念》②中曾有论述。综上所述，我认为唐宋时期，包括儒、道、佛学说在内的国学是全面发展和深化期，其范畴应涵盖哲学、文学、史学和其他一些领域。

⑥明清两代（一三六八—一九一一）可以说是国学的渐变转型期。这五百多年是中国封建社会

①北宋高僧契嵩（一〇〇七—一〇七二）大力宣扬儒佛合一，著有《镡津文集》。（参见《中国文化与中国哲学》方立天《试论中国佛教之特点》）
②《云南大学学报》社会科学版，二〇〇三年一期）

的后期，虽然封建专制制度仍力图加强其统治，采取种种办法挽救其崩溃的命运，但是其内部的日益腐朽和外来的影响（列强的侵略和西方文化的渗入），使古老的中国封建社会逐渐由量变走向质变，由种种变法的内部斗争到民主改良的斗争，直至辛亥革命废除了长达数千年的中国封建君主制度的统治，建立了民国。辛亥革命的成功，是中国封建社会经过漫长的量变到质变的结果，这个转变过程往往先表现在学术思想领域中。

朱元璋打着恢复汉制的旗号推翻了元朝政权，建立了明王朝。为了实践其恢复汉制的号召，学术思想领域曾掀起几度复古思潮，从表面看那似乎只是文学复古主义，其实是席卷学界的思潮。先是李梦阳、何景明为领袖的前七子提出『文必秦汉，诗必盛唐』的口号，在学界引发了一场复古之风；继而以李攀龙、王世贞为首的后七子，把复古思潮推向一个新的高潮。王世贞在《艺苑卮言》中说：

自今而后，拟以纯灰三斛，细涤其肠，日取《六经》、《周礼》、《孟子》、《老》、《庄》、《列》、《荀》、《国语》、《左传》、《战国策》、《韩非子》、《离骚》、《吕氏春秋》、《淮南子》、《史记》、班氏《汉书》……熟读涵咏之，令其渐渍汪洋。

由此足见当时的复古，也就是国学的复古。然而这些复古思潮虽在文坛热闹一时，但整个学术界和文学界的主流趋势则是新的学说的产生，传统儒学有了新的发展。

宋代程朱理学把儒家学说推到了僵化的境地，以『天理』束缚人们的思想，当时就有陆九渊提出不同的见解。朱熹等发挥了儒学的『天命之谓性，率性之谓道，修道之谓教』（《中庸》）的思想，用一『理』字阐释儒家之『道』，按他们的逻辑，道—性—理（天命）三位一体，所以说：『性者人之所得于天之理也。』（朱熹《孟子·告子》注）。这就是说『性』来自于『天理』，一切封建伦理道德都本乎『性』，从而作出『存天理，灭人欲』的结论。而陆九渊则认为理不是『天理』，理就在于心，他说：『人皆有是心，心皆具是理，心即理也。』（《与李宰书》）。他反复强调说：『人心至灵，此理至明；人皆有是心，心皆具是理。』（《杂说》）。这就是宋代理学家的『性理』之学转为『心学』的开端，这一字之差，但有本质的差别，性理之学，把人们的主体独立性完全拴在天理的神柱上，而心学则是把被视为人欲之心当做是『理』的主体。从哲学上看这是主观唯心主义，但只有『心学』才有可能把人的主体独立存在精神从『天理』的神柱上解放出来。因此，儒学发展到明代，王阳明、李贽等人的『心学』崛起而取代了性理之学。

明代的王守仁（号阳明）显然是接受了陆九渊『心即理』说的影响并加以发展，他的《传习录》和《大学问》是重要的哲学著作。他提出的命题是『心外无理』，心是知的本体，一切认知都要『发明本心』，这就是所谓『致良知』。这样，他就把儒学中的『致知格物』、『正心诚意』的学说，从主观能动性的角度发挥到了极点。虽然，他们都在为封建道德的合法性找理论根据，但是主观唯心主义的『心学』恰恰为『人心』的主观能动性开了方便之门，为后来的李贽等的反传统、反复古的思想开辟了一条道路。以王艮为代表的泰州学派，大力宣扬王阳明的『良知说』，强调一切认识都发自本心，强调致知在于『反求诸已』；认为『道』不是什么『天理』，提出『百姓日用即道』的主张。李贽（卓吾）进一步个性化的『心学』，对封建礼教的危害及其虚伪性，进行了猛烈的抨击和批判，对伪道学进行了无情的揭露，为人的生存本性所表现的『人欲』的合理性进行了辩护。他强调『童心』、『最初一念之本心』的可贵。他对儒家经籍『六经』、《语》、《孟》也进行了批判，反对『以孔子的是非为是非』。这些离经叛道的思想，也可以说是随着儒家道德走向极端之后产生的新学，意味着儒学正统正逐渐走向转型的道路而开创新的局面。

到了清代，国学出现多极化的趋势，这和处于我国封建社会末期的国内外形势有直接关系。当时中西文化思想、新旧文化思想的碰撞和冲突，传统文化已开始转型和裂变。早在明代，我国和海外的交往多了，中外文化交流也频繁，李卓吾的叛逆思想与此有密切关系。到了清代，清王朝虽采取闭关自守的政策，但毕竟抵不住列强的炮舰外交和西方文化的大量涌进。当时的许多知识分子或留学国外，或作为驻外使节，不能不受西方文化的影响。在这种情况下，国学也出现两极分化，这就是复古与维新。学术固然与政治有关，但毕竟有别于政治，复古者固然保守，但对传统国学的继承与维护仍有其功劳；维新者固然有进步倾向，但对传统也不是一律排斥，而是在继承中革新。所以我们在评价清代国学流派时，不应简单地肯定或否定，而是应具体分析各家之得失。在这些流派中，就其影响较大者而言，大家较熟悉的有：①以乾嘉学派为代表的传统国学，这个学派以校勘和整理典籍（包括经史子）为主，有以惠栋为首的吴派和以戴震为首的皖派，他们继承了古文经学的训诂方法去研究古籍，涉及文字、音韵、训诂各种学问，明末清初的顾炎武就已开创了这种学风，对整理校勘古籍作出重要贡献。②以桐城派为代表的古文学派，他们虽然是一个文学流派，但其学习古文义法的主张，和唐宋古文运动思潮一脉相承，对清代国学的复古思潮有较大影响。其代表人物有安徽桐城的刘大櫆、姚鼐、东方树等，提倡『考据、辞章、义理』为写文章的三大原则。③以黄宗羲、王夫之等为代表的明末清初的儒学大师，对理学有了很大发展，把抽象的性理之学转化为以人为主体的心气之说。黄宗羲接受了王阳明的『心外无理』的观点，认为『心即气也』（《孟子师说》卷二），心气就是活生生的人的主体精神。王夫之进一步认为『人天之蕴，一气而已。』（《大全说》卷十），同时提出『天下惟器』（《周易列传》卷五）的主张，把抽象的『道』，拉回到现实生活中来，强调社会的实践，不是空洞地坐以论道，而是要『即事以穷理』，解决现实生活中的具体问题。从认识论来说，他主张『知以行为功』，他说：『知也者，固以行为功者也』，又说：『行可兼知，而知不可兼行。』（《大全说》卷三）①。这对宋代以『天理』为本的理学和明代的『心学』，都作了重大的修正。到了戴震、龚自珍、魏源等一批清代学者，从哲学上进一步批判了『存天理、灭人欲』的理学，提出『理存于欲』的观点，戴震说：『今以情之不爽失为理，是理者存乎欲者也。』（《孟子字义疏正》卷上）。这就充分肯定了人的情欲的合理性。而龚自珍等则已从哲学思考进一步提出社会政治改革的一些见解，为后来的康、梁变法等重大的革新运动打下了理论准备。④以梁启超、康有为等为代表的国学，则已经开启了国学转型之门，西方哲学和文化的传入，打破了国学封闭的大门。中西文化的『体用』之辩，实际上已表明国学开始转型，正在探索未来的道路。这条道路的探索经历了辛亥革命、『五四』运动到马列主义在中国的『独尊』地位，直到今天国学的复兴，几乎是整整一个世纪的时间。国学何去何从？国学对今天新中国建设中国特色的社会主义有何现实意义？这就是摆在我们国学研究者面前的非常现实而重大的历史使命了。

①参见北京大学哲学系中国哲学教研室编《中国哲学史》第二版（北京大学出版社，二〇〇三年）

二、博大精深的国学

上面，我从纵向简略地勾画了国学发展历史大概情况，但是，对国学内容的具体认识还是比较模糊的。国学博大精深是大家公认的，但其内容究竟是什么？国学的特定范畴是什么？这里我想再作一些论述。前面已经说到国学是一个广泛概念，但还是有特定的范畴，它应是指对传统文化和学术进行专门研究的学问。二十世纪二三十年代曾一度出现国学热，『国学』之名被广泛使用，出现一些《国学概论》之类的书籍。还出版了《国学基本丛书》一类大型图书，其内容不出乎经、史、子、集的范围。梁启超有《国学入门书要目及其读法》，也属读书指导性质的书。那时出版的《诸子集成》的刊行旨趣中说：『振兴国学四字，在今日已成为普遍之舆论，……加以欧化东渐，思想突变，昔人视为大逆不道者，今且尊为至理名言；夫然，故今日而研治国学，势不能与昔人之取舍尽同。』这对我们今天也有启发的。

①国学典籍。我国古代典籍之多，真是举世无双，数千年间，很多图书古籍已失传，但就至今尚传者，也可说是浩如烟海了。历代都有著名的图书馆阁，有官方的藏书，有私家的藏书，世代相传，不断增补。图书分类，也算是国学重要内容之一。我们现在研究古籍，多以《四库全书总目》

所列类别为依据，但是各个朝代所编的丛书、类书也很多。现举其主要者以见一斑。

《四库全书》是清乾隆时耗了巨大的人力财力，花了十年左右的时间，编纂的一部规模巨大的典籍丛书。全书收录三千四百六十一种书籍，共七万九千三百○九卷，未收入但有存目者尚有六千七百九十三种，九万三千五百五十一卷，已包括了乾隆以前的古籍重要著作，每一种都已撰有「提要」。现在我们看到的《四库全书总目提要》是我们研究国学的一部全面的重要文献。《总目》分经、史、子、集四部，这是根据我国古代宗经崇儒的思想来分的类别。经部除了「五经」之外，还把「小学」类列在内，因为古代的「小学」（包括文字、音韵、训诂等）都为读经的入门之学。史部是历史书籍，有正史、杂史、别史等，还把地理也包括在内。子部按儒、兵、法、农、医、天文、算数、艺术、杂家、小说家、释、道等分类。集部分别集、总集、诗文、词曲等类。可以看出《全书》所收典籍已涵盖了多学科，也可以说包括了国学的各个部分。

在《四库全书》之前，明代的《永乐大典》是一部规模大，也很适用的类书，也可以说是世界上最早的一部百科全书，全书参加编辑人员二千一百六十九人，历时三载（永乐三年至六年），全书收录了我国有文字记载的几千年来的七八千种资料，共二万二千八百七十七卷，字数达三亿七千万字左右，内容包括「经、史、子、集百家之书，至于天文、地志、阴阳、医卜、僧道、技艺之言。』（皇帝诏）最后编成时内容包括：经、史、子、集、释藏、道经、戏剧、平话、小说、工技、农艺以至占卜、星相等各方面的书。再往前上溯至唐宋，大型类书也有不少，诸如唐代的《艺文类聚》，宋代的《太平御览》（一千卷）、《太平广记》（五百卷）、《册府元龟》（一千卷）等等。至于先秦典籍，现在我们常备的图书如《十三经注疏》、《诸子集成》等，都是很完善的国学典籍。至于佛教的《大藏经》、道教的《道藏》，史学典籍则以二十四史为主的古籍资料，都是非常丰富的独存古籍，为国学研究的珍贵资料。

这一切都足以说明我国古代文献资料之丰富，其博大精深也是世所罕见的。

②国学分类。国学内容广博，所以分类也比较复杂，如果细分，那名目繁多，我们现在来看，基本上可参照几种大概的分类。

一种是按《四库全书》的经、史、子、集四大类，基本可概括国学的内容。经部按传统观念就是指《五经》、《四书》之学以及『小学』。在古代，小学是入门之学，为了能读懂经典，必须有小学的知识。其实『小学』也成为一门专门的国学，包括文字、音韵、训诂之学，这三门功课是历代国学大师们都应精通之学。《尔雅》、《方言》（扬雄）、《释名》（东汉刘熙）、《说文解字》（许慎）、《广韵》（宋）等都属此类书籍。清代盛行校勘、考据之学，『小学』功底是必备的。史学严格说来，应该从五经的《尚书》、《春秋》开始，当然司马迁的《史记》是最早的一部具有开创性的历史专著，以后，历代有史，《二十四史》是一部较完整的正史史籍。史部又包括正史、别史、杂史，还包括地理、史评等等。所以，史学也是国学的重要内容之一。子学的内容涉及学术领域的一些重要流派和门类，从流派和学术门类而言，包括儒家、兵家、法家、农家、医家、杂家，把释家和道家列在最后。中间还有术数类、艺术类、谱录类、类书类、小说家类等等。子部内容虽然庞杂，但其主要内容则是儒、释、道三家学说，形成我国国学的主干，我国古代哲学史、思想史的重要资料也在子部之中。最后是集部，这是以历代文人学者的个人专著为主，除列入经、史、子者之外，属个人的文集以及个人或多人编的选集等类都入集部，内容最为丰富。集部又分楚辞类、别集、总集以及诗文评类、词曲类。别集如《蔡中郎集》、《曹子建集》、《李太白集》、《孟浩然集》等等。总集如《昭明文选》、《文苑英华》、《唐人万首绝句》、《宋诗抄》等等。历代研究《楚辞》者甚多，可称『楚辞学』，故又列楚辞类，由『四库』的分类，也可大致看出国学范畴的大概。

根据『四库』的分类，章太炎的《国故论衡》中把国学分为小学、文学、诸子学。而在南京大学中文系（程千帆等）编印校点的《章太炎先生国学讲演录》中则分为小学、经学、史学、诸子、文学五部分，小学与经学是一类，文学包括各种文体、各种个人文集，相当于集部，故章氏分类，基本上也是按『四库』体例。这种分类，很难严格区别学科内容属性，例如经部之中，各种学科如哲学、政治、社会、文学等都包括在内；子部、史部亦然，而集部则更是包罗万象。所以近代学界多以文、史、哲三大类概括人文学科的类别。文的概念最初是广义的文，自昭明太子肖统编《文选》之后，才比较明确地把具有文学性质的作品，与经、史、子著作区别开来。现在我们说的文科，也不专指文学，而是泛指文学艺术在内的人文学科。只不过以文、史、哲概括国学，有利于研究的深入，也好和现当代学术研究接轨。文史哲虽然分科，但我国古代学者，大多是兼通的，所谓『博通经论』、『博古通今』、『文史淹通』，这也是过去国学的特点。我们要求现在的人都要如此是不可能的，但对各方面都要有一点知识，对提高文化素养来说则是必要的。

③国学铸造了中华民族精神。博大精深的国学，作为数千年封建社会的产物，必然要带上历史的烙印，有其封建糟粕的因素和历史的局限性。从先秦到近代，国学发展历经各个朝代，都要被封建统治阶级为巩固其统治来利用，因而有封建糟粕是很自然的。但是，国学作为伟大的中华民族所创造的大文化系统，其中足以代表中华民族精神的灿烂文化、作为人类文明之精华的优秀遗产，仍然是国学的主要传统。今天，我们提倡研究国学，决不是提倡复古，而是要在实现中华民族复兴的

进程中，继承和发扬中华民族精神的优秀传统，使其在现代先进文化的建设中，焕发新的生命，使伟大的中华民族在现代化的进程中，以自己鲜明的民族特色和影响力，为全人类作出不可替代的贡献。在现代化、全球化的今天，中华民族精神不但不能失落，还应以崭新的面貌走向世界，走向未来。国学中体现出来的民族精神，是在其数千年发展过程中形成的，是在历代各种学派、各种学术文化思想的撞击、交融中形成的。而其中儒、道、释三家学说的流传及其影响、发展，对中华民族精神的铸造，尤具有无穷的力量。它们的影响已化为伟大民族所认同的潜意识，是一种具有强大凝聚力的民族意识，是一种陶铸国民优秀品格的精神力量。约而言之，有以下这些方面能体现我们国学中蕴涵的民族精神。

一是以人为本的人文精神。以人为本，一切学派的学说都围绕着『人』的问题开展讨论，国学亦然。儒家明确提出『仁者爱人』的基本命题，进而提出『博爱之谓仁』，表明儒家学说自始至终都关注人和人所生存的社会问题。儒学是仁学，也就是人学，是研究人如何安身立命之学，是现实的、功利的、入世的『人学』。人本意识从启蒙教育开始就灌输给娃娃，《三字经》开头两句就从『人之初，性本善』开始，启蒙教育就是一种人本意识，希望能构建一个『礼治』的社会，使人人都能『素位而行』，过着美好安定的生活。老、庄的道家之学也是以人为核心，所谓『天大，地大，人为大』，就是把人放在核心地位，他们提倡『无为而治』，反对儒家的礼、乐、仁义，是因为他们看到这些东西在现实生活中，往往成为统治阶级的虚伪口号，没有解决人的平等问题，所以幻想人都能从精神上进入一种绝对自由的世界，即『无待』、『无己』、『无功』的『逍遥』境界。这也是为了使在现实生活中受痛苦的人们能寻找到超越社会、超越『物累』的自由世界。而这一切又和佛学的『普渡众生』，寻找『极乐世界』的理想也不矛盾。只不过这一切都只能从精神上找到寄托，难以解决人的现实问题。解决问题的方法不同，如果说儒家的人学是希望人人能安身立命，那么，道家则是追求精神的绝对自由，而佛家则是幻想人人成佛，超脱苦海。他们在『以人为本』这点上是一致的。

二是以国家民族为基础的爱国精神。中华民族是几千年间形成的，以汉族为主体的多民族构成的大家庭，也就是费孝通先生说的『多元一体』的民族大家庭。在多民族统一的基础上形成的国家形态，是在民族认同的基础上形成的。虽然，历代帝王的宗法社会里，政权不断更迭，但是在民族认同的基础上形成的多民族统一的『中国』，也是为群体中华民族所认同的。强烈的国家民族意识，正是中华民族团结的精神纽带。这是我国从远古以血缘亲为基础的部族发展为许多种民族，又由若干民族融会为多元一体的中华民族以及逐步走向统一的『中国』，这已经是海内外炎黄子孙所认同的国家民族意识。这也是贯穿在国学中的一条割不断的链线，成为中华民族各族人民的一种「集体无意识」。

三是以伦理道德为准绳的人格精神。以人为本，所以要塑造什么样的人，就是中华传统文化所关注的核心问题。人本意识最关心人，主要有两个方面，一方面是人应怎样生活，这是生存的问题；另一方面是人应该是什么样的人？孟子与荀子的人性善恶之争，如果撇开抽象的人性论不说，那么他们的目标和最后结论是一样的，那就是对人要进行道德教育，最终使人能趋向于善。因此，做人要讲人格、人品，要有道德，要止于至善。佛教讲善业，劝人要改恶从善。老、庄虽然主张废除儒家的仁义道德，但他们要求的是超越人为的礼法制度而「返璞归真」，回到「无我」、无私欲而有利于人的「上善」。老子说「上善若水，水善利万物而不争」，提倡「积善」。关于善的内容，虽然各家的解释不完全相同，各个历史时期也不完全一样，但是，善的基本标准就是像梁启超说的「有益于群者为善，无益于群者为恶」（《论公德》）①，也就是佛家说的「顺益为善，违损为恶」（慧远《大乘义章》）。中华传统文化中特别强调伦理道德，就是要求人人能重视道德修养，做一个具备高尚品格的人，强调「修身」，强调正心诚意，把修、齐、治、平作为崇高的理想，把国民素质的高低提到国家民族兴衰的高度。我们今天讲八荣八耻，实际上也是对我国优秀伦理道德的发

①参阅拙作《从「心性」学说看儒、佛的道德观念》，《云南大学学报》（社会科学版）二〇〇三年第一期。

扬和传承。

四是和而不同的和谐精神。追求主观精神世界的和谐，追求社会的和谐，追求天地宇宙的大和谐，这几乎是国学中各种学派和思想家们的共同理想。但是如何达到这和谐的境界，则有不同的认识。老子希望能『不争』而实现『无为而治』的社会和谐；庄子幻想有一种『天地与我并生，万物与我齐一』的无差别的和谐境界；佛家希望有一种『众生平等』的极乐世界，也就是最高的和谐境界。所有这一切都是面对剥削、压迫、争夺、斗争的痛苦而残酷的现实所产生的一种美好愿望。儒家学说也不例外，但他们的和谐理想并不完全是一种空想，不是『虚无』，也不是『色空』，而是可以付诸社会实践的学说。就治理社会而言，必须行『中庸』之道，『不偏之谓中，不易之谓庸，中者天下之正道，庸者天下之正理』，这是宋理学家程颐的解释。这『中庸之道』就是要坚持正确的原则，不偏不易，『执两而用其中』。就整个宇宙人生而言，就是要『中和』，所谓『致中和，天地位焉，万物育焉』（《中庸》），中和意味着不同事物之间的协调、平衡、包容，『万物育焉』恐怕也就是我们今天说的『生态平衡』吧？要实现『中和』，就必须做到『和而不同』（《论语·子路》），就是要多样统一。所有这些原则，按儒家看来，就是一种普遍的和谐精神。

这些都是国学所具有的优秀的中华文化传统，在长期的历史发展中形成的优秀的民族精神。不错，由于长期封建专制的封闭、禁锢，也由于传统文化本身的历史局限和地域局限，在我们的民族精神中，开放意识不够，竞争意识不强，科学知识较少，诸如此类的缺陷，现在我们正克服和弥补。在现代化的进程中，我们正迎头赶上世界先进文化和先进科学，但这决不是说就不要我们的传统文化，优秀文化传统的失落意味着民族精神的消亡，这才是国家民族的精神危机。我们今天提倡研究国学，决不是科举时代的国学的重复，而是在新的历史条件下，用新的视野、新的方法去传承、发展传统文化，使博大精深、光辉灿烂的中华文化在我国社会主义建设中得到新的发展，在现代化、全球化的历史浪潮中大放异彩。

④国学的学风。我国的国学是以汉字为载体，以浩如烟海的典籍为资料，以丰富多彩的社会历史为背景，经过历代许许多多学者文人研究而形成的具有中国特色的一门学问，从而形成我国自己特色的优良学风。这些学风即使是在信息网络的今天，也是有值得学习的价值。

首先，读书做学问强调要具有广博的知识，『博学』是任何一位国学大师所具备的必要条件。『博通经史』、『学贯古今』、『学富五车』、『读万卷书，行万里路』，都强调要博学。古时多有鸿儒博士的称谓，就是依据其是否博学而定的。博士不博，孤陋寡闻，知识贫乏，那是不行的。博不是浅尝泛读，而是要博而精，做到『博而能一』、『由博反约』，也就是『学贵专攻』。我国古代许多著名学者，多数都是博览群书，文史哲贯通，远的不说，就是近代的章太炎、胡适、郭沫若、陈寅恪，钱钟书等等，无不如此。也只有如此，才能成就大学问。

其次，古人读书之所以从『小学』入门，从背诵开始，是为了从文字、音韵先掌握原文，再进一步讲授经义，打好基础，避免那种一知半解的虚浮学风。国学研究，也必须熟悉文字、音韵、训诂之学，这是由于古文难懂，版本多有错漏，必须校勘字句，弄清文意。所以，这几门学问又成为国学中的几门独立的学问。这些学问强调考据，强调实证，反对望文生义，清代乾嘉学派把这些学问发展到顶峰。虽然，这只是国学的一小部分，而且是属于方法论的范畴，但他树立了一种实事求是，言必有据的学风，树立了『一字之微，征及万卷』的严谨学风。这种学风，应该说不仅是考据之学如此，其他学科做学问也是应该学习的。

再次，过去的儒生或单纯为了应试的书生，只会死背经典，或抱残守缺，叫做死读书、读死书。但是真正的国学则是那些有创见、有创新的学者名家。从先秦两汉历宋元明清，真正能发展国学、丰富国学的是那些能发挥经义、大胆创新的学者们。他们著书立说，不对古人亦步亦趋，而是独辟蹊径，有创造性，不仅著书，更能立说。前面我谈到魏晋玄学、宋代理学、明代心学，直到清代接受了西文文化影响的新国学家们，在学术上都各有创新和发展。所以早在汉代，王充看不起那毕生抱一部经文的『儒生』，对那些『博览古今』的通人也表示不满，他欣赏的是那些能『精思著文，联结篇章』的鸿儒，他主张要能『立义创意』。历代著名国学家，大多是能『立义创意』的。这对我们今人读书做学问、研究问题仍是有启发的。也就是说，把国学看做仅仅是读读古文，背背经文，那是对国学的极大误解。

（原载《云南文史》二〇〇八年第二、三期）

从『心性』学说看儒、佛的道德观念

道德，是一个具体的社会历史的伦理范畴，在不同的社会、不同的时代，对道德的内容，会有不同的认识和规定。但作为人类社会所追求和遵循的理想和行为规范，应该说其中也有为人类文明社会所共有的具有普遍意义的东西。源远流长的中华文明，无论在任何时代和任何社会，崇尚道德，这已成为社会文明的标志。一切符合道德的行为会受到人们的尊敬和认可；反之，则遭到谴责和反对。

我国先秦时代的思想家，无论是以孔、孟为代表的儒家，还是以老、庄为代表的道家，都从不同角度关注道德问题。佛教传入中国后，和本土的文化相融合，伦理道德也成为佛学中的核心问题。在长期发展过程中，儒、佛两家的『心性』学说，在倡导伦理道德的问题上，起了理论导向的作用，并互相产生了默契，从不同的侧面，对中华道德观念的形成和发展，产生了深远影响。

因此，我们从『心性』学说切入，重新来清理和评价儒、佛两家的道德观念，在今天还可以从中获得启示和借鉴。

一、「心」与「性」——道德本源

「心性」之说，在儒佛两家学说中，既属于宇宙本体论的范畴，但是更多的情况下，则用以阐释道德产生的本源，也即是道德本体。这就是说，儒、佛两家都是要从人的主观精神方面去研究道德的问题，把道德看做是人的「本心」或者是「佛性」和「自性」。故明代智旭禅师说：「三教圣人，不昧本心而已。」又说：「自心者，三教之源，三教皆从心施设。……心足以陶铸三教。」①这和儒家说的「尽心」、「知性」，从心性方面寻求道德本源，完全是一致的。

①儒家论心性。从孔、孟以来，心性的问题是儒学中的重要问题之一。孔门弟子子贡曾说：「夫子之文章，可得而闻也。夫子之言性与天道，不可得而闻也。」②而《中庸》中也说：「天命之谓性，率性之谓道，修道之谓教。」可见，在早期儒学中，「天命」、「天道」和「性」是联系在一起的，属于形而上的「天命」、「天道」，都要落实到「性」中去把握，这正是儒家教化的落脚点。而对「性」的把握，又在于「尽心」：

孟子曰：尽其心者，知其性也；知其性则知天矣。存其心，养其性，所以事天也。③

朱熹对此作了这样的注释：「心者人之神明，所以具众理而应万物者也。性则心之所具之理，

①智旭，灵峰宗论[Z].
②论语·公冶长[Z].
③《孟子·尽心》

而天又理之所从以出者也。」因此，穷理尽性，就成为宋代理学家们的基本理论，说来说去，就是强调与生俱来的「天性」和主体精神的「心」的决定性作用。所以，朱熹《集注》引程子（程颐）的话说：「心也，性也，天也，一理也。自理而言谓之天，自禀受而言谓之性，自存诸人而谓之心。」从哲学的层面上讲，这无疑是主观唯心主义的理论，但从认识论的角度而言，则是强调了主观精神的重要作用，特别在道德问题上的主观能动作用。从孟子到宋代的理学家、明代的心性之学，都把伦理道德归之于天性，也就是人的天生的本性，也叫做「天良」。孟子在《尽心》篇中说：

口之于味也，目之于色也，耳之于声也，鼻之于臭也，四肢之于安佚也，性也，有命焉，君子不谓性也。仁之于父子也，义之于君臣也，礼之于宾主也，智之于贤者也，圣人之于天道也，命也。有性焉，君子不谓命也。

对此，朱注也引程子的解释说：「五者之欲，性也，然有分，不能皆如其愿，则是命也。不可谓我性所有，而求必得之也。」这样说来，性是天生的本能，命是主观精神对本能的自控，所以，「君子」之所以是君子，就在于他能用「命」去约束「性」，而把仁、义、礼、智、信（五德）之类属社会道德范畴的东西，则统归之于与生俱来的「性」。其实，这无非就是要人们把一切仁义道德，化为主体内在的一种自觉精神而已。这就是说要把道德规范，化为人的『本心』所具，而不是靠强制性的外力强加于人，也就是孟子在谈养气时说的：『其为气也，配义与道，无是，馁也。是集义所生者，非义袭而取之也。』①到了陆九渊的学说中，把这一切归之为『本心。』他说：

> 恻隐，仁之端也；羞恶，义之端也；辞让，礼之端也；是非，智之端也。此即是本心。②

在此基础上，王阳明进一步把『本心』发展为『良知』，他说：『良知者，心之本体，即前所谓恒照者也。』（《答陆元静书》）又说：『天理即是良知』、『道心者，良知之谓也。』（《传习录》），既然『圣人之道，吾性自足』（王阳明语），那么，一切伦理道德也都应反求诸己而不假外求了。

②佛家论心性。佛教传入中国之后，逐渐演变发展为中国化的佛教，佛学佛理和中国儒学互参，寻找到他们之间的共同点，从而形成共存互融的局面，形成中华传统文化的有机组成部分。这在心性学说及伦理道德观念中，表现最为明显。中国历代许多高僧，都是饱学之士，早期多谙熟经史，受戒皈依佛门之后，又精研佛理，故对心性之学非常默契。例如东晋时的高僧竺道生，就把先秦儒学的心性说和法显译的印度佛经六卷本《佛说大般泥洹经》③中的佛性说结合起来，提倡『一切众生，皆有佛性』。六卷本《泥洹经》中说：『泥洹不灭，佛有真我，一切众生皆有佛性，学得

①《孟子·公孙丑》
②象山全集[Z].
③《泥洹经》有两种译本，一是西晋竺法护译的《佛说方等泥洹经》，一是东晋法显译的六卷本《佛说大般泥洹经》，竺道生受其影响很深，大力宣扬「佛性」说。

成佛。」在昙无谶译的《大般涅槃经》中，也强调「一切众生皆有佛性」。竺道生在《大般涅槃经集解》中，对「佛性」说作了充分阐述，认为佛性是善性，是人的本性，也就是后来惠能说的「自性」。佛性之说，到禅宗六祖惠能有了很大发展，或言「自性」，或言「心性」，在惠能的《坛经》中，随处可见，要而言之，都是说存在于人自身的本性，也即是佛性。所以说：「一切万法，不离自性。」又说：「弟子自心常生智慧，不离自性，即是福田。」「菩提自性，本来清净，但用此心，直了成佛。」惠能认为，「一切般若智，皆从自性而生，不从外人」。这和王阳明所说「吾性自足，不假外求」的「道心」说，几乎是同出一辙。我们再来看《坛经》中的一段话：

> 善根有二，一者常，二者无常。佛性非常非无常，是故不断；名为不二。一者善，二者不善，佛性非善非不善。是名不二。……无二之性，即是佛性。

由此可见，智旭禅师说的「自心者，三教之源」、「三教圣人，不昧本心」正是从人的本体精神中去寻找「善根」，寻求道德的本源。或者说，力图从主体精神中去寻求伦理道德实施的途径，从精神世界中去解决道德的认识问题。

③心性说的终极目的。无论是儒家或佛家的「心性」理论，虽然都涉及本体论的问题，但最终目的并不是为了要建立本体论的哲学体系，而是要想解决人对社会人生的认识和行为实践的问

题。这就要使一切伦理道德规范，成为人们的内心的一种自觉的精神需求，而不是靠外力的强加。所谓「道心」或者「佛性」，都是与生俱来的「自性」，因此断定仁义道德和佛法善行，都是天生本性，这就否定了属于社会意识范畴的伦理道德的社会属性，这是不正确的。但是，伦理道德应化为人的主体精神修养和自觉意识，成为自性和本心的内在精神，应该说这是对的。所以，儒家讲道德修养，特别强调「正心」「诚意」，最终达到齐家、治国、平天下的目的。而佛家的存在于「自心」和「自性」中的「佛性」，也就是他们所追求的「真如本性」，目的都在于使人找到「善心」的本源，获得精神的「归依」。由「治心」而达到「治世」，这是共同的理想。宋代高僧契嵩说：

儒佛者，圣人之教也。其所出虽不同，而同归乎治。儒者，圣人之大有为者也；佛者，圣人之大无为者也。有为者以治世，无为者以治心。①

其实，「治世」和「治心」，无论是儒是佛俱兼而有之，「治世」必先「治心」，而「治心」正是为了「治世」，在这点上，儒佛是相通的。

①中国文化与中国哲学[M]．东方出版社，一九八六．

二、『善』与『恶』——道德的范畴

在谈心性问题时，儒佛两家都涉及善和恶的概念，而在使用善恶的概念时，又很自然地涉及道德的内容。所以善和恶成为是否合乎伦理道德的最高标准。前面我们已经说过，道德观念是一定社会历史的产物，是一种社会意识形态，所以道德的具体内容，也会因时因人而异。因此作为衡量『有德』和『无道』的善和恶的观念，也不可能是永恒不变的。但是，究竟什么是善？什么是恶？其中总是有具有普遍意义、为人类社会所共识的东西。正如『道德』概念也应有人类文明中具有普遍意义的东西，这些东西应该是有益于人类社会的美好的东西，而不是危害人类社会的丑恶的东西。

①善恶观念的界定。在儒家典籍中，关于善和恶的概念经常出现，早在《周易·文言》中就有『为善之家，必有余庆，为恶之家，必有余殃』的话，而在孟子和荀子对性善性恶的争论中谈得最多，但是他们却很少对这两个概念作出明确的界定。虽然如此，但有一点是比较明确的，在他们的论述中，无一例外地以仁义道德为善，反之则为恶。在儒家经典《大学》中说：『大学之道，在明明德，在亲民，在止于至善。』孟子在论性善的同时，也常用善恶论政事，他说：『以善服人者，未有能服人者也。以善养人，然后能服天下。』又说：

尧舜之道，不以仁政，不能平治天下。今有仁心仁闻而民不被其泽，不可法于后世者，不行先王之道也。故曰：徒善不足以为政，徒法不能以自行。……是以惟仁者宜在高位，不仁而在高位，是播其恶于众也。①

显然，这里说的善与恶，是以施仁政与否作为判断标准。相对而言，佛学中对善恶则有较明确的定义。慧远在《大乘义章》中说：「顺名为善，违名为恶。」又说：「顺理名善，违理名恶」、「顺益为善，违损为恶」，按佛学的解释，「名诠自性」、「名名于法」，自性当是佛性，理亦即是佛理，顺之者为善，违之者为恶。《唯识论》②中也有善恶之说：

能为此世他世顺益，故名为善，人天乐果虽于此世能为违顺，非于他世，故不名善。能于此世他世违损，故名不善。恶趣苦果虽于此世能为违损，非于他世，故非不善。

我们暂撇此世他世之说不论，只看其中说的「顺益」为善，「违损」为恶，这和《大乘义经》中说的意思是一致的。要而言之，在佛学观念中，符合佛性佛理者为善，反之则为恶；对人生对事物有益者为善，有损者为恶。所谓「顺名」「顺理」，和儒家的「顺天」「正心」的意思，其精神都在于济世救人，行合于道，即是善业。可见，无论是儒家还是佛家，他们对善恶的观念，都是以各自的道德标准为依归。而这些道德标准中，善业必须是对人对社会有益，必须符合事物自身的

①《孟子·离娄》。
②《唯识论》，是《唯识二十论》的简称，唐玄奘译。

理，而不是违损社会、违损事物。正如梁启超说的：『有益于群者为善，无益于群者为恶。此理放诸四海而皆准，俟诸为百世而不惑者也。』（《论公德》）所以在我国传统文化观念和伦理道德观念中，善的就是美好的、高尚的，是人们所向往的思想修养和精神境界。

②善恶观念的具体内容。梁漱溟先生在《儒佛异同论》①一文中，对儒佛两家学说之异同，作了富有创见的论述，他指出：『儒佛不相同也，只可言其相通耳。』他举例说：

譬如孔子自云：七十从心所欲不逾矩，而在佛家则有恒言曰：得大自在。孔门有四毋——毋意、毋必、毋固、毋我——之训，而佛之为教全在「破我法二执」，此外更无余义。善学者盖不难于此得其会通焉。然固不可彼此相附会而无辨也。

梁先生的见解是十分精到的，儒佛不同，不能把二者牵强附会；但有很多相通之处，所以才能共存而互融，成为中华传统文化的统一体。这也许就是孔子说的『和而不同』吧？因此，在『善』与『恶』的内容上，儒佛两家各说不同，但有很多相通之处。梁先生说：『儒家则笃于人伦，以孝弟慈和为教，尽力于世间一切事务而不怠；佛徒却必一力静修，弃绝人伦，屏除百事焉。』这从形迹去看，的确是儒佛两家在人伦问题上的相悖之处，但是就其精神实质而言，则佛家的道德观念也并非完全背弃人伦。就以『孝』的观念而言，儒、佛都有相通之处，他们都把『孝』放在伦理道德

①中国文化与中国哲学[M]. 东方出版社，一九八六。

的首位。儒家自不必说，而佛学中也有《孝子经》、《孝子谈经》之类；明代高僧智旭有《孝闻说》、《广孝序》等文章，他说：「儒以孝为百行之本，佛以孝为至道之宗。」①在他之前，宋高僧契嵩已在《孝论》中说：「夫孝，天之经也，地之义也，民之行也。」又说：「圣人之善，以孝为端；为善而不先其端，无善也。」可见，「百善孝为先」已成为我国传统的伦理观念，这在儒佛两家也是相通的。

儒家提倡「三纲」、「五常」，佛家有「五戒」、「十戒」，当然我们也不应该牵强附会，把二者等同起来。但是，在他们之间也有相通之处，形成我国封建社会里的伦理道德观念，作为善与不善的标志，共同达到修行教化的目的，这也是很明显的。契嵩大师对此早有明确的论述：

五戒，始一曰不杀，次二曰不盗，次三曰不邪淫，次四曰不妄言，次五曰不饮酒。夫不杀，仁也；不盗，义也；不邪淫，礼也；不饮酒，智也；不妄言，信也。②

契嵩又说：「其目虽不同，而所以立诚修行善世教人，岂异乎哉？」③儒家把仁、义、礼、智、信称「五常」，又称「五德」，董仲舒在《举贤良对策一》中说：「夫仁、谊（义）、礼、知（智）、信五常之道，王者所当修饬也。」其实，这五常的内容，孟子早已把它视为人性所固有的「善」的表现。他说：

①灵峰宗论·题至孝回春传[Z].
②镡津文集：卷三[Z].
③镡津文集：卷八[Z].

恻隐之心人皆有之，羞恶之心人皆有之，恭敬之心人皆有之，是非之心人皆有之。恻隐之心，仁也，羞恶之心，义也，恭敬之心，礼也，是非之心，智也。仁义礼智，非由外铄我也，我固有之也。①

可见，把『五常』作为与生俱来的善的本性，儒学早已有之。而佛学除五戒之外，尚有十善十恶之论，详见于《俱舍论》②，十恶者一杀生，二偷盗，三邪淫，四妄语，五两舌，六恶口，七绮语，八贪欲，九瞋恚，十邪见。此十者乖理而起，故名恶，反之能顺理，故名善。所以说，尽管善恶观念虽因时代社会的变迁而具不同的内涵，但其中心精神，就是要人们都能做一个有益于人类社会而不是违害人类社会的人，这也是文明社会对每个社会成员的道德要求和美好的愿望。

③性善性恶之争的终极目的。无论是儒家或是佛家，都有『性善』、『性恶』的争论，这是因为两家都力图从人的本性（天性或自性）去寻找道德的本源，从而通过教化修身以达到除恶从善的目的。孟子主张人性善，至于『不善』是后天的『势』所造成的。他说：

人性之善也，犹水之就下也，人无有不善，水无有不下。今夫水，搏而跃之，可使过颡；激而行之，可使在山；是岂水之性哉，其势则然也。人之可使为不善，其性亦犹是也。③

这就是过去小孩发蒙必读的《三字经》中说的『人之初，性本善，性相近，习相远』的意思。

①孟子·告子[乙]　②《阿昆达摩俱舍论》之简称，玄奘译。

③孟子·告子[乙]

而荀子则主张「性恶」，他说：

> 人之性恶，其善者伪也。今人之性，生而有好利焉，顺是，故争夺生而辞让亡焉；生而有疾恶焉，顺是，故残贼生而忠信亡焉；生而有耳目之欲，有好生色焉，顺是，故淫乱生而礼义文理亡焉。然则从人之性，顺人之情，必出于争夺，合于犯分乱理而归于暴。①

用抽象的人性论去争论性善性恶，自然无法得出一个公认的结论，所以告子在和孟子讨论时说：「人性之无分于善与不善也，犹水之无分于东西也。」我们这里所要谈的是，孟子和荀子都是把善恶归之于人性，从而强调通过教育从主体精神上去解决除恶从善的问题，这才是他们的共同目的。因此，孟子认为「善政不如善教」（《尽心》），以仁义礼智等道德规范去施教，使人能「尽其心」「知其性」进而「知天」，复归于善，这才是最终的目的。荀子则认为：「今人之性恶，必将待师法然后正，得礼义然后治。」（《性恶篇》）他特别强调教育，他在《劝学》、《修身》、《儒效》等篇中，就反复强调教育的重要性。

性的善恶问题，在佛学中也有争论，大乘诸宗多认为善是佛性所具，恶是「佛性」被蒙蔽，染上了「尘」。所以才有「身是菩提树，心如明镜台；时时勤拂拭，勿使惹尘埃」的说法，一尘不染，自是「善根」。惠能则更彻底，他说：「菩提本无树，明镜亦非台；本来无一物，何处惹尘

①荀子·性恶篇[Z]．

埃。』这就是惠能说的：『菩提自性，本来清净，但用此心，直了成佛。』①这也是性善的表现，所以才说是『见性成佛』。但是佛学中也有『性具善恶』的主张，天台宗智𫖮说：『诸法是同体权中善恶缘了，实相是同体善恶正因。』②总之，性有无善恶，只不过是一种认识的分歧，和儒学中性善性恶之争一样，其最终目的也是为了使人除恶从善，儒家通过修身养性，佛家通过参禅妙悟，最终归依成佛。所谓圣贤，所谓成佛，无非是一种道德修养和人格精神的表现，对世人而言，除恶从善的道德实践，才是其最高宗旨，所以契嵩说：

儒家所谓仁义礼智信者，与吾佛曰慈悲、曰布施、曰恭敬、曰无我慢、曰智慧、曰不妄言绮语，其目虽不同，而其所以立诚修行善世救人，岂异乎哉！③

惠能在《坛经》中谈『归依』时说：『自归依者，除却自性中不善心，谄曲心、吾我心、狂妄心、轻人心、慢他心、邪见心、贡高心以及一切时中不善之心。常见自己过，不说他人好恶，是自归依。』这不也就是儒家常说的『静坐常思己过，闲谈莫论人非』和『吾日三省吾身』之类的自我修养的信条么？前面我们已经说过，善恶的观念是社会历史的产物，不是与生俱来的，所以性善性恶之争，自然争不出个结果，也难有永恒不变的善恶的内容。但是，善与恶的观念，在任何时代，总是用以判别好与坏、正与邪、美与丑、有益与有害、诚信与虚假的标志，也是人类共同追求和向

①六祖坛经[Z]. ②大正藏：第四十六卷[Z].
③谭津文集：卷八[Z].

往的一种伦理道德范畴。

三、『尽心』与『自悟』——道德修养

道德和法律，都是一定社会历史的产物，从一般意义上说，『顺理名善，违理名恶』，『顺名为善，违名为恶』，所以『正名』与『合理』，应该是道德的依据，也是法律的依据。但是，法律则因时因事而异，更具有严格的规定性和强制性；而道德规范，虽然也有一定的约束作用，但主要是通过教育、通过人们的自我修养使之成为一种自觉的行为规范。我们常说的『道德法庭』，指的就是社会舆论的监督和约束，我们国家颁布的《公民道德建设纲要》，都是要通过教育使道德成为人们自觉遵守和实践的东西。所以，我国传统文化中，儒家强调修身，佛家强调参禅，都属于主体精神自我修养的功夫，都强调自律（自觉、自悟）。

①儒家强调个人修养，并把它作为治国平天下的基础。所谓：『身修而后家齐，家齐而后国治，国治而后天下平。』（《大学》），又所谓『修道之谓教』（《中庸》），都强调了个人修养的重

要，而道德教化正是修身之本。梁启超曾有文章讨论过『公德』与『私德』问题，前面我们引用过他对『善』和『恶』的见解，这里，我们再看看他对道德修养的看法。他在《论公德》一文中说：『人人独善其身谓之私德，人人相善其群者谓之公德。』他认为：『若中国之五德，则惟于家族伦理稍为完整。至若社会国家伦理，不备滋多，此缺憾之必当补者也。皆由重私德轻公德所生之结果也。』①从一般概念上说，公德和私德是有区分的，但是就个人修身而言，二者就不可截然分开。我国传统道德讲『五德』，既是个人的修养的私德，也是齐家治国的公德，一切公德都必须使人自觉遵守，从这意义上说公德也化为私德。也许『公德』的含义还包括『法律』、『法规』等等具有『社会契约』性质的行为规范，具有强制的性质；但是如果要使人人自觉遵守，那也得以『私德』修养为基础。梁启超在后来也许发现前论之不周，所以他在后来写的《论私德》②一文中又说：

是故欲铸国民，必以培养个人之私德为第一义；欲从事于铸国民者，必以自培养其个人之私德为第一义。

这说得多么的好！无论是受教育或是教育者，都必须以个人之私德为基础，甚至应该说教育者必须先受教育。以『修身』为本，这是儒家的信条，所以说：『君子务本，本立而道生。』③

佛家也重个人的修养，所谓『参禅悟道』，就是个人的修持。禅是梵语禅那的略写，意译有弃

①、②《饮冰室合集》第六册（中华书局一九八九年版）（参照《文化中国》第三十三期陈晓平《走出中华文明的怪圈》一文。

③论语·学而[Z].

恶、静虑、思维修养等的意思，总之就是个人主观精神的一种自我修养。所谓「佛在吾心」、「人人皆可成佛」云云，都无非强调个人主观修养的重要。佛性在我，惟有「自悟」，才能「悟他」，才能去「普渡众生」。佛家讲「五戒」、「十戒」，都是要从自我做起，它既是佛家的「公德」，也是修持个体的「私德」，舍此就不能「成佛」。所谓「佛」也就是佛道的最高体现，归根结底就是个体自我道德修养的最高境界。

②修养的方法。个人的道德修养，儒佛两家都强调自我觉悟，儒家称之为「内省」和「尽心」，佛家称之为「自觉」或「自悟」，孔子说：「内省不疚，夫何忧何惧？」①他提倡「吾日三省吾身」，认为「君子求诸己」。求诸己就要正心诚意，心不正，意不诚，则道德云云都是无从说起。故《大学》中说：「欲修其身者，先正其心；欲正其心者，先诚其意；欲诚其意者，先致其知，致知在格物。」格物就是穷致事物之理，穷理尽性，故《中庸》中也说：自诚明谓之性，自明诚谓之教，诚则明矣，明则诚矣。唯天下自诚，为能尽其性，能尽其性，则能尽人之性；能尽人之性，则能尽物之性；能尽物之性，则可以赞天地之化育，则可以与天地参矣。如果说，儒家要求「自诚」、「尽心」以达到「尽其性」，回归到道德本位——善，那么，佛家则要求通过参禅和自悟以归依其「自性」——佛。故惠能说：「佛是自性，莫向身外求。」又

①论语·颜渊[Z].

说：『自性不归，无所依处。』又说：

经文明言归依佛，不归依他佛。自性不归，无所归依。今既自悟，各须归依三宝。内调心性，外敬他人，是自归依也。

由此可见，儒佛虽教义不同，在入世和出世的人生态度上也截然不同，但是在『治世』和『救世』的理想上是有默契之处。为了达到『治世』和『救世』的目的，所以他们都着眼于道德的教育，着眼于劝人向善。当然，单凭儒家的学说不能实现『治世』，凭佛学也不能『救世』；但是『治世』和『救世』都不可能没有道德教育。以『心性』之学作为出发点，强调道德教育与修身的重要性，至少可以给人们一些启示：加强自我修养的意识，树立伦理道德的观念，启发净化灵魂的自觉。这些传统美德，在今天不也有其现实意义吗？不可否认，无论是儒家或佛家的『心性』学说，都有其消极落后的一面，这是历史的局限。但是，作为中华传统文化中的优秀的一面，正是我们民族精神的体现，也是人类共同追求的美德，我们就应该加以继承和发扬。这也是我写这篇论文的目的。

（原载《云南大学学报》（社会科学版）二〇〇三年第一期）

儒、道、佛的自我超越哲学

——孔子的『四毋』、庄子的『三无』和佛家的『破二执』之比较

在中华传统大文化系统中，儒、道、佛三家的学说，无疑具有互补的主流地位。三家学说的不同是显而易见的，儒学主经世致用，道家主虚无，而佛学则主色空。然而，在中华大文化系统中，三家不同的学说之间却有其契合之处，也就是说他们之间有可以互补、互融的相通之处，这也就是古人所说『教殊而道契』和『三教同源』的根据。

儒、道、佛三家学说，在对待现实人生的态度上是截然不同的，或入世、或避世、或出世，各有其说，但有一点则可以说是殊途同归，那就是对主体人格精神的追求，也即是对人生最高境界的追求。这最高的精神境界，就是一种无欲、无私、无我、无畏的境界，是一种超越世俗、超越物累、超越自我的精神境界。要达到这种境界，各家提出了一些看似不同的主体人格修养的方法，但仔细分析一下，他们之间却大有相通之处，这就是三家学说之间的契合点。也许，这也正是几千年华夏文明熏陶下成长的中国先圣先贤们所追求的崇高人格精神的契合点。中国传统文化中所追求的

崇高人格精神，既是一种理想，但也是一种可以实践的理性精神，是一种可望又可及的精神。孔子提倡的『四毋』说、庄子提出的『三无』说和佛家提倡的『破二执』说，都是为了达到这种超越的人格精神境界。这也是我中华文化所崇尚的作为人的主体精神的崇高品格。

一、孔子的『四毋』说

《论语·子罕》中有这样几句话说：『子绝四：毋意，毋必，毋固，毋我。』对这几句话的解释，也有所不同，但大体上的意思是接近的。比较多的解释是说孔子坚定地主张修身的四条原则，即文中说的『四毋』。但有的人提出质疑，认为『绝』字若作断绝解，则『绝』『四毋』就于义有抵牾。但『绝』字在古汉语中是个多义字，这里应解释为坚持做到『四毋』或绝对主张『四毋』。杨伯峻在《论语译注》（中华书局一九八零年版）中是这样解释的：『孔子一点也没有四种毛病——不悬空推测，不绝对肯定，不拘泥固执，不唯我独是。』这虽然有些勉强，也有些现代化，但是他肯定孔子是坚持『四毋』的原则，这应是对的。『绝』是『无』的比较级，这里的『绝』，就是「绝无」的意思，后面的「四毋」也就是「四无」，「无」也就是「绝」。刘宝楠在《论语正义》（见《诸子集成》）中说：「毋者，禁止之辞。毋即绝也。」这样，原意即是：子绝四：绝意、绝必、绝固、绝我，意思就通畅了。对孔子「四毋」的含义的解释，我认为还是宋代的朱熹比较得其要旨。他在《论语章句集注》中说：

绝，无之尽者。毋，《史记》作无，是也。意，私意也；必，期必也；固，执滞也；我，私己也。四者相为终始：起于意，遂于必，留于固，而成于我也。盖意、必常在事前，固、我常在事后。至于我，又生意，则物欲牵引，循环不穷矣。

按朱熹的这种解释，孔子的「四毋」应该包含有以下几层意思：

第一，「四毋」的含义。毋意，说的是要限制人的私欲。朱熹把「毋意」的「意」字解释为私意是符合原意的，由物欲而产生私意，正是佛家所说的七情六欲的产生，都成为左右人的思想行为的意念。儒家学说并不是不承认「私欲」的存在，所谓「饮食男女之欲」是与生俱来的存在，关键在于要把私欲引导入以「仁义」为核心的「道德」轨道上来，所谓「发乎情，止乎礼义」就是这个意思。在「道」的前面，个人的「意」（私欲）必须无条件让位，或者说个人的私欲必须融化于「大道」之中。「道」的本质是「仁义」，是「爱人」，因此每个人都必须「公而忘私」、「大公无私』。宋明理学家所提出的『存天理，灭人欲』，是儒学的极端，不是孔子时代的以人为本的儒学，但也可看出在儒家那里，人欲必须服从于天理。所谓天理，也就是他们所追求的『大道』。可见，孔子的『毋意』，并不是要『灭人欲』，而是要人们从私欲中解脱出来，把个人之欲融入大道的理念之中。说得更具体些，就是要人们从私欲的困惑中解脱出来，不要为满足私欲而至于作奸犯科、伤天害理。『穷则独善其身，达则兼济天下』，穷也好，达也好，都要做一个不危害社会而有益于社会的人。『毋意』就是要去私欲，要把欲化为『独善其身』和『兼济天下』的志。这才是儒家学说的修身原则和人生境界，也即是孔子所说的『毋意』的原意。

其次说『毋必』。朱熹说『必，期必也。』这就是说，人有了某种强烈的私欲，他就一定要达到目的，满足私欲。而私欲是无穷尽的，佛家概括的七情六欲，包括了各个方面，为了满足私欲，有的甚至不择手段。我们今天所最痛恨的贪污腐化、抢窃诈骗，无一不是私欲在作怪。一旦私欲障眼昧心，就不顾法纪道义，危害国家人民。有的人死不悔改，执迷不悟，就是由于『期必』之强烈欲望而宁可铤而走险。

再次说『毋固』。固就是顽固，执迷不悟。其私欲或已满足则必固守之，进而追求新欲，从而在错误的泥潭里越陷越深而不可自拔，在犯罪的道路上愈走愈远而永不悔改。这就是『执滞』。所以孔子的「毋固」，就是要求人不要因私欲而迷顽不灵，应知悔改，有悔悟，回到正确的道路上来。

最后说「毋我」。这是「四毋」的核心。可以这样说，要做到「毋意、毋必、毋固」的关键所在是「毋我」，朱熹注：「我，私己也。」正是一语中的。私己就是我们常说的自私，前面说的「意」、「必」、「固」俱产生于「我」，一切物欲、迷妄、罪恶的产生，都来自于「私己」，而要做到「毋意、毋必、毋固」，关键也在于「我」。「毋我」就是老、庄说的要「物我两忘」，就是要能把自我从物质诱惑和名利地位的私欲中解脱出来。儒家提倡的大智大勇、杀身成仁、舍生取义，都是要具有「毋我」的精神才能做到。所以孔子说的「毋我」，是一种自我超越的精神，这种超越，不是老庄的虚无，也不是佛家的空门，而是对「私己」的超越，而进入「自诚明」的崇高人格精神境界。

第二，孔子的「四毋」说，是人格修养的四个组成部分，四者之间互为因果，朱熹说是「互为终始」，也就是这个意思，其中的任何一个环节，都可以导致善或恶的循环。而决定其善恶的根本原因是在于「我」。如果任「私己」之我恶性膨胀，则私欲不断产生，欲壑难填，愈陷愈深，循环往复则恶果累累，害人害己，后患无穷。所以「四毋」之本，首在「毋我」，无私己之心，则可以「敬业乐群」，做到「无欲则刚」、「知足常乐」，坦坦荡荡地做人。

也许有人会问，孔子学说是修身、齐家、治国、平天下的学说，是面向社会现实的入世哲学，怎么理解他的『毋我』的超越精神呢？是的，孔子的『毋我』并不是要人脱离现实，进入虚无世界。正相反，他的『毋我』是对主体人格的要求，他要求超越的『我』，是以『私己』为中心的我。他所说的『毋我』，是摆脱了私欲困扰的有崇高道德修养的志士仁人，这和儒家强调的『修身』的道德观是一脉相承的。儒家学说的中心是个『仁』字。仁就是『爱人』，要做到爱人，就必须『克己复礼』，孔子说的『克己复礼为仁』，就是这种道德自律的精神。可见，『四毋』的要害是『毋我』，毋我并不是完全不承认『我』的存在，而是要去掉一己之私，克制私欲，有了『克己』的精神，才有可能『毋意、毋必、毋固』，才可能自觉地把这个『私己』之『我』，纳入以道德为准绳的行为规范。

在孔子看来，『毋我』是主体人格的自我修养，是一种自觉的『内省』功夫；或者说，『毋我』是一种精神境界，是『克己复礼』的手段。通过『克己』而达到『毋我』，就必须时刻注意修身，而修身不是外在的粉饰，不是伪君子、伪道学，而是要建立在正心、诚意基础上的道德修养，这就是《大学》篇中说的：

> 古之欲明明德于天下者，先治其国；欲治其国者，先齐其家；欲齐其家者，先修其身；欲修其

身者，先正其心；欲正其心者，先诚其意；欲诚其意者，先致其知。致知在格物，格物而后知致，知致而后意诚，意诚而后心正，心正而后身修，身修而后家齐，家齐而后国治，国治而后天下平。

我之所以不嫌冗长引这段文字，是想进一步说明孔子「四毋」说的内涵。四毋的核心就是克服私我，之所以要做到「毋我」，目的是要献身于齐家、治国、平天下。只有「正其心」「诚其意」，才能真正「修其身」。正心、诚意、修身，就是要以「仁爱」替代「险恶」，以「忠信」替代「奸诈」。只有「毋我」，才可以做到为国为民「杀身成仁」、「舍生取义」那样的高风亮节。

由此可见，以孔子为代表的儒家的修身学说，乃是以道德为归依的主体人格修养的学说。孔子提倡的「四毋」，并不是消极地逃避现实的出世哲学，而是积极的超越自我私欲而对社会、对国家充满「仁爱」和「忠信」精神的入世哲学。

二、庄子的「三无」说

老、庄学说以虚无为本，他们所倡导的「虚无」，不是物理学概念中的「真空」，而是超越一切有形世界和名言概念的『道』，也即是老子说的『道可道，非常道』的『道』。它既是万物之源，为『天下母』，但它又是超越万物而存在的最高境界，即虚无境界。所以庄子说：『唯道集虚。』①他对『道』作了这样的表述：『夫道，有情有信，无为无形，可传而不可受，可得而不可见。』又说：『视而可见者，形与色也；听而可闻者，名与声也。……夫形色名声，果不足以得彼之情，则知者不言，言者不知，而世岂识之哉！』②这就是说，老、庄所追求的最高境界之『道』，其本体是虚无，但它是真实的客观存在。这是一个超越物质世界、主观知识所不能言说的境界，总起来说就是超越形、色、声的世界，所以称之为虚无。冯友兰先生把它称之为『纯粹经验之世界』，他说：

所谓纯粹经验（Pure experience）即无知识之经验。在有纯粹经验之际，经验者，对于所经验，只觉其是『如此』（詹姆士所谓『that』）而不知其是『什么』（詹姆士所谓『what』）。詹姆士谓纯粹经验，即是经验之『票面价值』（Face value），即是纯粹所觉，不杂于名言分别，佛家所谓现量，似即如此。③

詹姆士的『纯粹经验』论属主观唯心主义的认识论，所谓『经验』是就主客体关系中的主观经验而言，和老、庄论『道』不同，但就主观认识中的『无言无意之域』而言，则近似于詹姆士的

①《庄子·人间世》。②《庄子·天道》。

③见冯友兰《中国哲学史》上册，华东师范大学出版社二〇〇〇年版，第一百八十二页。冯先生引用的『纯粹经验』出自美国哲学家詹姆士的《急进的经验主义》。詹姆士原是心理学家，其『纯粹经验』论属主观唯心主义的认识论，片面强调直觉经验的真实性，否定理性认识。

「纯粹经验」。所以冯友兰先生引用它来阐释庄学，并提出与佛家「现量」说近似，是很有见地的。庄子学说中对于「道」的体悟，可以说也是主观认识中的「纯粹经验之世界」，因此，必须超越物质世界，超越一切名言（包括仁义道德等等一切理性的知识和一切用语言文字表达的逻辑概念知识），超越自我而进入「无言无意」「物我两忘」的虚无境界，这是自我与宇宙合而为一的境界，所以冯友兰先生说：「……在纯粹经验中，个体即可与宇宙合一。」这也就是一种绝对自由的精神境界。庄子在《逍遥游》中提出的「有待」与「无待」和「无己」「无功」「无名」的理论，正是在上述理论的基础上提出来的。

《逍遥游》是《庄子》内篇的第一篇，这是开宗明义具有总纲性质的一篇，之所以用「逍遥」为篇名，正是想用以表现庄子虚无哲学绝对自由精神的思想，也即是超越物我的思想。关于「逍遥」二字，旧注解说很多，各有各的道理，但似乎多不得其要领，倒是唐代成玄英在《庄子序》中引用高僧支道林的一段解释似乎还接近庄子的原意。他说：「物物而不物于物，故逍然不我待；玄感不疾而速，故遥然靡所不为。以斯而游天下，故曰逍遥游。」成玄英和支道林都是高僧，看来佛家和庄子学说之间有一定的默契，所以支道林的解释比较近乎庄子所追求的无所待的绝对自由精神。庄子有许多寓言：鲲鹏、鸿鹄、学鸠、燕雀，体有大小，飞有远近，各随其性，相对而言都适应其所处的环境，都要凭借各种条件而生存，都未能超越其所依凭的生存条件。这就是《逍遥游》说的『有待』，这都不是『无待』的绝对自由的精神境界。他比喻说：『夫列子御风而行，泠然善也，旬有五日而后返。彼于致福者，未数数然也。此虽免乎行，犹有所待者也。若夫乘天地之正，而御六气之变，以游无穷者，彼且恶乎待哉！故曰：至人无己，神人无功，圣人无名。』

这段话可以说就是庄子学说的主旨，其中心精神就是『无待』二字，而要做到『无待』，必须有『无己』、『无功』、『无名』的修养，这纯粹是一种主体人格的修养，也许这就是冯友兰先生说的『纯粹经验』吧？庄子说的『无待』就是一种超越的精神，是他理想中的绝对自由的精神。事实上，宇宙间万事万物，大而至于外星世界，都是互相依存，互为条件，离开『有待』而求『无待』是不可能的。所以有人说庄子说的『乘天地之正』和『御六气之辩』，不也是『有待』吗？所以，我们说庄子的『超越哲学』，纯属于主观精神世界中的理想，是主观精神的一种『纯粹经验』，是一种理想中的绝对自由精神。这种理想也只有在主观精神的纯粹经验中，也许可以得到暂时的实现。庄子想象的『乘天地之正，而御六气之辩』和『列子御风而行』有所不同，郭象注云：『非风则不得行，斯必有待也，唯无所不乘者无待耳。』又注云：

天地者，万物之总名也。天地以万物为体，而万物必以自然为正。自然者，不为而自然者也。……故乘天地之正者，即是顺万物之性也；御六气之辩者，即是游变化之途也。如斯以往，则何往而有穷哉！所遇斯乘，又将恶乎待哉！①

这就是说，『天地之正』乃顺其自然，一切都自然而然；『六气之辩』，也即是自然变化的现象。总起来说就是顺应自然，把自我融入大宇宙之中，获得主体精神的大解脱，无往而不至。这实际上就是主观精神的大逍遥，也即是绝对自由。这是一种纯粹经验，按冯友兰先生的说法：『在纯粹经验中，个体即可与宇宙合一。』②而要达到这种精神境界，就要先做到『无己』、『无功』、『无名』，这三个『无』字和孔子的『四毋』有相通之处，但又有区别。孔子的『四毋』以道德理性为依归，而庄子的『三无』则以虚无为本去寻求超越。

这里，我们再来具体分析其『三无』的内涵。先说『至人无己』，庄子著作中常有至人之称，如《田子方》中说：『得至美而游乎至乐，谓之至人。』《天下》篇中说：『不离于真，谓之至人。』在庄子看来，体悟大道达最高境界者才能称得上至人，有时也称真人，这样的人与道大化，忘我忘物，本道根真，故曰『无己』。郭象注曰：『无己，故顺物，顺物而至矣。』无己就是自我的超越，而进入大化的境界。再说『神人无功』，神人是别人做不到的事他能做到而利济天下的人物，但他们不是为了追求个人的功名利禄，事业有成而不居功自恃，即老子说的『功成而不居』，

①引自郭庆藩《庄子集释》。

②《中国哲学史》上册，华东师范大学出版社二〇〇〇年版，第一百八十二页。

皆顺应自然而为，非为一己之私而追求功利也。最后说『圣人无名』，如果说庄子心目中的『至人』和『神人』还只是想象中的理想人物，那么，圣人则是现实生活中的理想人物。圣人是『无名』的『道』在现实生活中的实现者，他们所做的一切都是『直道而行』，循物之性，而不求其名。这就是说，真正的圣人，其所作所为都是顺应自然，符合乎道而不是为求名，更不会沽名钓誉。这样看来，庄子说的至人、神人、圣人虽然有层次的差别，但作为『无为而无不为』的理想实现者，他们是三位一体的。所以成玄英疏中说：『至言其体，神言其名，故就体言至，就用言神，就名言圣，其实一也。』如果人人都能做到『三无』，那也就能实现理想中的『无为而治』了。关于这个问题，葛兆光先生说：

在人们很熟悉的《逍遥游》中，庄子写下了那个关于鲲鹏以及学鸠的著名寓言，从『小知』到『大知』、从『小年』到『大年』、从『有待』到『无待』，庄子要说的就是要进入绝对自由的精神境界；而进入绝对自由的精神境界，就要不凭借任何外在的依托，包括虚名、包括功业、包括为己的私心，这样才能使自己的精神超越世俗的一切乃至超越自我。①

我很赞同这些见解。至于如何评价庄子的超越哲学，那是另一个问题了。留待后面再谈。

①《中国思想史》第一卷，复旦大学出版社二〇〇一年版，第一百八十四页。

三、佛家的『破二执』说

『破二执』是《成唯识论》中提出的理论，这是以唐玄奘为代表的法相宗（即唯识宗）的重要理论。所谓二执就是我执和法执。这里的执字之意，和我们今天说的固执、执著、执迷等等意思差不多。二执就是两种『执障』，也即是常说的执迷不悟。关于『二执』，《成唯识论》中说：『由执我法，二障具生。』二障说的是『烦恼障』和『知障』（又称『所知障』）。冯友兰先生对此『二执』，解释得最为清楚，他说：『依此派所说，众生皆有我、法二执。我执者，执「我」，为实有；法执者，执「法」，即诸事物，为实有。唯识教之目的，即欲破此二执，显示二空，二空者，我空法空也。』①用现在的话来说，二执就是由于个人的私欲对客观事物所产生的种种欲望，为了满足无穷无尽的私欲而产生无穷无尽的烦恼。从主观来说，是佛家所谓的七情六欲；就客观而言，则是种种物质生活之诱惑和名利地位、利害得失之计较，使人沉湎其中而陷入种种烦恼（佛家称之为苦海）。就人自身主观而言就是我执，就客观事物而言就是法执，有此二执而不能摆脱迷津，就是『无明』，就深陷于『苦厄』而不能自破。所以，佛家要普渡众生，就先要破二执，就要使『执迷不悟』者『恍然大悟』而超脱苦海。其关键就在于『破二执』而『悟二空』。

①《中国哲学史》下册，华东师范大学出版社二〇〇〇年版，第一百四十页。

就我执而言，佛学中提出了很多内容：由于有『我』，故产生『我识』，由主观的『识』产生种种『意』，诸如七情六欲之类，所有这些都产生于『我』。关于七情六欲，儒家也讲，儒家说的七情是『喜、怒、哀、乐、爱、恶、欲』，这属于人的天性，人的主体意识活动都由这『七情』而产生。如果任其发展，必然导致私欲膨胀而陷入罪恶深渊，故他们提出『发乎情，止乎礼义』的主张，通过教育把人们的『七情』导入礼义的规范，所以《中庸》篇又说：『喜怒哀乐之未发谓之中，发而皆中节谓之和。』中节就是合乎『克己复礼』的要求，也就是前面我们说到的通过道德教育而超越私己之自我。佛家说的『七情』是『喜、怒、忧、惧、爱、憎、欲』，和儒家说的大同小异，而《成唯识论》中则把『我执』归纳为『我痴、我见、我慢、我爱』四种，这都是产生『烦恼』的根源：

此意任运恒缘藏识，与四根本烦恼相应。其四者何？谓我痴，我见，并我慢，我爱，是名四种。我痴者，谓无明，愚于我相，迷无我理，故名我痴。我见者，谓我执，于非我法，妄计为我，故名我见。我慢者，谓倨傲，恃所执我，令心高举，故名我慢。我爱者，谓我贪，于所执我，深生耽着，故名我爱。……此四常起，扰浊内心，令外转识，恒成杂染。有情由此生死轮回，不能出离，故名烦恼。①

①转引自冯友兰《中国哲学史》下册，第一百四十四页。

用现在的话来解释，我痴就是无明，也就是佛家常说的愚顽不化，执迷不悟。我见就是妄见、妄想，什么都应为我有，自以为是。我慢就是傲慢，以我为中心，君临一切，为所欲为。我爱就是私欲，核心就是一个贪字，欲壑难填、贪无止境。这四者互为因果，私心杂念循环往复，恶性循环，愈陷愈深，不能自拔，于是就有种种烦恼。而究其原因，总归为『我执』。这些见解，和孔子的『毋意、毋必、毋固、毋我』，是有共同之处的。所以破我执就需要破我痴、我见、我慢、我爱，就要破主体意识中的种种迷妄。

就法执而言，简单地说就是客观事物对『我』的种种诱惑。以事言之，诸如名利地位的诱惑；以物言之，就是五光十色的物质生活的诱惑。此外，如生老病死种种人生历程之烦恼，俱构成难以摆脱的『法执』，佛家把整个物质世界概括为『四大』和『五蕴』，『四大』是地、水、火、风为主要构成的物质世界，所谓『四大皆空』是说这物质世界都是因缘和合而生，是幻象，无实性。所谓『五蕴』是『色、受、想、行、识』，色泛指物质世界，受是对客观世界（境）的反映，想是客观的境所引起的心理感应和种种想象，行是为达到某种目的而做的行为实践，识是对客观事物的识别知识。五蕴包含主观的心和客观的物之间的种种关系，人的主体感官耳、目、口、鼻、身的功能产生了五境（声、色、味、嗅、触——听觉、视觉、味觉、嗅觉、触觉），由五境而生五识，五识而形成「意」（思维），由此而形成人生的种种欲求，由此而形成「业障」以至于「无明」，这就是「法执」。

可见，佛家说的「二执」，虽有主观与客观、精神与物质的种种因素，但归根结底，还是在于主观的「心」，一切都是心的作用。唯识宗的识，最终是心的作用，称之为「心王」，心生则一切生，心灭则一切灭，一切障碍和无明都因清净心（佛性）染上了尘土。所以二执之中最主要的是「我执」，故《成唯识论》中又说：「烦恼障品类众多，我执为根，生诸烦恼，若不执我，无烦恼故。」如何能破除此「二执」呢？佛家以「空」为理论依据，企图从主观认识上悟得「空」的精义去消除「二执」带来的一切痛苦、烦恼和种种「业障」。其说曰：万法随缘起，都是幻有，并非真实体，而真正的「真如」本体是「空」，所以说：「四大皆空」、「五蕴俱空」。《心经》中说的「色即是空」、「空即是色」都说的是同一问题。而破二执之法，最根本的就是做到「二空」，《成唯识论》中的「二空」，只不过说得更彻底，连空的概念也是空的，所谓「空空」即是。所以，悟到「二空」之境，即是「破二执」之法，这不依靠外力，而是靠「自觉觉他」。佛家之「破二执」，虽然有很多「空门」理论的消极因素，但是在善恶、邪正面前，要求向善除恶、去邪归正，使人从精神上能超越一切私欲产生的烦恼，能超越自我，心灵得到净化，这一点对个人的品格修养来说，还是有借鉴意义的。

综上所述，我们可以看到，在数千年的中华传统文化中，强调人的道德修养，强调修身正己，强调人格自律，以求达到社会和谐、治国平天下的目的，这无论是儒家还是道家、佛家，都是共同的。但是如何达到这一目的，三家学说又各自不同，而其不同之处，又正是各家学说可以互补、取长补短之处。我们把孔子的『四毋』说和庄子的『三无』说以及佛家『破二执』说作比较，正好可以说明这一点。追求超越，强调摆脱『私己』的束缚，以达到高尚的自由人格的精神境界，这似乎是三家学说殊途而同归的人生境界。至于说到三家之不同，也是很明显的：孔子的『四毋』说是要人超越『私己』之我而以道德充实人格，达到『与天地参』的崇高境界，其精神实质是入世的、实用的、现实的。而庄子的『三无』说的超越，则是以所谓『无待』的精神绝对自由为目标，幻想以物我两忘而达到与宇宙合一的境界，这对人的主观精神世界的自我解脱也许有相当的诱惑力，可以启发人的想象力与超脱精神，但就现实生活而言，这是一种属于浪漫主义的幻想。而佛家的『破二执』，虽然要引导人遁入空门，容易使人产生消极厌世思想，但是，对那种在物质诱惑、名利诱惑面前感到无限烦恼以至于陷入罪恶深渊的人而言，要求人们能『自觉』、『自度』，回头是岸、立地成佛的道理，可以从中得到启示，悟出一些人生的真谛，对净化人们的心灵，消除人的私欲心，是很有警世意义的。

（原载《中国文化研究》二〇〇六年冬之卷）

我国古代美学中的儒道互补

中国古代哲学思想（其中包括美学）的儒道互补、庄禅互补的观点，许多学术前辈早已提出，当代美学家李泽厚先生亦多有论述，我在长期研究工作中，也关注儒道佛三家学说之间的异同及相互融通的问题。我也赞同费孝通先生提出的中华民族为『多元一体』的观点。我认为我国传统文化在几千年的发展过程中，形成既是多元的，但又相互融通共存的整体文化，这就是中华文化。这多元一体的文化格局，在我国古代美学中表现尤为明显。我曾在拙著《儒道佛美学思想源流》、《华夏文化与审美意识》及其他一些论文中，较系统地论述了这些看法，但还未能深入到儒、道、佛三家美学思想互补的内在机制去考察，故拟分别就儒道互补、佛道互补、儒释互补等方面，再作一些补充。也可以说是在前辈学者研究的基础上，再作一些多角度的探索。本文试图就我国古代美学中的儒道互补问题作进一步探讨。当然，我这里不可能作上下几千年历时性的论述，我仅就先秦时期以孔、孟为代表的儒家学说和以老庄为代表的道家学说作共时性的比较研究。

一、政教为先与虚无为本：审美功能

我国先秦时期的美学，已经比较明确地使用『美』字去表述人们的审美活动，但很少去讨论美的本质是什么之类的问题，而是侧重于审美的功能。在这个问题上，儒家和道家的观点成为鲜明的对比，在对比中显示出两家之间的互补性。

（一）儒家以政教为先的功利美学

以孔子为代表的先秦儒家对审美的功利主义观念是十分明显而强烈的，而这功利主义又具有为政教服务的明确目的，这就是把政治教化放在首位的功利主义美学。表现在以下三个方面。

第一，政治功能，也可以称之为为政治服务的功利主义美学。首先强调『先王之道斯为美』（《论语·学而》以下引《论语》只注篇名），先王之道就是儒家所推崇的以周文化为集中表现的『王道』，也就是孔子说的『郁郁乎文哉！吾从周』的『王道』。孔子的以仁为核心的政治理想，也就是他的审美功能的最高标准，他主张『克己复礼为仁』（《颜渊》），他认为『里仁为美』（《里仁》）。这一切都说明在孔子那里，美的概念具有鲜明的服从于『先王之道』的功利主义性质。

第二，教化功能，也可以称之为服务于修身教育的功利主义美学。教化是孔子学说，也是儒家学说的重要内容，修身、齐家、治国、平天下，是儒家教育理念的最高目标。教化就是通过教育以达到『化成天下』的目的，而教育的内容就包括审美教育。孔子提出的『兴于诗，立于礼，成于乐』（《泰伯》），是他的教育理论的三部曲，其中的诗教与乐教，就是服从于政治的文艺教育，也就是审美教育。诗教可以看做是启蒙教育，童子入学先要学诗，那是因诗具有『感发志意』和智力开发的作用，这就是『兴于诗』，也就是诗教。而礼教则是立身处世的成人教育，所谓『不学礼，无以立』（《季氏》）、『不知礼，无以立』（《尧曰》）。三十岁才称『而立』之年，而学礼则从二十岁就开始了，《礼记》上说：『二十而冠始学礼。』就是这个意思。至于音乐教育，自然是属于审美教育的范畴，但也服从于政教功利的目的。『成于乐』是修身养性的最高境界，所以说『乐所以成性』①，又说『乐以治性，故能成性。成性亦修身也。』②可见，诗与乐的教育和礼教是三位一体的具有明确政治目的的修身教育，也即是『教以化之』的功利主义的教育。而属于审美性质的诗教与乐教，竟在其中起到智力开发以至于人格完成的重大作用，这正就是如《乐记》中说的『礼、乐、刑、政，其极一也』，也就是『声音之道与政通』的道理。

第三，社会功能，也可以称之为服务于社会的实用主义美学。孔子提倡学诗，除了诗可以言志

①刘宝楠《论语正义》一百六十页引包咸注。（《诸子集成》。世界书局一九二六年八月版）
②同上第一百六十一页。

之外，还有反映社会、认识社会的作用，这也就是说以诗歌的社会功能代替了诗歌的审美功能，是一种直接服务于社会的实用美学。孔子说：『诗可以兴，可以观，可以群，可以怨。迩之事父，远之事君，多识于鸟兽草木之名。』（《阳货》）孔子还说过：『不学诗，无以言。』兴观群怨，可以说是诗歌反映社会现实的认识作用，而事父事君就是服务于社会的作用，最后是增加知识的作用，所以说『不学诗，无以言。』这一切都可看做是诗歌审美的社会功能。

（二）道家以虚无为本的非功利美学

老子和庄子的『虚无为本』哲学，和儒家的功利主义实用哲学，形成鲜明的对比，因此，对审美功能的认识也是对立的，用我们现代通俗的话来说，儒家务实而道家则是务虚，故否定审美的功利性及实用价值。其理论表现在以下几方面。

第一，『道』是美的最高境界，而道的本体是『虚无』，因此，审美活动是无任何功利目的的精神活动。这里，先说『道』字，老子所说的道，是天地万物的本源，故说：『道生一，一生二，二生三，三生万物。』又说：『可以为天地母。』次说『虚』字，道的本体不是某一具体的实体，而是庄子所说的『唯道集虚』，也就是老子说的不可见、不可闻的『恍兮忽兮』的境界，唯其为虚，才能包容万物，滋生万物，所以老子说：『致虚极，守静笃，万物并作，吾以观其复。』正是这个『虚极』之道，才是万物的源始。再说『无』字。老子说：『天地万物生于有，有生于无。』有生于无就是天地万物俱生于道，这不是按某种功利目的、按某种意志而生的『有』，而是『道』的自然规律派生天地万物，所以老子又说：『道常无为而无不为。』于是虚静和无为，就成为道家美学的最高境界，也就是虚无境界，庄子对此作了如下明确的表述：『虚静恬淡，寂寞无为者，万物之本也。……朴素而天下莫能与之争美。』（《庄子·天道》以下引《庄子》篇名）可见，在『虚无』为本的观念中，无功利目的的虚静恬淡寂寞无为的『道』才是『天下莫与之争美』的美的最高境界。

第二，天地之美是无功利目的的『大美』。既然『道』乃『天地之母』，是万物之源，故天地万物所具有的自然之美，才称得上为『大美』，这种『大美』是天然的，是虚无之道的自然显现，或者叫做『外化』，而不是为了某种功利目的和利害观念而刻意造成的美。所以庄子说：

若夫不刻意而高，无仁义而修，无功名而治，无江海而闲，不导引而寿，无不忘也，无不有也。淡然无极而众美从之，此天地之道，圣人之德也。（《刻意》）

不刻意，无仁义，无功名，淡然无极，正是虚无境界的本质特征。没有功利目的，没有利害观念，没有仁义道德的理性判断，这才是大美的境界；只有如此，才有『众美从之』。这就是庄子所

说的『天地有大美而不言』（《知北游》），也就是庄子说的：『夫天地者，古之所大也，而皇帝尧舜之所共美也。』（《天道》）

第三，否定以功利为目的的礼乐之美。基于『虚无』和『无为』的观念，老、庄竭力否定一切有功利目的的『美』，对儒家的以政教为目的的诗、礼、乐都予以否定。老子最早提出这一观点，他说：『绝圣弃智，民利百倍；绝仁弃义，民复慈孝；绝巧弃利，盗贼无有。』庄子也说：『道德不废，安取仁义？性情不离，安用礼乐？』（《胠箧》）对于有功利目的的文学艺术，也都作了否定的评价，老子说：『五色令人目盲，五音令人耳聋。』庄子也说：『五色乱目，使目不明；……五音乱耳，使耳不聪。』又说：『五色不乱，孰为文采？五声不乱，孰为六律？』（《胠箧》）那么，究竟怎样才是审美的最高境界呢？庄子在《大宗师》中有一段非常透彻的论述：

颜回曰：『回益矣。』仲尼曰：『何谓也？』曰：『回忘仁义矣。』曰：『可矣，犹未也。』他日复见，曰：『回益矣。』曰：『何谓也？』曰：『回忘礼乐矣。』曰：『可矣，犹未也。』他日复见，曰：『回益矣。』曰：『何谓也？』曰：『回坐忘矣。』仲尼蹴然曰：『何谓坐忘？』颜回曰：『堕肢体，黜聪明。离形去智，同于大通。此谓坐忘。』

大通就是与宇宙融为一体，与天地融为一体，没有世俗利害功利的目的，也就是我们后面将要说到的『玄同』，是一种超功利的审美境界。

（三）审美功能论的儒道互补

审美是一种以功利为目的的精神活动，还是一种非功利的审美愉悦？这是中西美学界无论古今，都一直在争论的问题。我国先秦时期儒道两家截然相反的观点是显而易见的。这两种观点乍一看来是水火不相融，但是从我国美学史来看，其互补性正是互相取长补短，使我们可以较全面地去认识审美功能的本质特征。我们可以从以下两方面去看其互补的契合点。

第一，审美活动应是功利与超功利的结合。文学艺术是社会生活的产物，在对文学艺术作品的审美鉴赏中，完全排除其功利目的性是不可能的。以诗而论，孔子提出的『兴、观、群、怨』四大功能，既是功利的也是审美的。诗、礼、乐的教育体系，本身就是以功利为目的的思想教育活动，其中也含有艺术鉴赏与审美活动，但都服从于政教功利的目的。所以儒家的美学中，审美活动服从于政教功利目的，发展到后代也有人把这种思想绝对化，就逐渐取消了审美活动的独立性而完全附属于政教功利目的了。但是，审美活动往往是在某种功利目的的引导下，升华为超功利的自由的精神境界。正是在这一点上，儒家功利美学存在很大的缺陷，而道家的虚无美学，恰好是对儒家功利美学的补充。庄子的忘我忘物以至于『坐忘』，实际上就是一种产生于物我而又能超越物我的广阔的精神空间，是一种摆脱『物』和『我』束缚的无限愉悦的审美活动。儒家拘限于物和我的功利美学，束缚了审美的自由空间；而道家的虚无美学，完全排斥物和我的社会基础，那也只不过是无本之末的幻想。二者的互补才能体现审美功能的完整性。

第二，虚与实、无与有的结合。虚和实，无和有之间的关系，是辩证统一的关系，关于这个问题，我曾在《老庄美学思想中的『有』和『无』的辩证法及其影响》一文中曾作过论述，这里我再做一点简单补充。儒家美学重功利目的，故崇有尚实，事父事君的诗学是论实际的，『乐以治心』的音乐美学也是务实的，『先王之道』也是实用哲学，用之于社会政治的实施。崇有尚实，赋予美学以充实的社会内容和现实主义精神，但却缺乏想象的空间和超脱的精神。反之，如果把老庄的虚无哲学变为脱离现实的空想幻想，那么也会流于艺术虚无主义。有无相生，虚实相成，功利性与超功利性的自由精神的结合，这才是艺术的辩证法，也才是审美的真谛。

二、道德理性与自由精神：审美判断

儒道两家对审美功能认识上的对立，必然对美是什么这个问题的回答也截然不同，形成审美判断中道德理性规范与非理性自由精神的对立。

（一）儒家的道德理性美学

从功利主义的观念出发，先秦儒家对什么是美的问题，作了以道德为准绳的理性主义的回答。『思无邪』的观念，虽然是针对诗歌提出来的，但也就是一种理性主义的审美判断。集中表现在以下三方面：

第一，以善为美。在我国汉文字中，善字和美字的原始意义可以说是同源，这两字都从羊，《说文》释美字云：『甘也，从羊从大，在六畜主给膳也。美与善同义。』注云：『羊大则美，故从大。』从造字的原始含义来说，美的观念最初还是属于功利性质的，也可以说是由味觉的快感而转化为美感，而美感又和善的观念相通。善字从羊从口，美字从大属于视觉，善字从口是味觉，善字与膳通，可见，羊大为美是视觉美，羊肉入口味甘为善，是味觉美。从文字学的角度看，也许这就是以善为美的依据吧？故孟子说：『口之于味』，『目之于色』，『耳之于声』俱有『同美』（《告子》）。这是以快感为基础的美的普遍性，但是由快感转化为美感，那就是由直觉、直观转化为理性的判断了。善字的含义，也逐渐由膳的食用意义转化为善恶之善，亦即以仁义道德为准则的理性概念，这样，以善为美，就是以伦理道德为标准的审美判断。因此，在我国古代美与善、丑与恶几乎是相对应的同义辞，孔子说：『里仁为美』，就是把伦理道德作为美的标准；又说：『君子成人之美，不成人之恶。』（《颜渊》）这里把美和恶对举，也就是把美和善等同。有时候，孔子也把美和善区分开来，故提出『尽善尽美』之说：『子谓《韶》尽美也，又尽善也。谓《武》尽美矣，未尽善也。』（《八佾》）朱熹注：『美者，声容之盛；善者，美之实也。』这里，把美看做是形式之美，但美的实质仍然是善，善是第一位的，从根本上说还是以善为美。可见所谓尽善尽美，看去好像是把美善分开，其实仍然是道德本位的理性主义美学。

第二，『充实之谓美』。这是孟子对儒家美学的发挥，在孟子的学说中，既承认以快感为基础的味觉、视觉、听觉之美的普遍性，但美的本质最终还是善，孟子把善看做是人的本性，他说：『君子所性，仁义礼智根于心。』（《尽心》）这就是所谓的『人之初，性本善』，善的本性得到充分发挥那就是大美，孟子提出的『充实之谓美』，就是以此为根据。他说：『充实之谓美。充实而光辉之谓大，大而化之之谓圣，圣而不知之之谓神。』（《尽心》）这里说的充实是指什么呢？我们再来看孟子的另一段话：

恻隐之心，仁之端也；羞恶之心，义之端也；辞让之心，礼之端也；是非之心，智之端也。人之有四端也，犹其有四体也。……凡有四端于我者，知皆扩而充之矣，若火之始燃，泉之始达，苟能充之，足以保四海；苟不充之，不足以事父母。（《公孙丑》）

可见孟子说的『充实』的内容，就是指仁义礼智等道德规范，也就是他提倡的『配义与道』而养成的『浩然正气』，所以这些都是美的范畴，这里说的『美—大—圣—神』，实际上都是对美的不同层次的表述，归结起来也都属于善的范畴，都是『至大至刚』之美。也就是『尽善尽美』。无疑这都是道德理性的审美判断。

第三，以『全』和『粹』为美。这是荀子对儒家道德理性美的进一步发挥，可以说是到了极至的地步。荀子主张『人之性恶，其善者伪也。』（《性恶》）这和孟子的主张正相反，但是，通过后天的教育，使人去恶而从善，这点是一致的，性是天生的自然本性，而后天塑造的道德品格则是教育的结果，是人为的结果，所以荀子说：『不可学不可事而在人者，谓之性；可学而能可事而成之在人者谓之伪，是性伪之分也。』（《性恶》）这里的『伪』字，是人为的意思，虚伪的意思是引申出来的，所以荀子强调后天的教育和学习，《劝学》篇充分阐明这一观点。学习的内容自然就是儒家的诗、书、礼、乐之类，学习的目的是要达到人格修养的『全』和『粹』的境界，那就是『美』的境界，他在谈到学习和人格修养时说：

全之尽之，然后学者也。君子知夫不全不粹之不足以为美也，故诵数以贯之，思索以通之，为其人以处之，除其害者以持养之，使目非是无欲见也，使耳非是无欲闻也，使口非是无欲言也，使心非是无欲虑也。（《劝学》）

这就是儒家主张的非礼勿视，非礼勿言，非礼勿听，非礼勿动之类的传统观念，荀子称之为『德操』，而且说：『君子贵其全也。』（《劝学》）可见，所谓『全』所谓『粹』就是要仁义道德人格修养的完全和纯粹，才能称得上是『美』，荀子不止一次重复这个观点：『君子之学也，以美其身。』（《劝学》）『圣人备道，全美者也。』（《正论》）这都是以善为美的道德理性的审美判断，而荀子的观念则到了极点，这也是他在《乐论》中谈音乐美学的基本观点。

（二）道家的非理性的自由美学

在以老庄为代表的道家看来，审美不是一种理性的判断，而是一种非理性的无言无意的自由精神。老子说：「求美则不得美。」在老子看来，用一种理性的判断去求美，那就不可能获得真正的美。庄子说得更明白：「判天地之美，析万物之理，察古今之全，寡能备于天地之美，称神明之容。」（《天下》）这就是说用理性认识去判断天地之美，去分析事物之理，去考察古今的利害得失，那就不可能获得真正的天地之大美。那么，什么才是真正的美呢？

第一，非理性的审美境界：「玄同」。

庄子说：「天地有大美而不言，四时有明法而不议，万物有成理而不说。」（《知北游》）不言就是无欲无念、无利害得失的非理性的精神境界，这才是「大美」的境界。要了解这种精神境界的本质，还得从道家的「道」字说起，从美学的意义上说，道是美的最高境界，天地是道的体现，因而有「大美」，道本体是无言无意的「虚无」，故老子说：「道可道，非常道；名可名，非常名。无名，万物之始，有名，万物之母。故常无，欲以观其妙；常有，欲以观其徼。此两者，同出而异名，同谓之玄，玄之又玄，众妙之门。」（第一章）道本体是无，天地万物为有，无名与有名同出于道，故说「同出而异名」，无名的道的本体是最高境界，本身是玄之又玄的「众妙之门」，故道家以「玄同」二字表述这种不可道不可名的境界，庄子说：「攘弃仁义，而天下之德始玄同矣。」（《胠箧》）《淮南子·说山训》中说得更为明确：「求美则不得美，不求美则美矣；求丑则不得丑，求不丑则有丑矣；不求美又不求丑，则无美无丑矣。是谓玄同。』这也就是老子说的：『天下皆知美之为美，斯恶已；皆知善之为善，斯不善已。』（《老子》第二十章）可见，玄同的境界，既是『众妙之门』的道之虚无境界，也就是大美的境界，是一种无欲无念的非理性的自由精神境界。

第二，『乘物以游心』的审美活动：『逍遥』。

庄子追求的『淡然无极而众美从之』的审美活动，不是按仁义、功名而刻意求之的有限的理性精神，而是一种非理性的自由的精神活动，这就是庄子所向往的『逍遥』。他的《逍遥游》一文从多侧面去抒发了他所追求的自由精神，这是一种『物物而不物于物』的自由精神，是一种『淡然无极』的精神活动，也就是一种自得自适的逍遥境界。庄子的《逍遥游》的核心就是一个『游』字，而游的主体是『心』，所以叫做『游心』，是一种超越事物的主观精神活动，是『与天地精神往来』（《天下》）的绝对自由的精神活动。庄子说：『游心于淡，合气于漠，顺物自然而无容私焉。』（《应帝王》）又说：『知游心于无穷，而反生通达之间，若存若亡乎？』（《则阳》）又说：『游心于坚白同异之间。』（《骈姆》）所有这些说法无非为了说明一个道理：『乘物以游心。』（《人间世》）就是主观精神『物物而不物于物』的绝对自由。只有如此，才能『同于大通』而得天地之『大美』。在庄子的学说中，逍遥之游是一种自由精神，『逍遥』二字亦足以说明其『同于大通」的自由精神实质。什么是逍遥？庄子作了如下描述：

> 夫列子御风而行，泠然善也，旬有五日而后反。彼于致福者，未数数然也。此虽免乎行，犹有所待者也。若夫乘天地之正，而御六气之辩，以游无穷者，彼且恶乎待哉！故曰：至人无己，神人无功，圣人无名。（《逍遥游》）

列子凭借风力而行，虽然快，免于步行，但并不自由，离开风力他就不可能任意飞行于无穷，因为他还「有所待」，有所待就是有凭借、有条件，只有无待，才获得绝对的自由。「乘天地之正」和「御六气之辩」并非是有待于天地和六气，而是顺应自然规律①，与天地万物融为一体，那就可以「逍遥」了。说得通俗一点，有待就是有依赖、有条件的相对自由；而无待则是无依赖、无条件的绝对自由。所以庄子说的「无己」、「无功」、「无名」就是走向无待的绝对自由境界的前提，无己就是要超越自我，忘我忘物，无欲无念；无功就是超越客观事物，无利害功利目的；无名就是超越伦理道德和是非善恶的理性思辨。约而言之，这三无就是无我、无为、无言，做到这一点，精神就和大宇宙、大自然融为一体而「同于大通」了。这才是「众美从之」的审美境界。

第三，物我为一的审美愉悦：「物化」。

庄子在《齐物论》中论述了一个中心思想，那就是「天地与我并生，万物与我为一。」与大宇

①郭象注：「天地者万物之总名也，天地万物为体，而万物必以自然为正，自然者，不为而自然者也。……故乘天地之正者，即是顺万物之性也；御六气之辩者，即是游变化之途也；如斯以往，何往而有穷哉。」（郭庆藩《庄子集解》第一册第二十页，中华书局一八六一年版）

宙世界融为一体，与万物融为一体，在无差别、无矛盾的『玄同』境界中，体验一种非理性的愉悦，体验一种物我为一的大美境界，这也就是庄子所追求的『物化』境界。这种境界可以齐物我、忘生死：『不知所以生，不知所以死，不知就先，不知就后，若化为物。』（《大宗师》）又说：『圣人之生也天行，其死也物化。』（《刻意》）可以说庄子的『物化』，是精神世界的体验，而不可能是真正的『物化』，他说『若化为物』，就是一种假设和比喻，是一种虚拟，但却可以使精神走向自由与永恒。也就是『游心于物之处』（《至乐》）的精神愉悦。对此，庄子的『梦蝶』寓言，生动地描述了『物化』的审美愉悦：

昔者，庄周梦为蝴蝶，栩栩然蝴蝶也，自谓适志与！不知周也。俄然觉，则蘧蘧然周也。不知周之梦为蝴蝶与？蝴蝶之梦为周与？周与蝴蝶则必有分也，此之谓物化。（《齐物论》）

栩栩然、蘧蘧然，就是一种自适的愉悦心态，庄生与蝴蝶本来就是『有分』的，但是互相转化而物我为一，就可以体验到无差别、无矛盾的『万物与我为一』的审美愉悦。在庄周与蝴蝶之间，庄周是梦者又是觉者，但换个位置看，也许蝴蝶是梦者也是觉者。正如庄子在《大宗师》中说的：『梦为鸟而厲于天，梦为鱼而没乎渊。不识今之言者，其觉者乎？其梦者乎？』正是由于消除了差别故融为一体而『入于寥天一』。庄子还有一个寓言也生动地说明了这种物我为一的近乎直觉的审美愉悦：

庄子与惠子游于濠梁之上。庄子曰：『鯈鱼出游从容，是鱼之乐也。』惠子曰：『子非鱼，安知鱼之乐？』庄子曰：『子非我，安知我不知鱼之乐？』惠子曰：『我非子，故不知子矣；子非鱼也，子不知鱼之乐，全矣。』（《秋水》）

近人多从逻辑辩论的角度解释这段话，其实庄子所要表述的恰恰不是逻辑诡辩，而是与物为一的体验，他谈的不是美学问题，但却与审美活动有密切关系。物化的体验正好存在于审美体验中，审美主体的对象化和审美对象的人格化，『淡然无极而众美从之』的审美体验就是一种『物化』的体验。惠子对庄子的质问，是逻辑推理的方法，在惠子看来人与物（庄子与鱼）是分离的、对立的；而在庄子看来，人与物是为一的，可以物化（对象化）。惠子的分析是概念的，庄子的体验是直觉的，物我为一的审美经验是非理性的『纯粹经验』①，是纯粹的非理性的直觉，不杂以任何名言判断，所以庄子不是鱼，但他与鱼融为一体而体验到鱼之乐。这也是审美经验中的非理性的自由精神。

①参看冯友兰《中国哲学史》上册一八二页引詹姆士《急进的经验主义》。（华东师范大学出版社，二〇〇〇年十一月版）

（三）审美判断中的儒道互补

审美判断是一种理性认知还是一种非理性的直觉？这在西方美学史中也是一个长期争论的问题，各持一端就必然走向极端。其实，审美也是一个认知过程，任何片面性都不可能解释审美的全过程及其内在规律。儒道两家的美学正是如此，因此，也必然要走向互补的道路。

第一，儒家以善恶观念和伦理道德为根本的审美观念，应该说和西方古典美学一样，有它的不可离弃的合理性。但是审美毕竟不是抽象纯理性的判断，正如我们现在不能单纯以道德标语口号代替审美一样。但反之，如果排斥道德伦理的理性认知而一味追求非理性的、无欲无念的近乎直觉的『玄同』境界，那么审美将成为一种神秘的不可知的精神活动。二者的互补，使审美活动既是以理性认知为基础，但又不是停留在单纯的理性的逻辑判断，而是一种由理性进入到超理性的、无意识的精神愉悦。审美活动当然要以道德理性为基础，但最终要进入超理性的『玄同』境界，这就是审美愉悦的精神境界。

第二，以道德修养的充实和完美作为美的最高标准，虽然这是对人格修养而言，但也就是儒家的审美判断。道德是一种理性的认识，善恶美丑都不能脱离理性的判断。但是理性判断一旦成为束缚精神的理念和教条，成为审美的概念化和教条化，那就失去了自由想象的空间和超越物我的自由精神。而道家的非理性的、绝对自由的『玄同』境界，走向绝对化而排斥道德理性的基础，那也只可能陷入神秘的不可知论而不可能真正存在。道德理性的人格精神和超越物我的自由精神的结合，构成对宇宙人生、天地万物『纯粹经验』，从而获得真正的精神愉悦，那才是令人向往的审美愉悦。仁义道德修养，不再是一种抽象概念的『知识』，而是成为一种『无意识』的人格精神，这种精神已是一种超越物我的非理性的『纯粹经验』，说他是『玄同』也好，『逍遥』也好，『物化』也好，这才是一种最高的审美境界。

三、言意之表与无言无意之域：审美心理

魏晋时期的学术界有一场大的争论，其中有几个重要的命题：有和无、言和意、有神与无神等等，涉及哲学、美学等诸多领域。关于言意之辩，涉及思维学、修辞学、文艺学、美学诸多方面，尤其对我国古代美学产生重大影响。言意之辩源自庄子学说，他在好多地方讨论言和意的关系问题，而这些关系又和虚、实、有、无的概念有关。在这些问题上，又表现出儒家和道家在认识上的

对立。而二者都有与西方符号学理论可以比较研究之处。

(二)儒家的『辞达意』的审美心理

晋代陆机在《文赋》中说:『恒患意不称物,文不逮意,盖非知之难,能之难也。』这里提出创作过程和审美过程中的物—意—文三者的关系问题。刘勰在《物色》中说:『岁有其物,物有其容;情以物迁,辞以情发。』也涉及物—情—辞的关系。在先秦儒家学说中就已经讨论过这些问题。其中文和辞能否表达意和情是讨论的中心问题。

第一,『辞达意』与『言以足志』说。《易·系辞》中说:『圣人之情见乎辞。』这就是说《易》中所表现的『圣人之情』是靠文辞来表现的,所以要求『辞达而已矣』(《论语·卫灵公》)『辞达』就是文辞可以把情(包括志、意)完全表达出来。所以又说:『情欲信,辞欲巧。』(《礼记·表记》引孔子语)情欲信就是要求思想内容的真实,辞欲巧就是可以用巧妙的修辞手段把内容表达出来,所以《易·文言》中说:『修辞立其诚』,诚也即是信,就是要真实。与此相关的是言和志的关系问题,孔子说:『志有之,言以足志,文以足言。不言,谁知其志?言之无文,行而不远。』(《左传·襄公二十五年》)这里的志—言—文三者的关系,都用『足』字来表述,也和『辞达』

的「达」字是一个意思，语言文辞是可以充分表达情志的。关于这个问题，宋代的学者也曾有过论述。欧阳修说：

某闻传曰：「言之无文，行而不远。」君子之所学也，言以载事而文以饰言，事信而言文，乃能表见于后世。《诗》、《书》、《易》、《礼》、《春秋》。皆善载事而尤文者，故其传尤远。①

苏轼在《答谢民师书》中也说：

孔子曰：「言之无文，行而不远。」又曰：「辞，达而已矣。」夫言止于达意，即疑若不文，是大不然。……辞至于达，则文不可胜用矣。②

虽然二人在「文以饰言」的要求上，看法有些不同，但言可以足志，辞可以达意，这是坚信不疑的。

第二，「言尽意说」。孔子提出的「辞达」和「言以足志」是对语言文辞表达情志的一种要求，但是，语言文辞究竟能不能做到完全「尽意」和「足志」呢？孔子又提出了「书不尽言，言不尽意」的观点。

《易·系辞》中说：「子曰：书不尽言，言不尽意。然则，圣人之意其不可见乎？子曰：圣人立象以尽意，设卦以尽情伪，系辞焉以尽其言。」孔颖达《正义》说：

①《代人上王枢密求先集序书》（《欧阳修全集》，世界书局一九二六年版）
②转引自郭绍虞主编《中国历代文论选》第二册三百〇七页，（上海古籍出版社一九七九年版）

此一节是夫子还自释圣人之意有可见之理也。圣人立象以尽意者，虽言不尽意，立象可以尽之也。……系辞焉以尽其言者，虽书不尽言，系辞可以尽其言也。

孔子意识到「言不尽意」，故又以「立象以尽意」作补充，除「立象」可以尽意之外，又补之以「系辞可以尽其言」，这就是说归根到底，言还是可以尽意的。关于此问题，魏晋时期曾展开了一场大辩论，我们现在称之为「言意之辩」，也即是「言尽意」和「言不尽意」之辩。西晋欧阳建有一篇《言尽意论》，他认为：

诚以理得于心，非言不畅；物定于彼，非言不辩。言不畅志则无以相接；言不辩物则鉴识不显。……名逐物而迁，言固理而变，此犹声发响应，形存影附，不得相与为二矣。苟不为二，则言无不尽矣。吾故以为尽矣。①

这种看法，实际上是把物—意—文（言）的关系机械等同而忽略了认识过程中「意不称物，文不逮意」的复杂性，就文学艺术审美活动而言，就是只见到语言文字之表的「语义」概念而忽略了言意之外的无限的心理空间。

①《全晋文》一百九十卷。

（二）道家的『无言无意』的审美心理

道家从虚无学说出发，认为虚无的大道是无限的，无法用语言文字概念把它完全表达出来，故说：『道可道，非常道；名可名，非常名。』可道可名的语言文字所表达的概念是相对的，是有限的，而常道常名是绝对的、无限的。正如实和有的具体事物，都是相对的、有限的存在，只有虚和无的道才是绝对的、无限的。一切语言文字所表达的事物，言和意所包含的语义都是相对、有限的，而言意之外的虚无才是绝对的无限的。就审美活动而言，实和有的言意之表不过是美的表象，而真正的美是在言意之外的『无言无意』之域。故老子说：『信言不美，美言不信。』这种无言无意之域，只可能是詹姆士说的那种非理性的『纯粹经验』了。从言到意再到无言无意，是道家从实有到虚无境界的审美心理历程。

第一，得意忘言。庄子对于言和意的关系，虽然认为言是用以表意的，但是言只是工具，言所表达的语义是有规定性的，而所表达的意则是可以引申的，言的内涵相对稳定，但所表达的意则有无限的外延，所以言不可能尽意。只有『得意而忘言』，那么意才可能摆脱言的束缚而获得无穷的言外之意。所以庄子提出得意忘言之说：

筌者所以在鱼，得鱼而忘筌。蹄者所以在兔，得兔而忘蹄。言者所以在意，得意而忘言。吾安

得忘言之人而与之言哉？（《外物》）

唐代成玄英疏中作了这样的解释：『意，明理也，夫得鱼兔，本因筌蹄，而筌蹄实异鱼兔，亦由元理假于言说，言说实非元理。鱼兔得而筌蹄忘，元理明而名言绝。』绝名言就是完全摆脱了语言文字概念的束缚而进入妙理之中，元理就是玄理，正如艺术审美，总是先由文字、音响、色采之工具的传导而进入玄妙的审美境界。一旦进入了审美境界所获得的审美感受，就完全忘却文字、音响、色采本身的认知了。这种审美心理正是道家所追求的那种非理性的虚无境界，即道的最高境界，也即是美的最高境界。

孔子阐释《易》理，提出『言不尽意』的看法，但又说『立象以尽意』，认为意是可以尽的，这里在言和意之间加了一个『象』，这对文学艺术可是一个发明。到魏晋时期的学者王弼，正是用庄子的筌蹄之说加以阐释，使之成为我国古代美学中的著名理论。他在《周易略例·明象》中说：

夫象者，出意者也。言者明象者也。尽意莫若象，尽象莫若言。言生于象，故可寻言以观象；意以象尽，象以言著。故言者所以明象，得象而忘言；象者所以存意，得意而忘象。犹蹄者所以在兔，得兔而忘蹄；筌者所以在鱼，得鱼而忘筌。（楼宇烈《王弼集校注》）

这是符合艺术审美心理过程的规律的，得意而忘象，得象而忘言的审美心理，关键在于『忘言』，即摆脱了抽象名言的规定性概念的束缚而进入对『象』（具体形象）的直观体悟。而『忘象』所得的『意』，则是一种潜意识以至于无意识的美感。这和『立象』必须『尽意』的看法已经不同了。所以庄子在筌蹄之论的基础上，进一步提出『无言无意』的审美主张。

第二，『无言无意』之域。言能尽意，还是言不尽意？在庄子看来这都只不过是属于认识的表层现象，真正的对于道的体悟，那是在无言无意之域，不仅是『得意忘象』，最后要进入无言无意之域，也就是忘我忘物的境界。庄子说：

世之所贵道者书也，书不过语，语有贵也。语之所以贵者，意也。意有所随，意之所随者，不可以言传也。……故视而可见者，形与色也；听而可闻者，名与声也。悲夫，世人以形色名声为足以得彼之情，夫形色名声，果不足以得彼之情。（《天道》）

庄子还说：

可以言论者，物之粗也；可以意致者，物之精也。言之所不能论，意之所不能察致者，不期精粗焉！（《秋水》）

在庄子看来，语言文字、形色声名，都只不过是用以表达『意』的工具，其功能最多也只不过是能达意而已，但是在『意』的后面还有更高的一种境界，那就是『道』的虚无本质，也即是道家心目中的美的最高境界，这是完全脱离了形色声名的审美境界。郭象在注中说：『唯无而已，何精粗之有哉？夫言意者有也；而所言所意者，无也。故求之于言意之表，而入乎无言无意之域而后至焉！』这样解释是比较准确的。这里，我们不禁联想到西方的存在主义与符号学。萨特说的『此在』与『在』，苏珊•朗格说的『能指』与『所指』，和庄子的『言意之表』与『无言无意之域』倒也有些近似，我们以后还可以进一步比较研究。

（三）审美心理中的儒道互补

审美心理活动，是一种复杂而又有妙趣的心理活动。儒家的辞达意、言尽意的理论，对于名言声色等表现手段而言，他们只注意到了『能指』的层面而忽略了『所指』的层面，也可以说他只注意到语言文字本身的『内涵』而忽略了『外延』的广阔空间。道家则反之，他们特别强调言意之外的『所指』和『外延』层面，但完全否定了『内涵』和『能指』层面的作用，这就会陷入不可知论与神秘主义。但是，他确乎是开拓了审美心理的广阔空间，使审美活动从有限向无限延伸，从『有待』走向『无待』的自由天地。儒道互补，可以从以下三方面去探寻蹊径。

第一，内涵与外延的互补。以诗而论，诗给人们的美感，无疑先是从文字语义开始，也就是要认知言和辞，懂得辞义，由言而达意。言辞本身的内涵，是相对的、有限的，读者所认知的言意之表的内涵，也是相对的、有限的，而且主要是概念的、理性的认知。而诗的审美境界则还要拓展到言外之意以及言外之意的外延空间。音乐绘画的审美也同一个道理，这就是古人尝体验到的那种所谓『无画之画』、『无声的音乐』之类。所谓孔子闻《韶》『三月不知肉味』，『余音绕梁，三日不绝』等等，都是这种对『言外之意』的外延空间的审美体验。也就是从实到虚、从有到无的审美心理活动。也就是庄子说的『言之所不能论，意之所不能察』的审美境界。庄子说的是比较绝对和片面，其实这种审美心理引发的机制，还是离不开言和意的认识，所以言意之外的审美心理活动，应该把它看做是『辞达意』的余波和惯性力量以进入『无言无意』之域。当然这都是一种审美体验，而不再是理论概念的理性认知了。

第二，言、象、意审美心理的三层次结构。孔子意识到『言不尽意』的语言困境，他力图要『尽意』。所以在言和意之间加了一个『象』，名之曰：『立象以尽意』。语言文字本身所表达的『意』是有局限性的，要『言尽意』实在不容易，而『立象』以表意，则由于象可以使人们引起想象和联想，可以说这才是接触到文艺美学的关键，那就是形象性。老子谈道，也谈到恍惚之『道』的特征是『其中有物』、『其中有象』，而孔子论《易》也谈到『圣人立象以尽意』的问题。他们立论的角度虽然不同，但是都意识到『象』在认识中的作用，而这种『立象』的认识活动，更符合文艺的认识规律，也符合审美心理活动的特征。审美活动中，从文字到形象到意境，是审美的三层次结构，缺一不可，这也是从文字之表形成意象直到深层次意境。故得意忘象、得象忘言，也就是审美心理活动的最高境界，即忘言忘意的审美愉悦心态，这正是审美活动的全过程。

第三，理性认识与直觉活动的互补。言尽意，主要是理性认识，而忘言忘意的思维活动，则近乎直觉活动，是直观感悟的心理活动。理性认识，逻辑思维主要倾向于哲学，而直觉活动、直观感悟则倾向于艺术审美活动，但二者并不是截然分开，理性认识与直觉活动的互补是艺术思维的基本要求，而『得意忘言』、『得鱼忘筌』正是艺术审美心理活动的基本特征。

四、人工雕琢与自然天成：审美趣味

儒家美学重功利，重道德修养，讲理性，故其审美趣味亦重在人工之美，重后天的教育，主张雕琢成器。而道家则相反，主虚无，尚自然，提倡任性自由，返璞归真，以自然天成为美，以朴素天真为美。

(二)儒家重人工雕琢之美

儒家强调修身，强调教育，视人格的完美为最高的美，所谓『充实』之美，『全』和『粹』之美，都是修身教育的结果。『兴于诗，立于礼，成于乐』就是完成修身的全方位教育。『天命之谓性，率性之谓道，修道之谓教』(《中庸》)就是以『修道』为内容的教育。儒家所谓的性，实际上是把他们所宣传的『五常之德』说成是与生俱来的善良本性，通过教育而彰显这种善的本性，所以说到底还是以教育为本。

第一，玉不琢，不成器。儒家以美玉比喻君子之美，而美玉是靠人工雕琢而成的，君子人格之美，也得靠教育而成。所以说：『玉不琢，不成器；人不学，不知道。是故古之王者，建国君民，教学为先。』(《礼记·学记》)《诗经》中有：『王欲玉汝』之句，也就是要把你雕琢成一块美玉，我们常说的『玉汝于成』就是由此得来的。《公冶长》中有这样一段记载：『宰予昼寝。子曰：朽木不可雕也，粪土之墙不可杇也。』玉的质地好，加以雕琢，可以成器，而朽木就不可雕了。这都体现出教育成人、雕琢成器的观念。《诗经·卫风·淇奥》中有这样的比喻：『瞻彼淇奥，绿竹猗猗，有匪君子，如切如磋，如琢如磨。』孔颖达对此作了如下解释：

又言此有斐然文章之君子，……能以礼自修而成其德美，如骨之见切，如象之见磋，如玉之见琢，如石之见磨，以成其宝器，而又能瑟兮颜色矜庄，僩兮容裕宽大，赫兮明德外见，晅兮威仪宜著。有斐然文章之君子，盛德之至如此。①

在《论语》中以『切磋琢磨』来比誉人们修身的功夫，那『有斐然文章的君子』，都是由道德文章的深厚修养而成的。

第二，『文质彬彬，然后君子。』这就是『充实』之美，『全』和『粹』之美，也即是人们的道德文章之美，人品和举止仪表之美。孔子说：『质胜文则野，文胜质则史，文质彬彬，然后君子。』（《论语·雍也》）文和质是就一个人的内容和形式、质地和文采、思想品质和仪表风度的全面要求。质侧重于道德品质而言，文侧重于文采文饰，质胜文或文胜质，都有片面性，不完美，只有文质皆备，才算是完美。显然，这也是对修身的要求。而这『斐然君子』的完美，正是前面我们引孔颖达所说的：『以礼自修』而成的美德，是切磋琢磨的结果，是『修道之谓教』的结果。其具体内容总不外乎以下种种：

非礼勿言，非礼勿听，非礼勿视，非礼勿动。（《颜渊》）

①《十三经注疏》上册第三百二十一页。（世界书局，一九二五年十二月版）

志于道，据于德，依于仁，游于艺。（《述而》）

兴于诗，立于礼，成于乐。（《泰伯》）

通过教育而造就的人物品格之美者，就是『有斐然文章的君子』，其性格特征就是孔子所追求的『温、良、恭、俭、让』（《述而》）五个字，这就是『文质彬彬』之美，这就是人工造就之美。儒家的两位大师孟子和荀子，虽然有性善性恶之辩，但是都强调后天的教育。孟子主张通过教育以显现善的本性，荀子主张通过教育克制人的恶的本性而使之从善。所以荀子说：『人之性恶，其善者伪也。』他这里说的『伪』就是人为，就是人工栽培的结果。后人把人为雕饰的东西看做伪，是虚伪，如矫情饰性就是虚伪，这是引申出来的观念了。至于『温、良、恭、俭、让』之类的美德，是历史的产物，有其优秀的民族传统，也有其消极的内容，并不是我们所要遵循的行为准则。但作为道德修养的人格精神，还是有可借鉴之处。

（二）道家重自然之美

『自然』的概念从哲学意义上来说，来自于老子，而庄子作了充分的发挥。『人法地，地法天，天法道，道法自然。』这是老子提出的一个重要命题，王弼注云：『道不违自然，乃得其性。』这就把『道—自然—性』三者联系起来，而『自然』就成为老子哲学的核心理念。所以老子又说：『道之尊，德之贵，夫莫之命而常自然。』对于老子的『自然』之说，庄子作了多方面的阐释和发展，不仅用以解释宇宙种种现象，也用以解释万物生成的本性、人类的天生本性以至于艺术审美的本性，一言以蔽之，那就是自然之美。与『自然』相关的有以下一些概念。

第一，自然天成的『常然』之美。庄子在《马蹄》、《骈拇》等文章中，对儒家的人为雕琢、礼乐教育大加反对，主张以自然天成的『常然』为不言之大美。他说：

且夫待钩绳规矩而正者，是削其性者也；待绳约胶漆而固者，是浸其德者也。屈折礼乐，呴俞仁义以慰天下之心者，此失其常然也。天下有常然，常然者，曲者不以钩，直者不以绳，圆者不以规，方者不以矩，附离不以胶漆，约束不以纆索。故天下诱然皆生，而不知其所以生；同焉皆得，而不知其所以得。（《骈拇》）

庄子认为儒家用礼乐仁义去教育人，去规范人，是违反本性，『失其常然』。所以说：『残朴以为器』是工匠之罪，『毁道德以为仁义』是圣人之过。（《马蹄》）只有自然天成的『常然』，才是真正的天地之大美。

第二，不雕饰的『素朴』之美。道家主张『返璞归真』，回到自然的原生态，即无欲无念的

『浑沌』状态，这就是庄子说：『同乎无欲，是谓素朴。』（《马蹄》）也就是老子说的『大巧若拙』。真正的巧（也就是美）不在于人之雕饰，而是『拙』，即是原生态的不加修饰的自然之美。《老子本义》引苏辙的话说：『巧而不拙，其巧必劳。付物自然，虽拙而巧。』我们现在常说的『巧夺天工』，用天工来形容巧，实际上也就是以『天工』为『大美』，也即是自然之美。这就是庄子说的『朴素而天下莫能与之争美』（《天下》）的本意，也正是道家审美趣味的最高要求。

第三，天真任性的『常性』之美。天下有常然是就天地万物而言，一切都是自然天成；就人而言，则有『常性』，也就是自然天生的本性，也叫做『天性』。庄子在《马蹄》篇中称之为『常性』：『民有常性，织而衣，耕而食，是谓同德。一而不党，命曰天放。』成玄英注释『天放』为『直置放任』，这就是人性自然之意。金圣叹在评《水浒》人物时，最得庄子『任性』的本意，他认为『性即自然』，又说：『自然即天命。』李逵任性天真，十分可爱，而宋江则是矫情饰性，十分虚伪。按这种审美观点看来，关键在一个『真』字，故庄子说：『礼者，世俗之所为也；真者，所以受于天也。自然不可易也。故圣人法天贵真，不拘于俗。』（《渔父》）他认为：『谨守而勿失，是谓反其真』（《秋水》），『谨守』就是要保持『受于天』的自然本性。『朴素』是真，常性也是真，返璞也是为了『归真』，庄子说的『素朴而民性得矣』，也就是要『受于天』的真性情。

他反对以仁义约束人，以礼乐美化人，就是为了保持自然天真的『常性』。

（三）审美趣味中的儒道互补

儒家重教育，重人工雕琢之美，重综合的人文素养，所谓不以规矩，不能成方圆，玉不琢，不成器，这是他们的信条。他们以礼乐为外饰的审美趣味，往往过分突出了人为做作而掩饰了真性情的表露。所谓『发乎情，止乎礼义』，就是以礼义压制情性的教育观念。道家追求自然朴素之美，提倡任性天真，反对矫情饰性，这正好弥补了儒家之不足，但他反对礼乐仁义的教育，走向绝对化，这就否定了人的社会属性而陷入不识不知的原始生存蒙昧状态。二者的互补，可以克制各自的不足，既可实现审美趣味的多元化，又足以相辅相成，避免走向极端。这里有三方面的问题是值得研究的。

文学艺术创作，无论是诗歌、绘画、音乐以及其他艺术品类，作家的基本功是不能没有的，『工欲善其事，必先利其器，』这个器字也包括作家运用工具手段的基本功。这是人工的技能，通过精心雕琢以完成其艺术的创造。而艺术创造就要达到『妙造自然』的『化境』而不露人工痕迹。故人就如司空图说的：『与道适往，着手成春，』①或如李卓吾说的是『化工』而不是『画工』。②

①司空图《诗品·自然》。
②李卓吾《焚书》卷三《杂说》：『《拜月》、《西厢》，化工也；《琵琶》，画工也。夫所谓画工者，以其能夺天地之化工，而其孰知天地之无工乎？』

工雕琢的功夫不可废，但必须进入天衣无缝的自然妙境，才能构成艺术的最高境界。此其一。

作家的思想道德修养，无论从哪个方面来说都是根本，仁义是道德的具体化和实践内容，仁义道德的修养在儒学中是和来自于『天命』之『性』相一致的，所以也主张要『率性』。但是，由于仁义道德的教条化和表面化，使之成为束缚真情性的绳索，成为桎梏人性的枷锁，所以庄子才把它归罪于圣人。庄子固然是从一个极端走向另一个极端，但他主张恢复人的自然本性，主张高扬任性天真地纯真的自然『常性』，是有其积极的一面。把仁义道德规范成为自觉的意识而与真情性统一起来，培养成为一种高雅的审美趣味，那才是儒道互补的关键。此其二。

孔子的『文质彬彬』之说，既重质地的修养，也重视文采文饰的必要，所以才说：『言之无文，行而不远。』当然，他说的文，指的是外在的文采文饰，往往也会成为华而不实的形式主义。而庄子一味强调素朴，固然是体现自然本性的真淳，但事物的原始本真毕竟不是艺术的升华。就两家之说的互补而言，应该是文质并修，华实皆备，华彩中蕴实诚，素朴中见真淳，大巧若拙，大智若愚，内容与形式的辩证结合。言质言文，言素朴古拙，俱出乎自然而然，杜绝矫揉造作，这才是审美趣味中的『化境』。此其三。

综上所述，我认为在美学中的儒道互补，实际上在魏晋以后的历代文学艺术实践中，已在不同的作家作品中，得到不同程度的体现。在刘勰的文学理论中，在苏轼的创作实践中，这种互补的倾向已十分明显。关于这个问题还有待作进一步深入研究。我在这篇论文中，只是就我国先秦时期的几个大的问题，对儒道互补作一番大致的考察。概括言之，可归纳为以下几点认识：一是审美功能中从功利目的到超功利的审美境界的拓展；二是审美判断中从道德理性到自由精神的延伸；三是审美心理活动中，言意的认知和无言无意的心理妙趣的结合，也就是我国古代美学中说的理在趣中，理趣结合；四是审美趣味中的人工雕琢与自然天成的结合，华与实的结合，巧与拙的结合。审美活动本来就是一个非常复杂的精神活动，是一种综合的心理活动，也是一种难以条分缕析的整体心理感受，绝非以理论逻辑分析可以剖割。但是从理论的层面上作一些分析，以作审美感情的引导，正如郭象说的『求之于言意之表而入乎无言无意之域』，还是可以的。

（原载《中国文化研究》二〇〇八年冬之卷）

『自我』的『超越性』

——以萨特解读老庄

中西文化有很大差异，这是显而易见的现象，因为人们的生存环境不同，所经历的历史不同，社会制度不同。这不仅是中西方之间的差异，就是国与国之间，民族与民族之间，也是如此。但是，作为人类大家庭的成员，在他们创造自己的文明中，又有许多惊人的相似甚至是相同的地方，这点却往往被人们所忽视，所以，我们在对中西文化的比较研究时，不仅要看到它们之间的差异，也要看到它们之间的相似之处。应该说在经济全球化、文化全球化的今天，这更具有现实意义。当我在阅读二十世纪法国哲学家萨特的《存在主义是一种人道主义》①和《自我的超越性——一种现象学描述初探》②等类书籍时，我很自然地联想到我国古代的老子和庄子。他们之间的时空跨度那么大，哲学理念的背景也不同，但在对宇宙事物的认识上，在思维方式上，却有许多近似之处。如果我们把萨特的一些理论概念，借用来解读老庄，不仅有助于我们进一步认识老庄的哲学，而且也使我们看到人类在创造自己的文明史时，也有许多相通之处。把这些有趣的现象作比较研究，自然不

①周煦良、汤永宽译，上海出版社，一九八八年版。
②杜小真译，商务印书馆二〇〇一年版。

是牵强附会，而是一种科学的方法。

一、『有物混成，先天地生』——『存在』与『虚无』

老子哲学的核心是『道』，道是什么？老子说：『有物混成，先天地生。寂兮寥兮，独立而不改，周行而不殆，可以为天地母。吾不知其名，字之曰道，强为之名曰大。』（《老子》二十五章，以下引《老子》文，俱只著名章数。）又说：『道可道，非常道；名可名，非常名。无名天地之始，有名万物之母。』（一章）这里说的『物』不是指物质意义上的物，而是指『道』的本身，是一种客观的存在，是『独立』而又『周行不殆』的『存在』。道的存在是一种形而上的普遍存在，其本体是『无』、是『虚』。关于『道』的性质和特征，庄子做了进一步的阐述。他说：『夫道，有情有信，无为无形，可传而不可受，可得而不可见。』（《庄子·大宗师》，以下引《庄子》原文，只注篇名。）由此，庄子进一步指出：『唯道集虚。』（《人间世》）可见，在老庄看来，这唯恍唯惚的道，虽然无为无形，是虚无，但它是『存在』，是永恒的存在。黑格尔对老子的哲学有较深的研究，关于

「道」，他是这样解释的：

> 什么是至高至上的和一切事物的起源，就是虚无、惚恍不定（抽象的普遍），这也就名为「道」或「理」。但希腊人说绝对是一，或当代人说绝对是最高的本质的时候，一切的规定都被取消了。①

这也就是老子说的：「道生一，一生二，二生三，三生万物。」道是虚无，但其中有物，其中有象；虽不可见不可闻，但是它有情有信，是绝对的存在，是抽象的普遍，是永恒的存在。从空间上说，道无内外，所谓至大无外，至小无内，所以说是绝对；从时间上说，道无终始，所以说是永恒。对此，庄子又做了如下表述：

> 自本自根，未有天地，自古以固存；神鬼、神帝，生天、生地；在太极之先而不为高，在六极之下而不为深；先天地生而不为久，长于上古而不为老。（《大宗师》）

这就是「道」的「存在」的特征。「虚无」而又是绝对和永恒的「存在」，我们可以从萨特的《存在与虚无》②中，看到一些极其相似的观念。在存在主义者看来，「存在」与「存在者」是两个概念，后者是具体的存在之人或物，而前者则是抽象的普遍的存在，是宇宙的「本体」，是「存在物」背后的「存在」，是「在场」背后的「不在场」的「存在」。（详见下文。）正如老庄所说，

①黑格尔：《哲学史讲演录》，三联书店一百二十九页。（转引自侯外庐等《中国思想史》，人民出版社，一九五七年版。）

②《存在与虚无》是萨特一九四三年的作品。本文引文见《自我的超越——一种现象描述初探》中译本的「附录」。（商务印书馆，杜小真译。）

道是普遍的存在，但其本身是虚无。而萨特在论述『存在』与『虚无』时也说：『这样一来，认识就是世界，正像海德格尔说的，世界，除此之外，什么也没有。只是这个「乌有」一开始就不是那个人的实在的其中显露的东西。这个乌有是人的实在本身，是世界由之被揭示出来的彻底否定。』他所说的『人的实在』是指『使得存在之外「有」了乌有的那个东西。』他认为『那个东西』是『虚无』，『这个虚无不是任何物』。萨特说的『乌有』、『虚无』云云，就是隐藏在『存在者』背后的『存在』，是人们感知的世界背后的那个『存在』，这是普遍抽象的存在，是虚无。《存在与虚无》的译者，使用了虚无、乌有等类词汇，自然也不是偶然的。

二、『有生于无』——『在』与『此在』

存在主义者们的哲学中，『存在』与『存在者』、『在』与『此在』、『自在』与『自为』，是几个很重要的概念。存在是抽象的普遍的存在本身，存在者则是具有特质特性的具体的现实世界，例如物质世界的万事万物。前者有时候称为『在』，后者被称为『此在』。抽象的普遍的存在，是本体，而『此在』和『存在者』是抽象的『在』的显示。这和老子的『天下万物生于有，有生于无』也有相似之处，虚无是道的本体，万事万物都是道的显现，道虽不可见，不可闻，但是它存在于万事万物之中。只不过道是抽象的普遍的『存在』，而万事万物是具体的『存在者』；道是『在』，而具体的万事万物是『此在』。『此在』是有限的『在场』者，『在』是无限的『不在场』者；因此，『道无不在』。所以庄子说：『视之无形，听之无声，于人之论者谓之冥冥。』（《知北游》）又说：『道不可闻，闻而非也；道不可见，见而非也；道不可言，言而非也。知形形之不形乎？道不当名。』（同上）下面，我们无妨把萨特的一段话和庄子的话对照来读：

但是存在既不是对象的一种可以把握的性质，也不是对象一种意义。对象并不像返回到意义那样返回到存在：例如，不能把存在定义为**在场**（presnce）——因为**不在场**（absence）也揭示存在，因为不在那里仍在是存在。……**它存在**，这是定义它的存在方式的唯一方法；因为对象既不能掩盖存在，也并不揭示存在：它不掩盖存在，是因为试图撇开存在物的某些性质去寻找它们背后的存在是徒劳的，存在同等地是一切性质的存在。她不揭示存在，是因为求助对象来领会它的存在是徒劳的。存在物是现象，就是说它表明自身是诸性质的有机总体。存在物是其本身，而非她的存在。

（《存在与虚无·导言》重点原有）

乍一看，这段话有些费解，但仔细一揣摸，还可以领会到其中的旨趣。再看庄子的看法：

东郭子问庄子曰：『此谓道，恶乎在？』庄子曰：『无所不在。』东郭子曰：『期而后可。』庄子曰：『在蝼蚁！』曰：『何其下耶？』曰：『在稊稗！』曰：『何其愈下耶？』曰：『在瓦甓！』曰：『何其愈甚耶？』曰：『在屎溺！至道若是，大言亦然。周、遍、咸三者，异名同实，其指一也。』（《知北游》）

我们可以从这些论述抽绎出下面这些接近或相同的概念：

第一，『道无所不在』。『道』是『虚无』，但它又是『存在』，我们可以感知的世界（对象）是『在场』的『存在者』，是『此在』，但作为『存在本体』的『在』是『不在场』的『乌有』。这就是说：『道』是不可见不可闻的普遍存在，正如『存在』本身的『在』，是不可见不可闻的普遍存在，『不在场』者正是无所不在。庄子说的『道』在蝼蚁，在稊稗、在瓦甓、在屎溺……无非就是说万事万物都是『道』的显现，是『道』的『存在物』，但又不是道自身的『在』。而萨特也认为：『存在物是现象，就是说它表现自身是诸性质的有机总体。存在物是其本身，而非它的存在。』这里说的『存在』，是隐藏在『存在物』背后的普遍的『不在场』的『存在』。庄子所谓『蝼蚁』云云，都是认识的对象，是现象，是『存在者』或叫做『存在物』，它们都是"此在"，因此说"道"无所不在。但是它们又都不是"道"的本体，也就是说它们都不是"此在"背后的"在"，不是那抽象的属于"虚无"的普遍性的"存在"。这个"存在"是万事万物不可须臾离开的。正如萨特说的：

存在物不能脱离它的存在，存在是存在物不可须臾离开的基础，存在对存在物来说无处不在，但又无处可寻。没有一种存在不是某种存在方式的存在，没有一种存在不是通过既显露存在，又掩盖存在这样的存在方式被把握的。

这种"无处不在，但又无处可寻"的"存在"，这种"既显露存在，又掩盖存在"的"存在者"，不也就是"形而上者谓之道，形而下者谓之器"的"道不离器"①的关系吗？

第二，"太一"与"存在整体"。"道"外化为"万物"，也就是"天地万物生于有，有生于无"（四十章），从"无"到"有"，是从抽象到具体，从一般到个别，从普遍性到特殊性，这就是老子说的"道生一，一生二，二生三，三生万物"（四十二章）。在老庄的学说中，"一"是从无到有以至生万物的转折点。在道家看来，"一"是整体，是混沌，是混元，是太一，是"无"向"有"转化的原始形态。所以庄子说：

泰初有无，无有无名。一之所起，有一而未形，物得以生谓之德；未形者有分，且然无间，谓

①参见章学诚《文史通义·原道（中）》。

之命；留动而生物，物成生理，谓之形。（天地）

郭象注云：『一者有之初，至妙者也，至妙故未有物理之形耳！夫一之所起，起于至一，非起于无也。』『一』是虚无的『道』的整体形态，是混沌未分的形态，有点类似萨特说的『存在整体』和『这个』。他说：『唯有把世界理解为整体，才使得支持并包容这个整体的虚无在世界方面显现出来。甚至正是这个整体的虚无作为总体留在整体之外的绝对乌有才这样规定整体。』他认为这个整体『是作为对存在的限制的虚无显现的结果』。萨特把这『存在整体』称为『这个』，这不是具体的『存在者』、不是『此在』，所以又说：『这个，就是我现在不是的东西，因为我不得不是存在和乌有。』『「这个」总是在一个基质中显现，就是说在存在的未分化整体中显现。』这里，我们又会想到老子对『道』的描述：『道之为物，惟恍惟惚。恍兮惚兮，其中有象；恍兮惚兮，其中有物。窈兮冥兮，其中有精。其精甚真，其中有信。』（二十一章）这也是混沌未分的『道』的存在，『道之为物』也就是『存在的未分化整体中的显现』，是恍兮惚兮的虚无，而不是具体的『此在』。庄子关于『混沌』的寓言（《应帝王》）也是说『道』的存在的整体性。

第三，『有物混成，先天地生』与『存在先于本质』。萨特有一个重要的理论观点，即『存在先于本质』。他说：

另一方面是存在主义的无神论者，这些人里面得包括海德格尔以及法国的那些存在主义者和我。他们的共同点只是认为存在先于本质——或者不妨说，哲学必须从主观开始。①

按萨特的说法，『本质』是一切『对象』（存在物）的『性质』，所以，『在一个单个的对象中，我们总能区别出诸如颜色、气味等性质来，从这些性质出发，人们总能确定它们包含的本质，正像符号包含意义那样。「对象——本质」总体构成一个有机整体。』②萨特最后的结论是：『存在物是现象，就是说它表明自身诸性质的有机总体。』③存在物是具体的、多种多样的，各有各的性质，构成它们的各自的『本质』。但是，作为存在者的『在』，也即是属于抽象的、普遍的『存在』，则是不能通过『存在者』的现象和本质可以把握的，但它无处不在，先于事物的『本质』而存在。这里，我们又联想到老子和庄子论『道』的『存在』。老子说：『有物混成，先天地生。寂兮寥兮，独立而不改，周行而不殆，可以为天地母。』（第二十五章）这里的『物』是『道』的代称，它是先于天地万物的永恒的绝对『存在』，而天地万物是具体的『存在者』；道是虚是无，天地万物是实是有。天地万物是感知的对象，是现象，各有各的规定的本质（性质）；但作为『天地母』的『道』，则是先于天地而存在。庄子说：『精神生于道，形本生于精，而万物以形相生。』（《知北游》）形是现象，精神是其本质，而『道』的存在，则是在神形之先。对此，庄子有一段更明确的

①《存在主义是一种人道主义》，萨特著，周煦良、汤永宽译，上海译文出版社，一九八八年版。
②《存在与虚无》导言。
③《存在与虚无》导言。

论述：世之所贵道者，书也，书不过语；语有贵也，语之所贵者，意也；意有所随，意之所随者，不可以言传也。……故视而可见者，形与色也；听而可闻者，名与声也。悲夫，世人以形色名声为足以得彼之情，夫形色名声，果不足以得彼之情，则知者不言，言者不知，而世岂识之哉！（《天道》）

形色名声，都是事物的不同性质所形成的『对象——本质』的总体，而真正『不可以言传』的『道』，则先于『对象——本质』就存在了。这也就是庄子说的『有先天地生之物耶？物物者非物，物出不得先物也，犹有其物也，犹有其物也无已。』（《知北游》）物物者先于无就存在了。存在先于本质的命题，就人而言，萨特认为人首先是他的存在，然后才自由地选择和造就他的『本质』；同样，老庄也认为人首先是他的存在，这存在是『道法自然』的天赋权利，但作为『存在者』的本质属性，则是其在『把自己投向未来』的选择和铸造中形成的。所谓『自然』、『天性』，都是『道』赋予人的『存在』权利，一切形色名声则是作为『存在者』的『人』自由选择和铸造的结果。所以萨特强调『存在先于本质』，是在于突出了人的社会属性，认为人的『本质』并非是上帝的赋予，也不是先验的东西。无怪乎萨特很自信地说：『并不是我们相信上帝的确存在，而是我们觉得真正的问题不在于上帝存在不存在；人类需要的是重新找到自己……在这个意义上，存在主义是乐观的。」①

三、「吾丧我」——「自我的超越性」

老庄学说中有一个很重要的问题，就是关于「人」的存在的地位，尤其是老子学说主无为而治，落脚点还是人和人的社会。老子说：「故道大，天大，地大，人亦大。域中有四大，而人居其一焉。」（二十五章）这天地人的存在，都是作为「道」的「存在者」出现，但它们之间有不同层次的关系，那就是「人法地，地法天，天法道，道法自然。」（同上）这先天地生的「道」不是谁的创造物，而是自然而然的一种「存在」，天、地、人都顺应道的自然法则而形成「存在者」，因此，它们的存在都有双重性，一是「此在」，「在」本身是「自在」，「此在」则是「自为」。这就是说作为「存在」主体的「自我」，是「在」与「此在」的统一体，是「自在」和「自为」的统一体。这些也正是萨特专门写的《自我的超越性》一书所讨论的重要问题。其中有一些观点和老庄的

①《存在主义是一种人道主义》，萨特著，周煦良、汤永宽译，上海译文出版社，一九八八年版。

『忘我』、『忘物』的理论多有相似之处。

第一，萨特的『我』（Je）和『我』（moi）与老庄的『无身』和『有身』。『我』（Je）和『我』（moi），是萨特用法语表述的两个概念，它们表示作为存在主体的『自我』的两个方面，也就是我在前面说的两重性。前一个『我』（Je）相当于英语的『I』，后一个『我』（moi）相当于『me』，前者属于主体人格精神方面的我，而后者属于具体的和心理——身体的『我』。他在《自我的超越性》一书中的第一节就专讨论『我』（Je）和『我』（moi），其中又分为『我（Je）的形式在场理论』和『我（moi）的物质在场的理论』来谈。关于『我』（Je），他说：

这个『我』（Je）既不是对象（因为根据假设，他是内在的），也不是意识，因为他是为意识的某物，而不是意识的半透明的性质，不过可以说它是一个居者，的确，『我』（Je）因其人格性而如此形式化、抽象化，以致人们把它设定为不透明性的中心。

这个『我』（Je）是作为『我思』的我，『是被把握的思想的「我」，而又表现为超越这种思想和其他所有思想的「我」』。这个『我』，『若没有反思行为发生，就永远不会显现出来』。而『我』（moi）又如何呢？它是『物质在场』者，『我』（Je）总是——即使是抽象设定的——物质的『我』（moi）的无限收缩。』所以这个『我』（moi）是物质的我，是『以非常普遍的方式根据这对己之爱为自身欲求自己所欲的一切对象。我们每一个行为的基本结构，都是对「我」（moi）的召唤」。这就是有爱有恨、有欲求、有行为的具体的「我」（moi）；而「我」（Je）则是物质的「我」（moi）背后的「居者」，胡塞尔把它称做「先验的我」①。

这里，我们无妨又回到老子对「人」的看法。他认为「人」和天地一样，是域中的一员，人也有两面性，一面是「道生之，德蓄之」的「我」，「道无所不在」的「我」；一面是作为物质体存在、有七情六欲的「我」。在老子的术语中，前者称为「无身」，后者称为「有身」。他说：

宠辱若惊，贵大患若身。何谓宠辱若惊？宠为上，辱为下，得之若惊，失之若惊，是谓宠辱若惊。何谓贵大患若身？吾所以有大患者，为吾有身；及吾无身，吾有何患！（十三章）

这里，实际上也有两个我，一个是主格的我（吾），一个是具体的我（身）。人之所以有「宠辱若惊」种种思想意识和欲求，就在于「吾有身」，就是生活在社会中有七情六欲的活生生的人，他不能摆脱社会和环境的限制，无论宠辱，都是「吾」之「大患」。老子追求的「无身」，就是要超越一切，甚至要超越自我。萨特曾经说：「情欲危害了我，我与我的情欲同谋。」②「有身」就有情欲，就有「大患」，所以他们都力图超越「自身」进入「无身」的境界，这也就是萨特说的「自我的超越性」。

①胡塞尔（Edmund Husserl），二十世纪初德国现象学学派创始人。其理论与存在主义有许多相似之处。萨特多次引用他的理论，也有不同的看法。

②《自我的超越——一种现象学描述初探》第五十五页注六十二，商务印书馆二〇〇一年版，杜小真译。

第二，『吾丧我』与『自我的超越性』。萨特说『我』（Je）和『我』（moi）合二为一就是『自我』，『Je和moi是自我的两面』；又说：『「我」（Je），就是作为行动统一的自我。「我」（moi），则是作为状态统一的自我。为避免说我们在同一实在的这两种状态之间确立的区分的语法性的，我们说它是功能性的。』①按萨特看来，自我『既不是形式地、也非物质地存在于意识之中：它在世界中，是外在的；它是世界的一种存在。』②正如老子说的，人和天地，也都是世界的一种存在，是客观存在，而不是『存在于意识之中』（萨特语）；这个『人』也是由『无身』和『有身』合二为一的『自我』，这个『自我』还是有『超越性』。在萨特那里，存在又分为『自在』和『自为』两种，他说：『自我是自在，而不是自为。……自我作为超越的自在，作为人的世界的一个存在者，而不是作为意识的存在者，向意识显现。』萨特把『自我』看做是一个『超越的自在』，也即是『自在的存在』，这就要超越『我』（Je）和『我』（moi），或者说就是要超越『在』与『此在』，回到『自在的存在』。如果说老子的『吾所以有大患者，为吾有身』的『吾』是『超越的自在』的那个『自我』，那『无身』与『有身』和『在』与『此在』，都将超越自身而统一在『自在的存在』中。这里我们从老子又想到庄子，庄子的『忘我』、『忘物』是有名的『超越』理论，他在《齐物论》中说：

①《自我的超越——一种现象学描述初探》第十九页，商务印书馆二〇〇一年版，杜小真译。
②《自我的超越——一种现象学描述初探》第三页，商务印书馆二〇〇一年版，杜小真译。

南郭子綦隐机而坐，仰天而嘘，答焉似丧其耦。颜成子游立侍乎前，曰：『何居乎？形固可使如槁木，而心固可使如死灰乎？今之隐机者，非昔之隐机者也。』子綦曰：『偃，不亦善乎！而问之也。今者吾丧我，汝知之乎？』

成玄英疏云：『子綦凭坐忘，凝神遐思，仰天而叹，妙悟自然，离形去智，嗒焉隳体，身心俱遗，物我两忘，故若丧其匹耦也。』清代学者俞樾认为：『丧其耦，即下文所谓吾丧我也。郭注曰：若失其配匹，未合丧我之义。司马云：耦，身也。此说得之。』耦字作为身解释，符合文中说的『吾丧我』的意思，也和老子说的『有身』与『无身』的用意相吻合。庄子借子綦之口说的『吾丧我』是『自我超越』的一个很重要的概念。郭象注云：『吾丧我，我自忘矣。我自忘矣，天下有何物足识哉！故都忘外内，然后超然俱得。』①丧就是忘，忘却有身之我，进入无身之我，回到『自在』的『自我』，那就是『与道通』的境界，为什么老子和庄子都把『吾身』看做是『大患』呢？我因为『自身』是生之累，是一切利害得失祸福之源，如果『无身』，那就可实现物我的超越，回到『自在』的『自我』，也就是沙特说的『自在的存在』。故庄子在《知北游》中借舜和丞的对话，提出『汝身非汝有也』的见解，我的身体、我的生命、我的情性，这一切都是『此在』的『我』，而不是『自在』的『自我』，忘我忘物就是要超越『物』和『吾身』的束缚而达到『物物

①引自刘文典《庄子补正》，云南人民出版社，一九八〇年版。

而不物于物』的自由境界。

第三，『无言无意之域』与『绝对的意识』。在萨特的理论中，对『意识』和『我思』也谈得很多，在他看来，意识是一种『先验的领域』，是『绝对存在的领域』，是『纯粹自发而永远不是对象、自己决定自己去存在的领域』。『自我不是意识的主人，而是意识的对象』。这就是说：『决定的意识像决定一样单独存在。』①这是一种『绝对、无人称的意识』，这是一种『未被反思的意识』，这里没有『我』的位置，所以，『意识的实存是一种绝对，因为意识是对意识自身的意识。这就是说，意识的实存类型，就是成为自我意识』。②他说的虽然有些难懂，但综合起来说，他把『意识』分为两种：一种是先验的、绝对的、无人称的『存在』，有时也称为前意识；另一种是在『我思』过程中的意识，也就是作为第一人称的『我』的『意识』，但这不是那『绝对』的『意识自身』，而是『指意识的存在只体现在对某物、即对某个超越的存在的揭示性直观上』，所以说『意识是对某物的意识』。③他不像反映论者那样是某存在物的反映，而是对某物的揭示，而这种揭示发生在『我思』过程中。因此，要回到『绝对的』意识的『存在』，就要超越『我思』所揭示的『意识』。这也就是说，我们思维活动中以『我』或『物』作为对象形成的『意识』，并不是那『绝对存在领域』中的意识的本身，只有超越『我思』中的这些意识，才能回归到那『绝对存在

①、②、③《自我的超越——一种现象学描述初探》第四十五页、第八页、第八十页，商务印书馆二〇〇一年版，杜小真译。

领域」中的「实存」的意识本身。这些理论，当然不能和老庄的哲学思想相提并论，但是也有一些相似之处。老子说「五色令人目盲，五音令人耳聋」，并提出「绝圣弃智」、「绝仁弃义」、「绝巧弃利」的主张，就是要回到无欲无念、无思无虑的「道」中去，这也就是所谓「见素抱朴、少私寡欲，绝学无忧」的自我超越的精神境界，「道」也就是那「绝对存在」的虚无领域了。关于这个问题，庄子说得尤为透彻。他认为「道」的存在是虚无，是绝对的存在，只能去体悟，但不可以言传，不可能在「我思」中认识它，也不能通过形色名声去把握它，它不能在人的意识中显现它的本体，它是一种超知识、超理智的绝对存在，所以他提出种种「体道」的方法，一曰「心斋」，一曰「坐忘」，一曰「神遇」，等等。这里我们仅看看他的「坐忘」说。庄子借孔子和他的弟子颜回论道的对话说，颜回自以为「忘仁义」、「忘礼乐」就算悟道了，孔子说还不算真悟道，最后颜回说：「回坐忘矣！」孔子惊讶地问：「何谓坐忘？」颜回说：「堕肢体，黜聪明，离形去智，同于大通，此谓坐忘。」（《大宗师》）成玄英疏云：「大通犹大道也。」既悟此身非有，万物皆空，故能「冥同大通」，也就是通于道。其实，忘仁义、忘礼乐，都是「离形去智」的步骤，最后达坐忘之境，返璞归真，回到「道」的绝对存在。这也是萨特所说的「自我的超越性」的体现。

小结

存在主义哲学的核心问题，是突出了人的存在；存在就是一切，这不仅用于普遍的事象，更主要的是为『人』的『存在』而寻找理论依据。所以，无论是海德格尔，还是萨特，他们都把目光从普遍的『存在』，集中到人的『存在』，并自称『存在主义是一种人道主义』。也就是说，他们论证『存在』的绝对性和普遍性，是要说明『存在就是一切』，『人就是人。这不仅说他是自己认为的那样，而且也是他愿意成为的那样——是他（从无到有）从不存在到存在之后愿意成为的那样。人除了自己认为的那样以外，什么都不是。』①所以，人作为存在者而存在，他就有存在的权利，有自我选择的自由，但同时又要『把自己存在的责任完全由自己担负起来。还有，当我们说对自己负责时，我们并不是指他仅仅对自己的个性负责，而是对所有的人负责。』所以萨特说：『我要人人都安分守己，因此我的行动是代表全人类承担责任。』②他认为『人』既作为『存在者』而存在，那么他在肯定自我存在的权利和自由的同时，也要『自我承担责任』。因此，人的存在是处在不断发现自己又不断超越自己的过程中，但是这种超越是不断地重新找到自己，不相信在自己之外有上帝的存在。所以萨特称存在主义是无神论，而且是乐观的人道主义。老庄思想在道与虚无、超然物我

①、②《存在主义是一种人道主义》，萨特著，周煦良、汤永宽译，上海译文出版社，一九八八年版。

等等方面，和萨特的存在主义理论有若干近似之处。他们也是以人为关注的中心，无为而治的目的是为了社会、为了人。从这个意义上说，老庄的虚无背后，落脚点还是人和人的自由，不受礼法的约束，不受社会的限制。这也算是一种人道主义吧。但是他们不像萨特那样，人的存在和『自我超越』，是不断地实践、选择、认识自我、塑造自我，而且是对自我负责，也对所有的人负责，而只是求自我在精神上的超越，无所作为。因此，他们解决问题的方法是有消极意义的。本文所以题为『以萨特解读老庄』，只不过是想借鉴西方哲学中的一种近似的思维模式和方法，换一个视角，对老庄哲学思想作一番比较考察，也许还有些新意。我绝无在老庄和萨特之间画等号的意思，有类比之处，也只不过是作为参照系而已。

（原载《中国文化研究》二〇〇五年夏之卷）

庄子思想的现代解读

（国学讲座之二）

庄子何许人也？这里，我们首先得对庄子有个简单的了解。我们先看几篇资料：

庄子者，蒙人也，名周。周尝为蒙漆园吏，与梁惠王、齐宣王同时，其学无所不窥，然其要本归于老子之言。（《史记·庄子传》）

庄周家贫，故往贷粟于监河侯。（《外物》）

楚威王闻庄周贤，使使厚币以迎之，许以为相。庄周笑谓楚使者曰：『……子亟去，无污我。我宁游戏污渎之中自快，无为有国者所羁，终身不仕，以快吾志焉。』（《史记·老子韩非子列传》）

从这里，我们获得三条信息：其一，庄周是宋国蒙人，（今河南商丘一带），曾做过漆园吏，恐怕还称不上是官。其二，家贫，常处于断炊的状态，衣服破烂，『衣大布而补之』（《山木》），贫困不堪。其三，虽穷但不愿出仕。他虽家贫，但为什么又不愿出仕呢？因为他所处的战国时代，是从奴隶制社会过渡到封建社会的动乱时代，他目睹社会上的压迫剥削和种种黑暗残酷的现实，产生了极端不满的情绪，希望远离而全身，寻找到另一个自由逍遥的世界，但这只能是幻想。美国有一位学者叫弥尔敦的写过一篇《庄子研究》，文章引吴径熊的一段话说：

对庄子而言，这世界仿佛是个伟大喜剧，作家所写的伟大悲剧。他所见到的是一群玩弄权术的政客正堕入他们为别人所掘的陷阱。他所见到的，是一个强凌弱和众暴寡的社会。于是无数有志之士，岂止是怀才不遇而已，他们竟为自己掘好了坟墓。①

庄子本人则未必是为自己掘好坟墓，他却是为自己，也为大家构筑了一座称之为『虚无』的精神家园。为什么在我国学术史上，历朝历代都有《庄子》一书的注释家，而对庄子思想的阐释，却多不相同。关于《庄子》的研究，历史上也曾有时寂寞，有时热闹。闻一多先生说：

庄子果然毕生是寂寞。不但如此，死后还埋没了很长时间。西汉人诵黄老，而不诵老庄。东汉竟没有注《庄子》的。一到魏晋之间，庄子的声势忽然浩大起来，崔譔首先给他作注，跟着向秀、郭象、司马彪、李颐都注《庄子》。像魔术似的，庄子忽然占据了那全时代的身心，他们的生活、思想、文艺——整个文明的核心是庄子。他们说「三日不读老庄，则舌本间强」。尤其是庄子，竟是清谈家的灵感的泉源。从此以后，中国人的文化上永保留着庄子的烙印。②

庄子在我国文化史上的这种冷冷热热的命运，在近百年间，也与世沉浮，从清代到民国时代，

①《庄子研究》第七十六页，复旦大学出版社，一九八六年版。
②《闻一多全集》第二卷二百七十九—二百八十页，三联书店，一九八二年版。

考据、校勘之学盛，清代有郭庆藩的《庄子集释》，二十世纪四十年代有刘文典的《庄子补正》等，俱以校勘名家，而阐释《庄子》之学甚少？二十世纪五六十年代，除一些哲学史（如冯友兰《中国哲学史》）中涉及庄子哲学思想评介者外，庄子也较寂寞，而『文革』十年期间，则几乎湮没无闻。『文革』后的三十年间，庄学也随着学术界的解冻而复苏，由校勘考据之学，进而开展对庄子思想的全方位的研究；从章句训诂之学进而对文本的思想内容作深入的阐释。一九八六年，复旦大学编辑出版的《庄子研究》（复旦大学出版社）汇集了一九八〇年以来的研究论文近四十篇，基本上反映了当时国内研究庄子的趋势。以后，各高等学校文科、各地社会科学研究机构，都有学者研究或讲授庄子。但应该承认这都局限在『学院派』的圈子内，而在商品经济大潮冲击中的广大人民群众，恐怕知道庄子的并不多。最近，随着全国对我国传统文化的重视，随着国民的民族自豪感的强化，出现了『国学热』、『传统文化热』的新气象。人们开始意识到光辉的中华文化在经济『全球化』的今天，在实现中华民族伟大复兴进程中的重大意义，我把这看做是民族觉醒的表现，也是民族振兴的精神力量。

央视举办的『百家讲坛』受到广大群众的热烈欢迎，从而出现于丹著作的热销现象，我把这称做『于丹现象』。这种现象被一些学者称之为『追星』风气所形成的『炒作』，有的人甚至对这种现象表现出极大愤慨而进行声讨，声称要『斗争到底』。我不想去评论这场近乎吵架的是非，因为对《论语》，对《庄子》历来就受到不同的待遇，时而被捧上天，时而被踩在地下还要踏上一只脚，那往往是出于政治的需要而不是学术之争。真正的学术之争是由于各人理论认识的不同和研究对象的复杂性而引起歧义和争议，这是古已有之。就以《庄子》而论，历代研究者不下百家。其中不少庄学学者，专从事文字训诂之学，他们校勘《庄子》，主要是为了弄懂其文字，读懂字义，这是一门专门的学问。我的老师云大中文系已故刘文典教授的《庄子补正》就是这类学问。历史上兼有文字训诂之学而以阐释文意为主的注释家也很多，其中影响最大者如魏晋时期的郭向注，唐代的成玄英疏，读《庄子》就不能不读他们的注疏，是帮助我们基本能读懂《庄子》篇章原义的著作。由于庄子喜欢用『谬悠之说，荒唐之言，无端崖之辞』去表述他的思想，喜欢用具有辩证法的意味而又近乎诡辩的思辨方法去论述问题，用寓言的形式去说明某种理论，所以历代对《庄子》的理解多有分歧，直至如今，也还有种种不同的认识。恐怕没有谁敢说他对庄子的阐释就是终极的定论。但是这又不等于说庄子研究就成为不可知论和神秘主义，『以虚无为本』的学说是历代学者的共识。所以我们今天研究庄子，也应该抱一种『求同存异』、『百家争鸣』的宽容态度，既要有学术的严肃性，又要有学术的开拓性，既要有实事求是的科学性，又要有独立思考的创新性。所以，我们要尊重『学院派』式的研究，也要允许那种『感悟式』的研究，哪怕是一孔之见的心得体会也好，关键在于人们不但开始认识庄子，诵读《庄子》，而且从中获得中华文化的滋润，启发人们对人生的体悟而获得智慧。所以我们大可不必因为有那么多人去争购于丹的《庄子心得》并把她捧为『学术超女』而忧心忡忡，以至于大动肝火，学术桂冠不是一阵子能炒成的，我关注的倒是由于央视的宣传（现在用炒作二字，似有贬义，其实也就是宣传），有于丹的演说受到听众的欢迎，她的书一出就成为『热销』。这种现象，我们说是炒作也罢，说是『追星』也好，能够引得那么多人的兴趣，使那么多人（多数人不是专业研究者）知道中国有那么一个富有智慧的思想家庄子，并为此而兴奋不已，这总比把庄子成为少数研究者们的专利，而广大人民群众则不知中国有庄子的现象要好一些吧？是为了有一位伟大的哲学家庄子而『炒』出于丹，还是为了有于丹现象而使秘境中的庄子和现实社会接近，和广大读者接近？我觉得没有必要过于去斤斤计较，重要的是先使大多数国人知道我国有一个不得了的思想家庄子，从而进一步去研究庄子，认识庄子。我们还可以作进一步思考：为什么只有在现在的中国现实社会中，才可能有易中天现象、于丹现象出现？这除了他们本人的敏锐智慧和对知识运用能力的因素外，最主要的恐怕还是因为我国经历了几次文化荒漠之后出现了文化的新绿洲。随着我国经济文化的新发展，产生了对文化的渴求，尤其是想了解我国传统文化的渴求。从这个意义上说，于丹现象的出现，未必不是一种好兆头，它意味着我国优秀传统文化，有它的生命力和吸引力。至于《论语》和《庄子》的精华是什么？其精神是什么？那还有待于大家去研究，去领会，有不同的认识还可以讨论，这总比压根儿无知要好得多。

我因读书的爱好和专业的需要，我读过《庄子》，而且深爱老庄之学。但我不敢说我已完全读懂了他们的书，更不敢说有什么研究，只能说还有一点肤浅的体会和感悟。我要求我的研究生要通读《庄子》，而且要读原文原注，不能只读翻译文字。现在出了许多白话文翻译的古书，对普及古代文化是有益的，但作为学术研究，还得读原文。读原文就得老老实实的读，切忌望文生义，信口雌黄。古人有『我注六经，还是六经注我』的说法，看来，我们研究《庄子》，要阐发其精义，就必需忠实于原意，切不可用『庄子注我』的办法任意发挥和曲解原文。我把我的讲题叫做《庄子思想的现代解读》，是想尽可能地和大家一起对庄子的思想实质作一点浅显的认识，我习惯于在教室内和少数学生坐以论道，决不敢奢望有什么轰动效应，像于丹他们那样。庄子的思想学说，内容很丰富，下面我只谈几个问题。

一、尚虚无：精神境界的开拓

以老庄为代表的道家学说『以虚无为本』，这是司马迁的父亲司马谈在《论六家要旨》中说的，也是历代学者的共识，有些人把庄子的哲学说成是否定一切的『虚无主义』，这是望文生义的曲解，其实庄子所追求的是在『虚无』背后的一种超物质世界的精神境界。那么，他为什么要追求『虚无』境界呢？『虚无』是什么？是物理学上的『真空』吗？这还得从老子和庄子讲的『道』说起。庄子和老子都认为在物质世界的背后还有一种滋生万物、主宰万物的力量，他们把它称之为『道』，他们所说的『道』，不是上帝，也不是『主』，而是『自然』，所以说：『人法地，地法天，天法道，道法自然。』可以这样理解，道是宇宙万物的本体，是客观存在的『宇宙精神』，天地是从这个『道』滋生出来的，万物有形，但『道』是无形的，万物是实体，但『道』本身是虚无。庄子说：

夫道，有情有信，无为无形；可传而不可受，可得而不可见，自本自根，未有天地，自古固存，神鬼、神帝、生天、生地；在太极之先而不为高，在六级之下而不为深；先天地生而不为久，长于上古而不为老。（《大宗师》）

这就是虚无的『道』，它是有情有信的客观存在，但它又是无为无形的虚无本体，是统万物而又超乎万物的最高境界，人们可认识它但不能具体接触它，可感悟它但见不到它，这种认识和感悟，主要是靠人们的主观精神，庄子把这称之为『心斋』，他借孔子和他的学生颜回的一段话说：

敢向心斋？仲尼曰：若一志，无听之以耳，而听之以心，无听之以心，而听之以气，听止于耳，心止于符；气也者，虚而待物者也。唯道集虚，虚者心斋也。（《人间世》）

显然，庄子所追求的虚无之『道』，就哲学的意义上说，是一种客观存在的自然之道，是一种宇宙精神；就人的主体认识而言，则是一种精神境界，是一种主体意识的修养，是一种非理性的直觉体悟。是『绚耳目内通而外于心知』（同上）以达『万物之化』的精神境界。也可以说，庄子的虚无哲学，就是人的主体精神修养学说，其核心就是要从精神上超越黑暗而苦难的社会现实，寻求精神上的忘我忘物，能『独与天地精神往来，而不敖倪于万物，不谴是非，以与世俗处』（《天下》）的自我超越的人生哲学。庄子的『虚无』学说，从其消极意义上说，那它只可能使人逃避现实而陷入空想幻想，要靠这种哲学来使人奋进，面对现实改变现实以达齐家治国的目的是不可能的。但是从另一个角度去看，也就是从人的主观精神世界的修养去看，却含有极其深刻的意义。一个人立身处世，妄想要完全超脱现实社会是怎么可能呢？但是就每一个人而言，如果沉湎于一己之私的物质欲望之中而不能自拔，陶醉于名利地位的困扰而不能摆脱，那么必将永远丧失了精神生活的广阔空间而成为金钱的奴隶和名利的牺牲品。因此，庄子的虚无思想，则是给人们以启示：忘物忘我。那就是忘掉名利地位的困扰，忘掉私欲的我。也就是说要超越物质欲望的束缚，摆脱名利地位的困扰而进入『同于大通』的境界，这是一种与宇宙融为一体的『虚而待物』的境界，是一种顺应自然，『以天合天』的开阔的精神境界。我们也可以从中悟得一种人生哲理：虚以待物，则有容乃大，忘我忘物，故无欲则刚。也就是淡泊名利、与世无争、虚怀若谷而怡然自得的精神愉悦境界。在现实生活中我们不能完全按照庄子的『虚无』去对待现实，但是，从庄子的虚无哲学中，我们却可以得到调剂精神的清凉剂。虚无学说给人以一种智慧，对一切事物都要从宏观去审视，要有广阔的思维空间，要有超越物我而融入大宇宙之中而『同于大通』的心胸。

二、求逍遥：绝对自由的追求

《庄子》第一篇叫《逍遥游》，近代学者多用『自由』的概念来诠释『逍遥』，这已成为共识。徐复观先生在《中国艺术精神》中称逍遥之游为『精神的自由解放』。涂光社在《说庄子之游》中称庄子是『中国哲学史上有了深入思考自由这个问题的第一人』。①我们把《逍遥游》看做是庄子追求精神绝对自由的一篇宣言也并不为过。

首先，我们来看看历代对『逍遥游』的诠释。最早具有权威性的是郭象注：『夫大小虽殊，而放于自得之场，则物任其性，事称其能，各当其分，逍遥一也。』他是从任性和自得的意义上解释『逍遥』，关键在于任性和自得。倒是支道林在《逍遥论》中，直截了当把逍遥和『心』联系起来，『夫逍遥者，明至人之心也』。也就是说逍遥是一种心态，可以说：『逍遥』是一种自由的心灵境界，而这种境界的获得，主要是靠一种心态。因此，这个『游』字对阐释庄子的自由论，具有十分重要的意义。人生活在现实社会中，受各方面的制约，『自由』是相对的，绝对的自由是没有的，只有在主观精神（心）的世界中，也许还可以找到『自由』的天地。什么是『游』？不是骑马乘车之游，而是心游，这在《庄子》中经常提到。例如：『乘物以游心』（《人间世》）、『游心于淡』（《应帝王》）、『游心于无穷』（《则阳》），游心也就是心游，就是人的主观精神的思维活动，这种活动才具有最广阔的空间和最大的自由度。庄子的游心说对我国古代美学的艺术思维产生了极大的影响，这不是我们这里要讨论的问题，这里要说的是庄子的游心说，正是他唯一能够找到『逍

①《庄子范畴心解》第三十页，涂光社著，中国社会科学出版社，二〇〇三年版。

遥』的依据。

其次，庄子在追求『逍遥』时提出了『有待』与『无待』的问题。这里我们先得捉摸他的一段话：

夫列子御风而行，泠然善也，旬有五日而后反。彼于致福者，未数数然也。此虽免乎行，犹有所待者也。若夫乘天地之正，而御六气之辩，以游无穷者，彼恶乎待哉！故曰：至人无己，神人无功，圣人无名。（《逍遥游》）

这里说出了关于自由的两个概念：列子御风而行，已经是够自由的了，但这种自由必需依赖风的作用才能实现，所以只能说是相对的有条件的自由，这就叫『有待』。只有无所待而『游无穷者』，在庄子看来才是绝对的无条件的自由。他说的『天地之正』、『六气之辩』，指的是天地万物变化的自然规律，即郭象注的『不为而自然者也』。这种『无待』的理论，却启发人们在发挥主体精神的想象空间，从精神上摆脱种种束缚而求得主体精神的解脱，其中确是蕴涵着丰富的人生哲理。追求精神上的自由，在庄子看来，也是养生的妙诀，是虚无哲学的核心，要做到真正的『无待』，就必需做到三无，即无己、无功、无名。用简明的解释，那就是要忘我、忘物、忘却功名利禄，只有这样，你才能进入绝对自由的『同于大通』的精神境界。

三、忘物我：构建虚静愉悦的精神家园

逍遥的境界也就是虚无的境界，只有能在虚无的境界之中，也才能获得『无待』的绝对自由，也可以这样说，虚无是体现『道』的本体的最高境界，而逍遥则是在这最高境界中所实现的绝对自由，这实际上只可能是一种主体精神的自我解脱。所以，庄子追求的『逍遥』，其先决条件是『无待』，就是不受任何物质条件和社会条件的束缚和制约，其中包括自我的生存条件，只有超越客观物质世界和自我存在的种种制约，才能获得绝对的自由。那么，庄子又是如何能够实现这种超越呢？《庄子》第二篇叫《齐物论》，就是紧接《逍遥游》之后讨论如何实现超越的问题。下面我们先引里面的一段文字：

南郭子綦隐机而坐，仰天而嘘，答焉似丧其耦。颜成子游立侍乎前，曰：『何居乎？形固可使如槁木，而心固可如死灰乎？今夫隐机者，非昔日隐机者也。』子綦曰：『偃，不亦善乎？而问之也。今者，吾丧我，汝知之乎？女闻人籁而未闻地籁，女闻地籁而未闻天籁夫！』

对这些话的解释，虽有小分歧，但大体上是一致的。用郭象的说法，这位隐几者表现出来的精神状态，是一种『同天人，均彼我』以至于『任自然而忘是非』的状态。成玄英疏说得更明确，子

綦已进入一种『妙悟自然，离形去智，答焉堕体，身心俱遗，物我兼忘』的超越物我的境界。我认为这种解释是符合庄子虚无学说的本意的。枯木死灰的比喻，就是忘物忘我之后而与大自然、大宇宙融为一体的精神境界，也正是老子说的和光同尘的境界。这里，涉及庄子学说中的两个关键词：

第一个词叫做『坐忘』。子綦隐几而进入如枯木死灰的状态，这是一种坐忘的神态，坐忘就是忘物忘我，物我两忘，即是精神的大超越。关于坐忘，庄子在《大宗师》中借孔子和颜回的对话说：

颜回曰：『回益矣！』仲尼曰：『何谓也？』曰：『回忘仁义矣。』曰：『可矣，犹未也。』他日复见，曰：『回益矣。』曰：『何谓也？』曰：『回忘礼乐矣。』曰：『可矣，犹未也。』他日复见，曰：『回益矣。』曰：『何谓也？』曰：『回坐忘矣。』仲尼蹴然曰：『何谓坐忘？』颜回曰：『堕肢体，黜聪明；离形去智，同于大通，此谓坐忘。』仲尼曰：『同则无好也，化则无常也，而果其贤乎，丘也请从而后也。』（《大宗师》）

可见所谓坐忘，就是从主观上摆脱礼法和社会的一切束缚，摆脱自身作为一个『存在者』所受到一切物质生活的制约，忘却一切厉害和理性的认知，『离形去知』而『同于大通』，大通就是他所追求的虚无之道。超越物我，自然也就超越一切苦痛而进入主体精神最高的愉悦。如果说人生是一曲高雅音乐，那这音乐不是人籁也不是地籁，而是无声的天籁。

第二个词叫『吾丧我』。关于这个问题，我曾写过一篇《自我的超越：以萨特解读老庄的文章（《中国文化研究》二〇〇五年第二期）讨论过。萨特是法国著名的存在主义哲学家，在他们学说里作为『存在』的『自我』，本质上是由两个『我』合成的，按照德国现象学派创始人胡塞尔的说法，一个是作为物质存在有爱有恨有欲的具体的我，称为Moi，是『在场者』；另一个是Moi背后的『居者』，是『先验的我』①，称之为Je。只有超越这两者，才能作为普遍存在的『自在』的『自我』。这和庄子的『吾丧我』的概念有点近似，吾相当于Je，我相当于Moi，『吾丧我』就是作为主格中的我完全忘掉（摆脱）物质存在的肉体的我，进而忘却我的存在而进入物我两忘的境界，也就正如郭象注释的：『吾丧我，我自忘矣。我自忘矣，天下有何物足识哉！故都忘外内，然后超越俱得。』②说到这里，我们就不难理解老子说的『吾所以有大患者，为吾有身，及吾无身，吾有何患』（《老子》十三章）的意思了。有身就有物质需求和欲望，就有患，无身并不是肉体的不存在，而是彻底忘我忘物，那就彻底超越，那何患之有。庄子的坐忘，就是吾丧我，由吾丧我而至物我两忘，那不就是精神的彻底超越而绝对自由了吗？

①德国现象学派创始人胡塞尔的说法。

②引自刘文典《庄子补正》上，第三十七页，云南人民出版社，一九八〇年版。

四、一死生：生死面前的乐观主义

庄子追求绝对自由和超越自我的精神，也体现在对生与死的态度上。俗人为有生之乐，则必然有死之忧；反之，因生之忧，则只有求死之乐。生与死的困扰，永远是使人挥之不去的苦恼。而在庄子看来，生与死只不过是『物化』而已，他说：『故曰圣人之生也天行，其死也物化，静而与阴同德，动而与阳同波。……虚无恬淡，乃合天德。』（《刻意》）只有回到虚无的『道』的本体，与道通为一，那才是永恒。所以对生与死，也只淡然处之，他说：『古之真人，不知说生，不知恶死。』（《大宗师》）这里我们自然想到庄子『鼓盆而歌』的故事：

庄子妻死，惠子吊之。庄子则方箕踞，鼓盆而歌。惠子曰：『与人居，长子老身，死不哭已足矣，又鼓盆而歌，不亦甚乎！』庄子曰：『不然。是其始死也，我独何能无概然。察其始而本无生；非徒无生也，而本无形；非徒无形也，而本无气。杂乎芒芴之间，变而有气，气变而有形，形变而有生，今又变而之死；是相与为春秋冬夏四时行也。人且偃然寝于巨室，而我嗷嗷然随而哭之，自以为不通乎命，故止也。』（《至乐》）

自己的妻子死了，庄子不仅不哭，反而鼓盆而歌，在人们看来那是不尽情理了，但庄子却认为人的生死无非是气和形的变化，就如春夏秋冬自然变化一样是『天命』，是自然变化。生和死是相对而言，就道本体而言则无死无生，死和生交替变化，没有什么可悲痛的，明白这一点就叫『通乎命』，所以就泰然以对生死。为了说明自己的观点，庄子作了许多论证。譬如说：『万物一齐，孰短孰长？道无终始，物有死生，不恃其成，……物之生也，若骤若驰，无动而不变，无时而不移。何为乎？何不为乎？夫固将自化。』（《秋水》）郭象注曰：『死生者，无穷之变耳，非终始也。』这样说来，以道观之，则生死并非是终始的关系，而是无穷变化的过程。就过程的演变而言，则『方生方死，方死方生』（《齐物》），从这个角度看是死，但从另一个角度看则是生的开始。所以又说：『生也死之徒，死也生之始，孰知其纪！人之生，气之聚也；聚则为生，散则为死。若死生为徒，吾又何患！故万物一也。』（《知北游》）万物一也，则死生也是一也，这就是成玄英疏所说的：『生死既不二，万物理当归一。』这就是说生死为万物之转化，也就是所谓的物化，也就是『自化』。因此，庄子才想象出『梦蝶』的寓言：

昔者庄周梦为蝴蝶，栩栩然蝴蝶也。自喻适志与，不知周也，俄然觉，则蘧蘧然周也。不知周之梦为蝴蝶与？蝴蝶之梦为周与？周与蝴蝶则必有分矣。此之谓物化。（《齐物》）

死与生是物的转化，犹如梦与醒也是物化，蝴蝶和庄子是有区别的，但是『万物一也』，以道观之，则庄生化为蝴蝶，蝴蝶化为庄生，也是一个道理，这也即是『命物之化而守其宗也』（《德充符》）所以说：

> 梦饮酒者，旦而哭泣；梦哭泣者，旦而田猎。方其梦也，不知其梦也。梦之中又占其梦焉，觉而后知其梦也。且有大觉而后知此其大梦也，而愚者自以为觉，窃窃然知之。君乎，牧乎，固哉！丘也与女，皆梦也；予谓女梦，亦梦也。（《齐物》）

庄子对死与生、梦与觉的看法，看起来，近乎诡辩，但作为人生面对生死的态度而言，却是一种比较豁达而超越的人生观。人在现实生活中，如果不能抱一种比较超脱的心态，那么就会随波逐流，惶惶终日，或贪生而怕死，或厌世而求死，生也苦，死也苦。如果换一角度看待人生，把生死看做是一种自然的物化，顺其自然，所谓『且方将化，恶知不化哉！方将不化，恶知已化哉！』（《大宗师》），悟得『天地与我并生，而万物与我为一』，进而达到物我两忘的道理，也许也就可以领略到『随性』而『自适』的生之乐趣。然而，一个人要真正能做到超越自我，又谈何容易！

五、重自然：『顺物自然而无容私』的人生情趣

庄子的『顺物自然』的概念来自于对『道』的认识，庄子提倡的『道』，就其本体而言，就是老子说的『道生一、一生二、二生三、三生万物』的那个『道』，老子说：『人法地，地法天，天法道，道法自然。』可见，『道』的本质就是自然，所谓的天，也是来自于自然。这里说的『自然』，既不是上帝，也不是鬼神，而是一种无终始、无内外但可滋生宇宙万物的自然力量，所以郭象注《逍遥游》时说：『天地以万物为体，而万物必以自然为正。自然者，不为而自然者也。』注《大宗师》时说：『天者，自然之谓也。』当然，庄子那个时候，还没有『规律』的科学概念，但他们所说的『自然』，我们今天只好用『自然规律』去解释，现在也有人把他们解释为『法则』，王弼注云：『道不违自然，乃得其性。』自然就是『自然而然』。不管怎么说，崇尚自然是老庄哲学的突出特点。在《庄子》中有关『自然』一词多处使用，如『常因自然而不益生也』（《德充符》），『顺物自然而无容私焉』（《应帝王》），『莫之为而常自然』（《缮性》）等等。与自然的概念近似的还有『常然』、『天放』、『天钧』、『天性』等等。庄子的自然观表现在各个方面：

一是顺应自然，返璞归真的人生情趣。庄子借无名人的话说：『汝游心于淡，合气于漠，顺

物自然而无容私焉，而天下治矣。』（《应帝王》）郭象注淡为『任性而无所饰』，漠为『静于性而止』，都是随自然之本性的意思。成玄英疏曰：『随造化之物性，顺自然之本性，无容私作法术，措意治之。放而任之，则物我全之矣』。这里的关键就是『无容私』三字，有私则有欲，有欲则有争，有争就不可能『顺物自然』。顺物自然，就是顺自然之本性，老子说的返璞归真，就是回归到和大自然为一体，无礼法制度之束缚，无功名利禄的烦恼。这也就是庄子说的『知天之所为者，天而生也』（《大宗师》），郭象注曰：『知天之所为者，皆自然也。则内放其身而外冥于物，与众玄同，任之而无不至者也。』

二是反对矫情饰性，主张素朴天真无拘无束的真性。他在《马蹄》中以伯乐治马为例说：

马，蹄可以践霜雪，毛可以御风寒，龁草饮水，翘足而陆，此马之真性也。虽有义台路寝，无所用之。及至伯乐，曰：我善治马，烧之，剔之，刻之，雒之，连之以羁馽，编之以卓栈，马之死者十二三矣，饥之，渴之，驰之，骤之，整之，齐之。前有橛饰之患，而后有鞭策之威，而马之死者已过半矣。

最后，庄子认为这都是『伯乐之罪矣』。在他看来人类也是这样，原始人民『同乎无知，其德不离；同乎无欲，是谓素朴，素朴而民性得矣』。直道而行，任性而生，『一而不党』，人有『同德』，这就是『至德之世』了。后来，『圣人』们规定了一套礼乐、仁义来规范人的行为，人的本性就丧失了，也就是『毁道德以为仁义』，把仁、义、礼、乐变成矫情饰性的工具，素朴天真的『常性』就消亡了。很明显，庄子的这些思想是很落后的，人不可能回到与鸟兽草木同居的原始生活，就是在原始时代，也有生存竞争的规律，适者生存，弱者被淘汰，并没有庄子所想象的那种怡然自得自在的生活。但是庄子的这种幻想是产生在他所处的时代，是对那些尔虞我诈的虚假丑恶现实的揭露。同时也是对在假仁假义的束缚下导致人性扭曲的一种抗议。

三是以自然为美的审美趣味。一切人工雕饰的、一切人为造作的，在庄子看来，都不是真正的美。真正的美是自然天成，天地本体的大美。他说：

天地有大美而不言，四时有明法而不议，万物有成理而不说。圣人者，原天地之美，而达万物之理，是故至人无为。（《知北游》）

这就是他常说的『判天地之美，析万物之理，察古人之全，寡能备于天地之美』。（《天下篇》）天地之美就是自然之美，万物之理，也就是自然之理，而非人为者也。自然之美，即是庄子的人生情趣，也是艺术审美情趣。这对我国古代的审美理论影响甚为深远，无论是诗歌、绘画、音乐，都追求自然美的审美情趣。所以庄子对音乐，特别欣赏天籁之音，天籁也属天地之大美，大自然之美，是一种『素朴之美』，『素朴而天下莫能与之争美』（《天道》）故说：『淡然无极而众美从之』（《刻意》）。

庄子的哲学思想博大精深：就其内容而言，涉及宇宙观、社会观、历史观、人生观、艺术观等多方面，但其核心还是一部人生哲学。就其思维模式和文字表现特征而言，具有非常深刻的思辨性，涉及辩证法形式逻辑若干领域。同时，他又把深奥的哲理，用象征和寓言的手法去表现，所以又具有一定的模糊性和含蓄性，使读者有广阔的想象和发挥的空间。庄子的语言多半是一种艺术的语言，有许多寓言故事和对话，具有很高的艺术性。所以，我们可以把《庄子》这部哲学著作，又看做是一部优美的文学作品。我把《庄子》这部书称做是一部『艺术的哲学』，也可以叫做『哲学的艺术』。要真正读懂《庄子》，不是那么容易，但也不是说不能读懂，至于对这部书理解上的分歧那不仅是过去有，现在有，将来也会有。但是经过大家的研究，互相参照，庄子的真实面目和思想实质，是一定会被大家所认识和接受的。

（原载《思想战线》二〇〇八年第三期）

庄子的『逍遥』之『游』

《逍遥游》被学界认为是庄子学说中具有绪论性质的一篇文章，也被认为是我国哲学史上最早提出『绝对自由』和『超越自我』概念的文章，这不是没有道理的。老庄哲学的核心是『虚无』（道），通向虚无之路就是超越万物和自我的『逍遥』之『游』。因此，理解庄子《逍遥游》的真实含义，是破解庄子学说精神实质的关键。而要了解《逍遥游》的理论实质，又必须先弄懂他提出的『有待』和『无待』以及『无己』、『无功』、『无名』等词语的含义。历史上庄学注释家很多，对这些概念的解释也不尽相同，直到现在，也还有不同的理解。这也不奇怪。因为庄子喜欢用『谬悠之说，荒唐之言，无端崖之辞』去表达他的哲学观念，他说的『寓言』、『卮言』、『重言』之类的语言就是如此，所以，他的文字具有一定的模糊性、象征性和暗示性，必须靠读者去领会和阐释。对庄子学说中的某些概念，不能望文生义，而是要联系他的相关文章和辞语概念去解释，方能得其要领。这里，我们只是就《逍遥游》文中的一段文字的解释，来说说『逍遥』之『游』的真谛。

夫列子御风而行，泠然善也。旬有五日而后反。彼于致福者未数数然也。此虽免乎行，犹有所待者也。若夫乘天地之正，而御六气之辩，以游无穷者，彼且恶乎待哉！

郭象对这段话作了一大篇注释：

天地者万物之统名也。天地以万物为体，而万物必以自然为正，自然者不为而自然者也。……故乘天地之正者，即是顺万物之性也；御六气之辩者，即是游变化之涂也。如斯以往，则何往而有穷哉？所遇斯乘，又将恶乎待哉？此乃至德之人，玄同彼我者之逍遥也。苟有待焉，则虽列子轻妙，犹不能以无风而行，故必得其所待，然后逍遥耳。

在阐释了『有待』与『无待』之后，他又作了一番颇有辩证意味的议论：

夫唯与物冥而循大变者，为能无待而常通，岂自通而已哉！又顺有待者，使不失其所待，所待不失，则同于大通矣。故有待无待，吾所不能齐也。至于各安其性，天机自张，受而不知，则吾所不能殊也。夫无待犹不足以殊有待，况有待者之巨细乎！

郭象的注释，是否符合庄子思想的原意呢？历代注家多认可郭注。成玄英疏引支道林云：『六气，天地四时也。辩者，变也。……言无待圣人，虚怀体道，故能乘两仪之正理，顺万物之自然，御六气以逍遥，混群灵以变化。苟无物而不顺，亦何往而不通哉！明彻于无穷，将于何而有待者！」这是对郭注的进一步发挥。他们的注释是基于对「逍遥」的含义的认识，也即是郭象在一开始注「逍遥」时所说的：「夫大小虽殊，而放于自得之场，则物任其性，事称其能，名当其分，逍遥一也。」所谓「逍遥」，就是一种任其性而自适的心态，也就是支道林说的：「夫逍遥者，明至人之心也。……物物而不物于物，则遥然不我得；玄感不为，不疾而速，则逍然靡不适。此所以逍遥也。」我以为这些解释是符合庄子逍遥观的本义。「逍遥」接近于我们今天说的「自由」的概念，但事物有大小之别，境界也有大小之分，人有大知小知之别，也有大年小年之分，但只要「放于自得之场」、「物任其性」，则都可得「逍遥」。所谓「有待」、「无待」只是相对而言，有待是相对的逍遥境界，而无待是绝对的逍遥境界，这「小大虽殊」，但只要「任其性」而「自得」，则同样可以求得「自足」的「逍遥」。但是对于郭象的注，也有学者认为是解释错了，不符合庄子本意。这倒是值得讨论的有趣的问题。「疑义相与析」，庄学中疑义甚多，只能各抒所见，恐怕也很难完全求同，今后恐怕也只能永远「存异」了。

我的朋友王运生教授，治学严谨，读经史必求甚解，不迷信前人，多有新见而言之有据，立一家之言。他的《庄子明辩》一书，就是这样一部新意迭出、令人耳目一新的著作，其中有许多积多年之考证所得的独到见解，是一部有独创性和学术个性的著作。观点鲜明，行文通俗易懂而泼辣，引人入胜。但由于历代对《庄子》的注释歧义甚多，所以王运生教授的『庄子明辩』中，也还有一些值得商榷的地方，也许提出讨论，将会愈辩愈明。这里我仅提出一两个问题供讨论。运生兄有《郭象解〈庄〉有误》一文，指出他认为的郭象注《庄子》的一些错误，他从郭注《逍遥游》和《齐物论》中摘出若干条注文，提出自己的看法。

首先，关于『有待』与『无待』的解释。郭象在注庄子谈到列子御风而行一段时说：『非风则不得行，斯必有待也。唯无所不乘者无待也。』运生先生说：『这条注释对一半，错一半，本质仍然是错的。』因为郭象说的『唯无所不乘者无待也』，是他对『有待』、『无待』没有弄清楚，『什么都乘（由乘风、乘车，推而至于乘权、乘势……如此等等），这还能叫做「无待」吗？』但是，我们如果把庄子的思想实质联系起来看，就觉得郭注并没有错。庄子的『有待』、『无待』的概念是相对而言，他说的『逍遥』也是相对而言，『有待』是有条件的逍遥（相对自由），『无待』则是绝对的逍遥（绝对自由）；也就是说，『有待』是有条件的，而『无待』是无条件的。有条件的逍遥，必须凭借某物或某种力量，而无条件的逍遥则是与物同化，以至于『物物而不物于物』的境界，也就是『同于大通』的境界。所谓『乘天地之正，御六气之辩』，正是『万物与我齐一』而循自然之变的境界，『乘』天地之正，『顺』万物之性，则无待于一事一物，万物皆可为我所乘，这也就是老庄主张的『无为而无不为』的辩证法。所以，既云『无待』，又说『无所不乘』，看似矛盾，其实正如『无为』、『无不为』看似矛盾一样，在老庄哲学中则是统一的。『无所不乘』，正是『独与天地精神往来而不傲倪于万物。』（《天下》）主体之我已与宇宙合而为一，其精神既是『无所乘』而又『无所不乘』。『乘风而行』是有待的相对逍遥，而『乘天地之正』则是『无所不乘』的『无待』，是绝对逍遥。所以郭象说『无所不乘者无待也』，这正是庄子『乘物以游心』（《人间世》）和『立乎不测而游乎无有者也』（《应帝王》）的精神实质，也就是郭象在注这句话时说的『与万物为体，则所游者虚也』。与万物为体，故无所不乘；无所不乘，故顺自然而无待也。

与此有关的另一个问题，就是郭象的『有待无待吾所不能齐也』一段注文。运生先生说：

> 郭象妙就妙在以『各安其性』为『自然』，以『顺万物之性』为『乘天地之正』。这样就把庄子所宣扬的至高无上的『无待』（无求于物，但求精神自由发达）与常人的『有待』（依赖于物，但求物欲的满足）搅混了，甚至说出『有待、无待，吾所不能齐也』的话。照实说，有待、无待有着根本的不同，本来就『不齐』，谁需要他『齐』呢？这一段解释恰恰反映了郭象对『逍遥』的精神，亦即追求自由的实质很不理解。

其实，郭象并没有以己之意去曲解庄子的意思，他是抓住庄子以虚无为本、以任性自然为宗的哲学去解释『逍遥』的精神实质。『有待』与『无待』是相对的概念，『有待』是有条件的逍遥，『无待』是无条件的逍遥，二者有程度的差别，所以说『不能齐也』。但是二者都是逍遥，只不过物各有性，做到『各安其性』，随性所适，就是顺应自然，那么也就可以求得『逍遥』。所以郭象又说：『至于各安其性……吾所不能殊也。』庄子曾用一系列的寓言去说明这一观点，例如蜩与学鸠笑鲲鹏，斥鷃笑鲲鹏的寓言，都是在《逍遥游》中提到的。蜩与学鸠的生活环境与条件，与『抟扶摇羊角而上者九万里』的鲲鹏自不相同，因此也『不能齐』，但是『各安其性』，则都得其逍遥，在这一点上是『不能殊』的，也即是所谓的『其逍遥一也』。可见，在庄子那里，事物之间既有『不能齐』的一面，又有『不能殊』的一面，物有大小，故不能齐，而能各安其性，则俱得逍遥，这也就是郭象说的『大小虽殊，逍遥一也』。庄子关于大知小知、大年小年的寓言都是为了说明这个问题。对于鲲鹏与斥鷃的寓言，后人把它演绎为『燕雀焉知鸿鹄之志』的成语，这是不足为怪的，用以形容目光短浅、胸无大志的人难以和志向高远、能做大事业的人相比，这里含有褒贬的意思。其实，庄子原意只不过是想说天下事物千差万别，无法强求一律，但各安其性以获得逍遥，也就是顺其自然，则可以与道通了。所以我们读他的《逍遥游》就必须和他的《齐物论》中的『天地与我并生，万物与我为一』的思想一起来解读。这就可以理解他说的『有待』与『无待』，都是『各安其性』的逍遥境界，而『无待』的逍遥，则是他理想中的最高境界了。

这里，关于郭象用『各安其性』的论点去解释庄子的逍遥思想（自由），是不是把『有待』、『无待』搅混了呢？前面我已说过，『有待』、『无待』是相对于绝对的区别，是不同的逍遥境界，但无论是哪种逍遥，都要以『各安其性』作『逍遥』的基础，没有这一条就谈不上自由，这不是郭象强加于庄子，而是庄学所固有。我们只要读读他的《马蹄》、《缮性》诸篇，就可看出庄子所追求的自由精神是和他的任性、天真、自然的思想分不开的。这些文章中提出『天放』、『常性』、『常然』、『真性』等等概念，都是指人和事物的天然本性，庄子主张要『不失其性』才是真正的自由。他有一段很形象的比喻说：『且夫待钩绳规矩而正者，是割其性者也；待绳约胶漆而固者，是侵其德者也；屈折礼乐，呴俞仁义，以慰天下之心者，此失其常然也。天下有常然。常然者，曲者不以钩，直者不以绳，圆者不以规，方者不以矩，附离不以胶漆，约束不以纆索。故天下诱然皆生而不知其所以生，同焉皆得而不知其所以得。』（《骈拇》）他又以马为例说：『马，蹄可以践霜雪，毛可以御风寒，龁草饮水，翘足而陆，此马之真性也。……及至伯乐，曰：「我善治马。」烧之，剔之，刻之，雒之，连之以羁馽，编之以卓栈，马之死者十二三矣；饥之，渴之，驰之，骤之，整之，齐之。前有橛饰之患，而后有鞭策之威，而马之死者已过半矣。』（《马蹄》）庄子说这一切都是『伯乐之罪也』。一言以蔽之，庄子的自由观，就是随性所适，任性而行，没有任何限制和束缚，则大可逍遥于天地之外，小可逍遥于蓬蒿之间，只要是『各安其性』，那么大小虽殊，而其逍遥一也。所以我认为郭象以『各安其性』和『顺万物之性』作为庄子逍遥观的基础，这是合乎庄子思想的原意的。支道林以『顺物之自然』去阐释逍遥，可以说是对郭象注的补充。如果说『各安其性』而『逍遥一也』的说法有消极的一面，那正是庄子哲学本身的局限性，似乎不应把罪名加在郭象头上。运生先生说：『我猛然觉得历来读庄的人，多以为庄子的思想消极、无为，恐怕受郭象这些错误解释的影响不小，因为他一再宣传『各安其性』，而深深地掩盖了庄子追求自由的积极精神。』这似乎有点冤枉了郭象，其实他只不过是如实阐述了庄子的思想，庄子学说中有消极、无为的成分，这是无法掩盖的。

事实上，庄子所说的『逍遥』，无论是『有待』还是『无待』，在现实生活中都难以实现，列子御风而行，已是一种做不到的假想，更何况要『乘天地之正，御六气之辩』。而这一切都只可能是主观精神进入『物我两忘』的超然境界，是求之于『心』的一种想象，或者说这是一种『各安其性』的心理调适。关于这一点，运生先生在《〈庄子〉内篇思想发微》中有一段话倒是说得非常透彻。他认为庄子的《逍遥游》「通篇所说都是一个精神自由、意志自由的问题。……总而言之，一切为了自由，一切为着精神的解放」，从而进一步发挥说：

个人精神自由，虽然要依赖于自由社会制度的建立，才能获得存在的空间，但是，即使生活在自由的国度里，若不能忘情生死、成毁、得失，精神仍然被外物所羁绊，有无穷的是非、烦恼、忧惧，这也谈不上什么精神自由。更何况战国之世，远不是一个尊重自由、热爱自由的理想时代，而是一个强凌弱、众暴寡、真理被淆乱、人民被涂炭的时代。在那样的情况下，个人要求精神上的自由，只有从自身着手，在主观世界里建造自由王国。

运生先生真是快人快语，毫不含糊地道出了庄子「逍遥」的实质，庄子的虚无，庄子的齐物，庄子的天放，庄子的自然，庄子的无为……归结到一底，就是为了「精神的解放」，为了在主观世界建造一个「自由王国」。这也就是冯友兰先生所说的「纯粹经验的世界」。①这都是属于主观精神范畴的一种活动，也就是纯属心理范畴的活动，因此，我们在研究庄子的《逍遥游》时，可不能轻易放过这个「游」字。在庄子的著作中，经常出现这个「游」字，除了在普遍意义上（如游览、游走等等）使用游字外，多数是与「心」联在一起，是具有特殊含义的专用辞，也可以说是用以表达主观精神活动的专用辞。这里我们随手举几个例子：《人间世》中说：「且夫乘物以游心，

①冯友兰《中国哲学史》（华东师大出版社二〇〇〇年版）中，把庄子的「虚无」境界称为「纯粹经验之世界」。

托不得已以养中，至已。』又《应帝王》借无名人之口说：『汝游心于淡，合气于漠，顺物自然而无容私焉，而天下治矣。』《则阳》中说：『知游心于无穷，而反在通达之国，若存若亡乎？』显然，《逍遥游》中的游，完全是一种主观精神活动，这个游便是心游，唯有『游心』，才能得以精神上的逍遥，而『心游』的关键又在于『顺物自然而无私』。顺物自然就是顺物之性，所以，郭象以『各安其性』去解释庄子的思想，又用『所遇斯乘』、『无所不乘』去解释『无待』，应该说是不错的。至于虚无、任性说的积极意义和消极一面，本来就是庄子学说的两面性，我想，不应该笼统地说是郭象注释的错误。因此，我又想到运生先生的一段话，他说：『古人注书，大抵有两种态度：一是「我注六经」，二是「六经注我」。前者是客观、老实地解说经文、阐发原义，帮助阅读；后者是经为我用，把六经当材料，借经文宣传我的主张。』这真是一针见血。但是这二者之间有时也实在难截然分开，以郭象为代表的古代注释家，似乎较多的还能『我注六经』，但其间也难免有『六经注我』之处；而现代的一些学者虽多自称能解庄学之精义，但恐怕『六经注我』的成分更多一些。这也许是题外话，聊供学界同仁参考而已。

高奣映哲学思想评议

关于我省姚安的清初学者高奣映的生平及其宗族家谱，已有不少翔实资料，老一代学者方国瑜教授在《高氏源流总派图概说》中已有详细考证，还有一些学者亦有专文论及。至于其生平活动及其著述情况亦有许多学者作过研究。本文不拟再作重复叙述。我对高奣映也没有深入研究，在这次研讨会上，将有许多学者从不同方面去做专题研究，一定会有学多精辟的见解和丰硕的成果。我这里只想从总体上就高奣映研究提出几个值得思考的问题。

有的同志曾提出这样的疑问：高奣映是否算得上是云南历史文化名人？他的著述多，但传世的少，怎么能对他作出全面的评价？我想就这个问题，谈一点看法。我的总的看法是：高奣映作为一位边疆地区的少数民族学者，从他的生平学术活动和著述情况看，是一位有特色、有个性、有代表性的成就较高的学者。研究高奣映，不仅是研究他个人，而是从他身上我们可看到在特定的历史时期和特定的民族地区所出现的特有文化现象，从而去认识云南省地方民族文化发展的历史轨迹，作为我们今天发展边疆地区民族文化的有益借鉴。至于说高奣映的族别问题，学界多有争论，上溯到先祖辈，有的认为是汉族，有的认为是白族，但多数认为是彝族，我对此没有研究，但有一点是可以这样说的，高奣映世世代代生活在以彝族为主的楚雄地区，把他作为彝族的上层代表人物去研究，去考察汉文化对彝族地区的深刻影响，从而去认识中华文化多元一体的特色，应该说这是符合历史真实的。

一、用文化学的视点去看高奣映现象

从文化学的意义上来说，民族文化的发展，总是要在原生态文化的基础之上，吸收外来（包括不同民族、不同地域的异文化）文化，在相互碰撞和交融的过程中，实现本民族文化的不断变迁和发展。这种变迁有快有慢，但是先进文化的影响和促进，是任何民族文化发展的必然趋势。只有在变迁和发展中，本民族的原生态文化也才有可能得到弘扬和发展。从云南边疆各少数民族社会历史发展的情况看，其中在历史上发展比较快的民族有白族、纳西族、彝族等，都和该民族的统治阶层注意吸收汉族先进文化、使本民族文化得到提升有关。高奣映作为楚雄彝族地区的世袭统治阶层的子弟，之所以又成为有较高学术成就的学者（准确的说是汉学家），又是和他从小接受汉文化教育有关。因此，他作为一位少数民族地区的学者，对该地区的社会和文化发展的影响也就比较大。类似高奇映这样的少数民族地区学者很多，白族地区在明清时代就涌现出一大批汉学学者；丽江纳西族的木氏家族及知识阶层中也有不少学者。他们的历史地位，不只是限于他们个人的成就，而是对该民族、该地区的文化和社会发展所起的深刻影响。因此，我们研究高奇映，不仅仅只是局限于他这一个人，而是把他作为一种文化现象的代表，我把他称之为高奇映现象，就是想扩大我们的研究视野，把他放在大文化背景下研究，把他作为特定的历史和社会现象去研究。

第一，作为一位学者的高奇映。他出生于清朝顺治四年（公元一六四七年），卒于康熙四十六年（公元一七〇七年），享年六十岁，其父为姚州府世袭土同知，高虽亦曾世袭此职，但其主要兴趣不在从政而是读书做学问，他宁愿做一个文化人而不想做一个政治家。他自幼聪慧，好学读书，又得家学渊源，有条件饱读诗书，博览经史，学贯古今，成为一位著述等身的学者。从他的著述目录看，其学问涵盖经、史、子、集，而对儒、道、佛各家典籍文化，尤有深入研究，多有慧解；其诗文作品，亦颇丰硕而有很高造诣。①他作为一位学识渊博、名副其实的学者，才可能作为博大精深的汉文化在少数民族地区的传播者。而以他在当地的身份和地位，对本地区民族文化的影响，无疑是巨大的。他的影响也不只是在当时少数的知识阶层中或统治阶层中，而是以一种无形的精神力量

①俱转引自陈九彬《高奇映评传》（云南人民出版社一九九五年版）。

深入到民间。据说高奣映死后，在姚安地区被人民祀为本主，这与其说他是一种民间宗教的崇拜，不如说这是一种文化的传承。由此类推，我们就可以理解，自南诏以来，汉文化通过许多学者文人（包括本地区本民族的知识阶层）在一些少数民族地区（如白族、纳西族、彝族等等）的巨大影响。

第二，作为教育家的高奣映。在古代，文化传播的途径也很多，诸如兵旅戍边、商旅交往、使节往来等等，但是，教育还是一种非常重要而有实效的途径。南诏时期的彝、白两族的统治集团，就很注意以汉文化教育子弟，清平官郑回就是专门教育贵族子弟的汉族经师。而阁逻凤等历代南诏统治者，经常送大批子弟到成都以至于唐王朝的京都去学习（用现代的话就是去留学）汉文化。就以高氏先祖各代直至高奣映的父亲高泰而言，都是有丰厚的汉文化修养的地方统治者，高奣映正是在这种优越的文化环境中教育成长的。因此，他一旦放弃了他的世袭职位后，就把全部精力集中在地方文化教育事业上。他在结璘山开学馆，一面著书立说，一面收徒讲学。据高重光在《清初学者高奣映的生平、著作及其他》一文中说：『他不仅在学术上有相当造诣，而且还是一位教育家，他教育的学生考中进士的有二十二人，举人有四十七人，游庠一百三十五人。』由此数字亦可见其在少数民族地区传播汉文化所起的巨大影响。所举之数仅指其学生中之有数可查者，而其教育事业在人民群众中之辐射面，当远远不止于此。

第三，作为地方『乡贤』的高奣映。在著述立说和教育的实践过程中，高奣映同时非常关心地方文化事业。以儒家的礼法制度，改造民风民俗；以佛家和道家的道德精神，乐善好施、扶贫济困，修桥补路，造福人民。这些涉及人民生活、有益于世道人心的事，他积极提倡并身体力行。这一切对弘扬中华传统美德，提高人民文化素养，改善人民生活，无疑都起了推动作用。这里我们只举一两个例子也可见其大概。一是提倡开荒种树、安置游民，发展经济林木。他在《教民树艺议》中说：

姚安荒田甚多，不特人少，又苦活水无多。今寄住游民，半于土著，闪避差役，习为固然。宜将游民清查，给以田亩。近平原无水者，教以树桑。如近山箐稍阴处，教以栽植花椒。山箐之向阳而有水者，教以种植桃、李、枣、栗、海松、胡桃、橘、柑，取效只竣五年而收利，则可济百世也。不尝见宾居果园之利乎？不得以此为迂阔事。

心系人民，故有此远见，出此良策，的确是难能可贵的。此外，高奣映还注意宣扬伦理道德，破除巫邪迷信，这也是提高人民文化素质的重要方面，尤其在少数民族地区，尤有积极意义。他在《禁邪巫惑众议》一文中说：『巫之害，甚于盗贼鸩毒矣。何者？民之效者，用民之心也；民心邪矣，而正道泯，可听乎哉？』他举一些祭巫治病以至家破人亡的事例，痛心地说：『其事诞甚，其术愈邪。信之而破人家，信之而荡人意，转趋于邪，虽死而不变。居仁由义之说，夫能行于民乎？』高奣映作为本地的学者，不仅以其渊博的学问获得人们的崇敬，其爱乡爱民之心，亦为人们所钦敬，故被人们奉为『乡贤』决非偶然。

我这里特意从文化学的角度把高奣映作为一种现象去研究，是想从边疆地区民族文化变迁的历史过程，提出一些既有特殊性又有共同性的问题，供大家在研究中思考：在我省一些较发达的少数民族如白族、彝族、纳西族等的历史发展中，汉文化的影响很大，而汉文化的传播最早多数都是靠该民族中的上层人物中的知识分子，像高奣映这样的少数民族地区学者，正是起着不可替代的作用，所以他们在学术上的成就，我们可以和国内的一些学者文人作比较，但他们在文化交流中所起的特殊作用和贡献，只有在本民族文化发展史上，才能作出正确的历史评价，此其一。像高奣映这样的学者，他们的学术思想，观点，无疑是接受中原汉文化的影响，接受儒、道、佛各家传统学说的影响，但是又必然有自己的地域和民族特色。作为一种文化现象，我们既要看到他们和中原汉文化的共性，又要看到他们的特殊性，只有在研究中看到他们的特殊性，也才可能对他们的成就与贡献作出实事求是的评价。

二、文史哲淹通的少数民族学者

高奣映作为彝族地区的古代著名学者，其多方面的影响及历史功绩已如前述。他之所以有这样大的影响，首先取决于他本人的渊博的学问和由此而形成的高雅的品格。而这一切又和他从小接受到良好的汉文化教育分不开。他父亲高泰十三岁考上秀才，十六岁中举人；他的母亲木氏，是丽江土司木增之女，也接受过汉文化教育。高奣映从小就生活在汉文化修养水平很高的高府和木府这样文化氛围中成长，他接受的系统而正规的教育可想而知。而他本人也是自幼聪慧，笃志好学，经史子集，博览群书，所以在学术上才有很高的成就。高奣映虽位居世袭土同知，但他是一位典型的学者，故其众多著作，很少论政，而所涉猎者俱属学术范畴，在这一点上，他和另外一些少数民族上层文人还有所不同。他的学问贯通文史哲，而且在各方面都有较高的成就。

先说『文』。这是广义的文，包括诗歌、散文以及各种杂体文章。从高奣映的著作存目看，其中《笔余诗集》、《绿上诗草》、《鸡山杂咏》、《五华吟》、《春雪吟》、《妙香国草》等等，属诗歌类，数量不少，但现存者不多。从现在我们看到的《妙香国草》中的诗来看，高奣映的诗的水平是很高的。他的诗作中，多半是有关地方名胜古迹或山水奇观的诗作，其中又以大理名胜、鸡足山名胜的诗最为厚重而有特色并富有艺性。我所说的厚重，主要是就其文化内涵而言；所谓特色，主要是地方民族特色；所说的艺术性，不仅是格律严谨，音韵铿锵，而且形象鲜明，意境深远。例如其五律《龙尾关》：『晓月衔龙尾，雄关锁雪峤。壁环青嶂合，城转白浪摇。扶石云垂翼，联桥水抱腰。狎廻千万壑，泥塞一丸饶。』对南诏古城下关龙尾关的险要及山川气势的描写十分形象生动。尤引人入胜的是，作者对这首诗写了一段精彩的注释：

关因蒙氏之所筑，西扼点苍山，东瞰洱水，高壁危构，巍然雄视。其女墙外，又偃月重环之，其外有层桥隆起，桥小洩洱水，湍洄以出合江浦，与怒江水合。其峰环狎，又与苍山之右峰比翼以争联焉。所谓天生桥者，券衡而凭虚当关，则俯视二山千仞，惟一峡中通矣。疑有排闼竞入之势，然落月莹悬，晓星独朗之际，天光水色，荡漾若银。榆志所谓龙尾晓月者，盖指此矣。

这样的美文，足见其全豹之一斑。高奣映的文章，体制不一，有议论文，有记叙文，有漫笔小文，有语录式的短文，内容涉及诸多领域。其《清游闲话》、《迪孙》等著作，涉及经史子集，社会生活、地方风物、天文地理、伦理道德，都说明他是博学而又能文的学者。

次说『史』。高奣映虽然不是专门治史的史学家，但是他熟读史书，有自己的史学观，而对地方历史，尤有研究，在史学方面的成就也是很高的。这也是我国古代文史不分家的表现。高奣映关于历史的研究，除《史翰》、《舆史合参》、《春秋时义》等论史的文章之外，其史志著作首推《滇鉴》和《鸡足山志》（云南省图书馆存书）。《滇鉴》是在师范的《滇系》、王崧的《云南备征志》之前就编成的一部云南史料丛书，其资料价值在于编者不仅摘抄了正史上的有关滇史的资料，而且还选录了一些民间传闻轶事。对南诏和唐王朝的关系的史料，记载尤为详赡。他编纂这部书，是本着以史为鉴的目的，正如他在《序》中说的：『历撮前史，合为一编，……鉴之在心，古今乃明。』至于《鸡足山志》，正如由云龙先生说的：『此乃雪君先生平生一大著作，幸而抄存、不啻瑰宝。』①此书是高奣映史学成果中最重要的一部书，其价值在于它是鸡足山的一部专志，资料丰富。因鸡足山是佛教名山，历史悠久，故志中涉及许多佛教历史源流，佛教文化典故，大小寺宇的来龙去脉，鸡足山的地理形势、风景名胜等等。和一般的地方志有所不同，这是一部佛教名山的专志，如果对佛教典籍没有研究，对海内佛教名山文献不熟悉，要写出这样一部志书是不可能的。当然，由于历史的局限，他在谈到鸡足山的历史源流等问题时，也有一些明显的错误，我们今天去运用这部书提供的史料，应加以辨别。陈九彬的《高奣映评传》中亦已指出这一点。高奣映的历史研究，还表现在他的许多历史人物评论和历史事件的一些叙述中。

再说『哲』。可以说，哲学研究及其成就，是高奣映学问中的精华部分，对此，他用功深厚，

①俱转引自陈九彬《高奣映评传》（云南人民出版社一九九五年版）。

思考最精，有独到见解，著述也最多。代表高奣映哲学成就的主要著述有《太极明辩》和《金刚慧解》，概括而言，一是对儒学的研究，特别是对宋代理学的研究；一是对佛学的研究。当然对老庄哲学也有研究，从他的著作存目中看，他还有《道德经注解》、《庄子寻脉解》等，可惜我们现在看不到原著。可见，高奣映对我国传统文化中的儒、道、佛三家学说都有深入的研究，这是没有疑问的。而对儒、道、佛的研究，必然又涉及我国传统哲学的一些重要问题，诸如太极的问题、理气的问题、心性问题等等。高奣映的哲学思想也势必要接触到这些问题。关于这些问题，我将在后面谈到。这里我想要说的是，在高奣映的学术思想中，哲学思想占有十分重要的地位，可以说他在文和史的研究中，都能运用我国传统哲学的重要理念去分析问题、思考问题。他以儒家性理之说和伦理观念为纲，以佛家禅理禅意为宗，贯穿于他的各种学说之中，以至于他的诗文之中。作为一位少数民族学者，学贯经史子集，把文史哲融会贯通，能独立思考，有见地，这也是很难得的。

三、富于独立思考的哲学思想

高奣映的哲学思想，主要体现在他对『易学』研究和对佛学的研究中。他在这两方面是下了功夫而且能独立思考，有自己的见解。作为远在西南边疆的一位少数民族学者，思想并不闭塞，他具有自己的学术个性和独立见解，这也是他的一大特点。他的哲学著述很多，许多著作今只有目无书，但从目录中，也可见其大概，如《理学西铭补述》、《理学粹》、《道德经注解》、《庄子录脉解》、《易占汇考》、《太极缘》、《四书翊著》、《书经龙睛点》、《大学心微》、《心经发微》、《心印经解》等等，都贯注了他的哲学思想，可惜这许多著作，我们都无法见到。但是仅从他的两部存书《太极明辩》和《金刚慧解》以及一些碑文书序中，也可基本上了解他的哲学思想。下面，我们就把这两部书作简要分析和介绍。

（一）关于《太极明辩》

《周易》是我国最古老的一部哲学著作，或者说是一部具有深邃哲学内涵的百科知识丛书，从八卦演为六十四卦，由解释八卦的卦辞、爻辞、彖、象、系辞、文言等所构成的全部文字，内容涵盖了天文、地理、社会人事、生产生活等各个方面。传说是伏羲画八卦，周文王作八卦辞，周公作象辞，到了孔子又作了《十翼》①。这些传说说明我们今天说的《易经》中包含的各种解说文字，是由周代以来的多人所作，孔子最终集其大成，故称之为《周易》。事实上，包括《十翼》在内的《易传》，作者究竟是谁，历来也有争论。但这是周代以来的学者们所作，孔子作了整理加工，有所损益，有所发明，形成一个较完整的哲学思想体系，代表了我国古代以《易》为中心的哲学思想，影响到我国数千年的哲学思想的发展演变，这是无疑义的。高奣映潜心研究『易学』，他在《太极明辩》凡例中说：『奣映始究心于易学，凡阅易之注笺图说计七十余家。后读来氏易注，遂畅然有得。』他说的来氏，指来矣鲜（名知德）的《易注》，他对来氏很钦敬，并为之作序。从序文中看来，他关于易学研究，受来氏的启发很大。他对易学研究是多方面的，但比较集中反映他的哲学思想的是他的《太极明辩》。

太极一辞最早见于《易·系辞》：『《易》有太极，是生两仪。两仪生四象，四象立八卦。』（乾、坤、艮、震、巽、坎、离、兑）就是说太极是宇宙万物的初始，也就是我们今天说的宇宙的本体，这也就是哲学中所讨论的根本问题——本体论。『太极』历来被我国古代哲学家们认为是宇宙的初始，万物之本源，他们设计出各种太极图去表现太极生两仪、两仪生万物的原理。从文字表

①十翼：又称《易传》，包括《彖》上、下，《象》上、下，《系辞》上、下，《文言》、《序卦》、《说卦》、《杂卦》十篇。

面看，太极所表述的概念应该说就是宇宙极限，但是，极限总归是一个比较级的相对概念，不能说明宇宙之无穷，那么，极限之外又是什么呢？所以唐宋时期就有一些哲学家对『太极』作为宇宙本体提出了怀疑。作为宋代理学家的开山人物周敦颐（一〇一六—一〇七三）就是一个，他在总结前人的《太极图》的基础上，也设计了一个太极图，他在《太极图说》中说：

无极而太极。太极动而生阳，动极思静，静极生阴。静极复动，一动一静，互为其根，分阴分阳，两仪立焉。阳复阴合而生水火木金土，五气顺有，四时行焉。五行一阴阳也，阴阳一太极也。太极本无极也。五行之生也，各有其性。无极之真，二五之精，妙合而凝。乾道成男，坤道成女，二气交感，化生万物，万物生生而变化无穷焉。

朱熹对周敦颐的《太极图说》是很尊崇的，而且对它作了比较通达的解释，一方面，他也继承了周的『太极』的理论，同时对『无极』这一新概念也作了说明并表示认可。他一方面认为『总天地万物之理，便是太极』，这是肯定『太极』作为本体的最高地位；但他也同意周敦颐的『无极而太极』、『太极本无极』的观点，他说『无极就是无形，太极既是有理。』这就是说在『有理』的『太极』之上，还有一个『无形』的更高层次，叫做『无极』。这正如老子说的作为『有』的宇宙世界的最高存在的本体是『道』，『道』的本体是『无』，或者叫做『虚』。（庄子说的『唯道集虚』）周敦颐受老庄学说的启示，在『太极』之上增加了『无极』这一最高层次，从哲学的宇宙本体论意义上说，这是对『太极』说的发展，所以朱熹不但没有对『无极』说持有异议，而是把这看做是周敦颐对太极说的重要发展。关于这个问题在宋、元以来多有争议，也可以说是理学家在易学中的一段公案。高奣映精于易学，也了解争论的情况，所以也就有自己的见解，敢于对周、朱的『无极』之说，提出大胆的批评。《太极明辩》显然是旗帜鲜明的哲学辩论文章，具有很高的学术价值，这在滇中学者中也是不多的。在《太极明辩》中，包含有较丰富的哲学内容，我们可以作专题研究，我这里只想就『太极』与『无极』的问题作简要的分析。高奣映说：

朱子谓无极而太极为濂溪先生心得之学，然先生作《通书》悉本于太极。其无极仅指混沌之体而及一语耳。紫阳又曰：「太极只是一实理以贯注之，无极而太极，五个字，一字添减不得。其立象尽意之微指，蕴而尽泄于此图。」……元至明清诸先生正又疑无极之说出之老、列。又先生当时与二程言论文字甚多，未尝及无极，疑图非先生所为。

显然，高不同意『无极』之说，并力图说明朱熹亦以『太极』为宗，而『无极』仅偶尔言之。其实这是不必要的，朱熹对周敦颐的『无极』说的首肯是无疑义的，他的解释符合周的原意。而高奣映之所以大力反对并加以批驳者，乃在于他站在传统的立场上，维护『太极』的至高无上的地位，所以他引证了大量前儒之说后，断言『由汉以来，莫不明太极之秘，未有以无极言者。言无极盖多见于老氏之说，即三素之义，仙家配洞元、洞明、洞玄以言之。后儒更未之说。』其实，周氏之无极说，正是因为『后儒未之说』而他敢说，是对『太极』说的创新发展，无可非议。高奇映之所以认为不必在『太极』之外加一『无极』者，是因为他按传统的解释，认为『物极必反』，太极为混沌之体，『混沌极而分阴阳，阳极而生阴，阴极而生阳，莫不从其极为生化之互根者。』他只是看到了极限的事物相互转化，但并不能回答这有极限的『太极』之外又是什么？无极就是无穷，没有边界，没有尽头，没有极限，这就是老子说的『无』生有，道生一，道是无，一是有，一是混沌，一生二，二生三，三生万物，这和太极生两仪的类推是近似的。所以，在『太极』之外要追根究底，就不能不承认在混沌之外还有不可穷尽的『本体』存在，那就是老庄说的不可见、不可名的『道』，这就是『无极』。所以高奇映说的『言无极盖多见于老庄之说』是不错的，但他又说『与老子道生一而后生二，庄子道在太极先之说，同归于谬』，那就失之偏激了。我们研究高奇映的哲学思想，既要看到他的博学而深邃的见解，但对他的局限之处也可提出讨论。老庄的哲学在本体论的问题上，比起儒家哲学更为深刻，更有思辨性。周敦颐作为儒学大师，能吸收老庄哲学之长处，使长期不可改变的太极说有了大的突破，这正是他的贡献，而高奇映把他们都视为『同归于谬』，那就不对了。但是在这一方面，他敢于和权威（如周、朱等理学大师）争论以求明辩真理的独立思考的精神，确是值得我们学习的。

（二）关于《金刚慧解》

高奣映对佛学的研究也很精深，从他的《鸡足山志》中所涉及的许多有关佛教人物和佛教历史典故，还有他的诗章和对联中，涉及许多有关禅理禅意，都充分反映出他对佛学的深厚功底。而《金刚慧解》是他的佛学研究的代表作。

《金刚经》属经藏般若部，是大乘空宗《般若经》中最重要的一部，也是禅宗用于弘扬佛法的一部主要经典，全称为《金刚般若波罗密经》。据说这是释迦牟尼佛和须菩提的问答记录，是他的弟子阿难记的。用『如来说世界，非世界，是名世界』的三段论式，阐述『凡所有相，皆是虚妄』、『实相者则是非相』的宇宙观，有鸠摩罗什译本最流行。（我见到的《金刚经译注》为鸠氏译本）高奣映特选出这部佛学经典著作去研究并阐释其中的精微佛理，并以『慧解』作书名，其自负之意溢于言表。关于书名，高奣映在《金刚慧解通序》中还谈了一段趣事，他曾经想『统之以一方名，而不敢出也』。后经人指点用占阄卜卦的办法抽得九十六个是字，四个非字，并作了这样解释：『四非字，盖无我相，无人相，无众生相，无寿者相。因四非以识此四无，则可为檀那贺，胡不通名之以慧解欤？』这里说的『四无』正是《金刚经》宣传空宗的要旨，『实相无相』是『凡所有相，皆是虚妄』的明确定义。故以『四非字』解释『四无』，也可以说是对《金刚经》的认识抓住了要领，故名曰『慧解』。这一点对我们研究高奣映的佛学思想也是很重要的。《金刚经》的注释，唐宋以来不下数十家，至于历代高僧大德讲《金刚经》者更不可胜计。对这样的一部众多名家著述的经典，高奣映不仅再作注释阐述，并自称为『慧解』，自然是有他的新的创见，对经文的微言大义自有其妙解。所以我们要了解高奣映的佛学理论，就必须对这部『慧解』作认真研究。《金刚经》对禅宗的影响最大，五祖弘忍讲佛法以《金刚经》为宗，六祖慧能更推重此经，阐顿悟之大法。后来，对宋代理学、明代心学都产生了重大影响。所以，高奣映倾心于《金刚经》的研究，也并非偶然。全书十三卷，其中除『圈点』、『释义』等等属诠释性的部分外，《慧解吃说》、《论说要义》诸卷是高奣映的理论中心部分。本文不拟全面谈《金刚慧解》的内容，只是想就《金刚经》中的核心思想『心』和『空』的问题，看高奣映的『慧解』。对此，高的学友文化远在《金刚慧解序》中有一段精辟的阐述：

竺乾氏之书，大抵须解而后始明。……夫《金刚经》何旨？般若何名？既以无所生心，而云生无所住心，生心焉，无所住也，生无所住者，又心也。生心之与生其心，不相刺谬乎？周乘兴以质之高子，高子曰：是则须予解也。一部《金刚》统于智慧，智慧者，心也。能生智慧者，亦心也，有智慧生心者，亦心也。未生以前，心从何来？既生以后，心从何往？……

佛学中说的『般若』就是智慧，能生智慧在于『心』，但『心』又从何来？最后就归于空，悟到『空』的真谛，就是大智慧。所以一部《金刚经》教人成佛，无非就是解决『心』的问题。禅宗讲『佛在人心』、『人人皆得成佛』，也就是讲要能超越一切世俗之心而回归『自性』，亦即『佛性』，这也叫『清净心』。也就是《金刚经》中说的：『应如是生清净心，不应住色生心，不应住声香味触法生心，应无所住而生其心。』这都是为了要『降伏其心』、如何『降伏其心』？这正是经文中所讨论的问题。对此，高翥映作了一番比较通俗易懂的解释：

空生起问，不过一降伏其心。以无法可以降伏，问有何法，乃得降伏此虚妄浮心，务使心体湛然不动，……舍菩萨，则众生迷昧，终无觉之者。然发心唯在当人，今有众生发此无上正等正觉之心矣。发处即是住处，应住而住得定，即是降伏矣。

他这里强调的就是要去除一切妄念邪心，归于『正等正觉』，这就是最后的住处（归宿），而对一切声色物质世界则是要『无所住』，才能彻底超脱苦海，进入『正觉』境界。他说：

菩提度众生，于法先要无所住，而后行于布施，才无布施相。所谓耳鼻眼舌身意，都不可提而住也。小词有云：「你若无心我便休」，便是大布施。菩提如是布施，其福德比之东南西北四维，上下虚空，无有穷尽。

可以说，高奣映对《金刚经》的精神实质是领悟得比较透彻的，这也是般若空宗的最基本理论，其于宋明心性理气学说的影响，也是明显的。正因如此，所以高奣映对于《心经》的研究，也是他的学说中的重要部分。他曾撰有《心经发微》一卷，我们虽然已看不到原文，但是从「发微」二字看，这一定是他的潜心研究之作。《金刚慧解》十三卷目录中有《心经发微》一卷，但云南省图书馆藏的《金刚慧解》中，缺了《心经发微》第四卷，有同志认为可能因此四卷已超出了《金刚经》的范围而独立出去了，恐怕不尽然如此。《心经》全称为《般若波罗密心经》，是大乘空宗《般若经》中文字最少的一卷（260字），被认为是《大品般若》的精义提要，和《金刚经》同属一个系统，字少义深，成为佛教反复念诵的咒语性质的经文。《金刚经》的重要理论，在《心经》中作了高度的概括，所以高奣映有《心经发微》，并作出为《金刚慧解》中的一卷，就是这个原因。《心经》中提出的一些概念，如「照见五蕴皆空」、「色即是空，空即是色」、「诸法空相」、「无碍」、「度一切苦厄」等等，都是佛学的精义。高奣映在《自序》中说：

谓之心经，其实皆谈空理也。惟其显空理，而后人之心，道之心乃见。……所谓善复其本初者，以其欲，是以难之耳。复初之道维何？空其五蕴而已。空五蕴维何？观自在而行深之而已。行深之维何？色空两尽，人法双遗而已。

他在序中，还用儒学参照去解释《心经》，最后提出『行之深而不外乎身，观之内空而得自在。依般若修，此外更无别法矣。』他对《心经》要义理解得很深，又能参照儒学加以阐释，因而有独到之见，谓之『发微』可矣。应特别指出的是，他一针见血地指出：『徜非空而得中，只自堕空以为病，安所谓观之而自在者耶？』如果观照五蕴皆空不是『观照』以达『自在』之境界，为空而空，那就是『堕空』之病了。

（原载《高奣映研究文集》，云南美术出版社，二〇〇六年七月）

人类智慧之光——走进中国佛学

（国学讲座之三）

一提起佛学，当然就要讲到佛教，因为，佛学是佛教的经典，我们讲佛学就是讲佛教的学说。但是佛教和佛学的概念还有一定的区别。佛教是一种宗教，除了有其完整的教义之外，还有一整套制度、仪式、信仰。而佛学则专指佛教典籍中所包含的学说，是佛教各种流派所遗存下来的学术著作和学术理论，内容大多是探讨宇宙、人生、社会的一些根本问题，涉及哲学、宗教学、思维学诸多学术领域。我国的佛学博大精深，典籍汗牛充栋，其理论深邃幽微，闪耀着人类智慧的光芒，是中华文化中的重要组成部分，也是国学中不可分割的组成部分。我国近百年间，由于社会的变革，思想意识领域的巨变，人们对佛学的认识也多有误解，其中有两个误区：一个误区是受极左思想的影响，笼统地把佛学和佛教视为封建迷信，全部将以否定，这在上世纪『文革』期间尤为突出。另一个误区是信仰佛教只知烧香拜佛而不懂佛学，因此不自觉地走上封建迷信的迷途。事实上真正的佛学，从本质上讲是无神论，他虽然是一种信仰，但他不是信仰创世的上帝，也不信仰万能的真主，而是相信靠人自身的修持可以找到自己的幸福。所谓『佛在吾心』、『人人都可以成佛』，就是这个意思。所以，佛学研究，是一门深奥的学问，同时又是研究人的主体精神的一门学问。研究和传承灿烂光辉的中华文化，就不能不研究佛学、认识佛学、走进佛学。佛学典籍极其丰富，每一部经籍都得花大力气去研究，那是一辈子也读不完的。我这里只就我读过的几种有限的经籍，如《金刚经》、《坛经》、《华严金师子章》、《五灯会元》等以及有关佛学研究的一些专著，从总体上对佛学理论谈几点肤浅的体会，谈不上什么研究。

一、无神论的宇宙哲学

古今中外的哲学家，都要思考这样一个根本问题：宇宙是怎么形成的？世界是谁创造的？他们的本体是什么？很多哲学家都力图回答这些问题，不同的解答就形成不同的学派。我们常说的唯物论、唯心论、辩证唯物主义、主观唯心主义等等，都是由于认识论的差异而形成的。唯物主义者说，世界是物质构成的，唯心主义者说，世界是『吾心』（即主观精神）的产物，但有的唯心主义论者说世界是上帝创造的。诸如此类，争论不休，成为千古之谜。而佛家的学说，对此则独树一帜，有自己的独特解释。佛学中对宇宙生成的认识，本质上是唯心主义的，但却又是无神论者，它认为宇宙既非是物质本体，但也不是神和上帝创造，而是『因缘生法』的产物，或者是『唯识』的结果。唯其是无神论，所以它承认宇宙形成的客观规律性和条件的依存性，同时强调了人的主观精神认识世界的主体性。这种宇宙观，恰恰不会导致有神论的迷信，而是把人对宇宙世界的认识主体性提高到主导的地位。

①宇宙本体究竟是什么？在佛学中普遍认为宇宙本体是『空』，而一切可视可闻的『大千世界』都是幻象、假象，都是『幻有』。对这个问题佛学中有几个基本概念：其一曰：『万法无体。』这是法藏在《华严金师子章》中提出来的。法就是大千世界中的种种事物，这本来就是物质世界，但佛学中认为所有的『法』都是『无体』，就是说不是实体，都没有『自性』，所以说『一切法空』。大乘空宗的祖师龙树在《中论》中说：『因缘所生法，我说即是空。』他们认为『空』才是宇宙万物的本体，或者称之为『实相』，这是永恒不变的本体，正如《心经》中说的：『是诸法空相，不生不灭，不垢不净、不增不减。』其二曰：『色即是空。』《心经》中说：『色不异空，空不异色，色即是空，空即是色。受想行识，亦复如是。』物质世界的种种现象，佛学中称之

为『色』，色是现象，空是本体，虽然『色』是幻象，但和『空』的本体是不可分的，现象是本体的表现，色与空互相依存，有同一性，故说『色即是空，空即是色』，色空不异。既然本质是空，所以一切『色』、一切『法』本质上都是『空』，他们的出现不过是『幻有』而已。其三曰：『四大皆空。』佛学中说的『四大』，指地、水、火、风，实际就是构成物质世界的四大元素，或者说就是万物生成的四大元素。慧远《明报应论》中说：『夫四大之体，即地、水、火、风耳，结而成身，以为神宅。』但是，这『四大』也都是因缘和合而成，是假象，不是真实体，其本体仍然是『空』。

那么『空』又是什么呢？空不是上帝，也不是物理学上的真空，当然更不是物质，丁福保《佛学大辞典》中引《大乘义章》说：『空者就理彰名，理寂名空。』又说：『空者理之别目，绝众相故名为空。』又佛学中认为『如』也是『理』之异名，《辞典》中解释说：『如者，理之异名也。此理真实，故云真如，其理为一，故云一如。』可见，按佛学的认识，『空』和『理』也即是『真如』，万物本真就是『真如』。真如成为一种名号，不是具体指某一佛祖，而是宇宙万物的本源，是『空』的最高境界。我国宋代理学家用一个『理』字去解释天地万物的本体，无疑这和佛学的影响是有关系的。

②法相宗的『唯识论』。宇宙本体是『空』，那么我们所见的宇宙世界，虽说是『假象』，是『幻有』，但它毕竟『有』，它确实是存在。那么它又是怎么生成的呢？法相宗的回答是『一切皆唯有识』，①简言之就是『一切唯识』。法相宗的代表人物就是唐代的玄奘法师，他翻译的《成唯识论》是代表作。法相宗最早产生于公元四五世纪的印度，有《大涅槃经》等经典，以弥勒为代表的是大乘瑜伽行派（即法相唯识学派）发展了唯识学论，《瑜伽师地论》是其代表作。在我国，唐代玄奘法师所译的《成唯识论》是一部重要的唯识学说经典。这一学派也主张万法俱空的理论，但是为什么人们可以见到外在的这大千世界呢？这外在的大千世界是如何形成的呢？他们认为那是人的主体精神认识的结果，主体精神有一种特殊的认识功能，叫做『心识』，所感知的万事万物，都是『心识』形成的，是主观『唯识』的变化。离开主体意识的『唯识』功能，这世界万象都不存在。他们把这主体认识功能称之为『阿赖耶识』，亦称『心王』。唯识宗的『六根』、『六识』的理论，充分说明其主观唯心主义认识论的特点。所谓『六根』者，就是眼、耳、鼻、舌、身、意六种感官，『根』就是主体认识功能的主宰，又称为『种子』，俗称『灵根』。有此灵根，所以才产生『六境』，这就是色、声、香、味、触、意，这是不同的感官功能所产生的不同感觉对象。在六境的基础上才形成『六识』，叫做眼识、耳识、鼻识、舌识、身识、意识，这都属于感觉的知识，也

①《成唯识论》（原文见《大藏经》，引文参照冯有兰《中国哲学史》下册一百四十七页，华东师范大学出版社二〇〇〇年十一月版。）

即是我们常说的视觉知识、听觉知识、嗅觉知识、触觉知识、知觉知识。故《俱舍颂疏》云：『彼法者，色等六境也，此有功能，此六根、六识于彼色等有见闻等功能也。』又《中论·六情品疏》云：『五根能生五识，意根能生意识。』这些理论实际上已深刻地揭示了认识过程中从感性认识到理性认识，从知觉到理性思维的关系，揭示了感官的不同功能，在认识过程中发挥的不可替代的作用。还提出『六根互用』的理论，和西方美学中提出的『通感』理论完全相同，这都是佛学认识论中的精奥之处。但是，归根结底这种认识论的本质是主观唯心主义的，因为他把人类认识过程的顺序颠倒了。辩证唯物主义反映论认为物质是第一性的，人的认识是物质世界的反映，感官功能必须依赖认识对象（客观世界）而发挥其作用。所谓六境、六识俱产生于主观精神的『阿赖耶识』，也即是所谓的『心王』，这就把本末倒置了。列宁在《唯物主义与经验批判主义》一书集中批评了英国近代哲学家贝克莱大主教的『感觉的复合』论，贝克莱认为客观世界只不过是人的主观感觉的复合体，这不就是把心物关系颠倒的主观唯心主义吗？这不就和佛家唯识论的『三界唯心』、『唯识无境』的看法很相似么？但是，我们如果撇开以唯物、唯心为是非的简单化的机械分析，而是用历史的眼光去看主观唯心主义，那么我们会因唯心论者对人的主观精神世界的阐发和对主体精神思辨性的细密分析而感到敬佩。『六根』、『六境』、『六识』之论，对我国古代美学中的『意境』、

『境界』等理论的影响是很深远的。①

③华严宗的『缘起』说。华严宗的『缘起』说最早产生于古印度的龙树等佛学大师，他在《中论》中阐述了一个基本观点：『因缘所生法，我说即是空。』宇宙万事万物称之为法，法本是空，只不过是因缘而生。这一观点在我国唐代大法师法藏的《华严金师子章》②中论述得最为详尽，理论亦多有发挥。法藏说：『万法无体，假缘成立，若无因缘，法即不生。』这是他在给武则天讲经时，以金师子为例，说明金师子本无实体，都是因缘（各种互相依存的条件）和合而成的假象，是『幻有』。以此类推，一切『法』（事物）都是『假缘成立』，其本身无『自性』，不是自生的独立实体，即所谓『万物无体』，这也就是『一切法空』的道理。那么宇宙万物的真正本体是什么呢？那就是我们在前面说的『空』。在华严宗看来，宇宙万物虽然看是一个大千世界，其实都是『假缘成立』的假象，既不是客观存在的物质世界，也不是主观『心王』所生，当然也不是上帝创造，而是『真如』所生，真如是空，空即是理。那么，理又是什么呢？我们只能把它理解为自然规律之类的理念了，这倒是近乎客观唯心主义的理念。可见，佛学中无论是空宗还是唯识宗、法相宗对宇宙的认识，都是无神论者，这是从纯哲学的意义上所得出的结论。如果从宗教信仰的角度去看，佛门弟子主张有神论，那又是另一个问题了，信仰自由，自可不必争论。

①参看拙著《儒道佛美学思想源流》，云南人民出版社二〇〇四年版。
②法藏《华严金师子章校释》（方立天）中华书局一九八三年。

二、普度众生的人生哲学

佛学与其说他是神学，不如说他是人学，是教人解悟人生的人生哲学。『佛』是梵文音译的简称，又名佛陀、浮图，其本意可译为『觉者』或『智者』，佛学可以说就是『觉者』的人生哲学，『佛法』是一种人生修养的教育而不是迷信。佛学的『终极关怀』是要认识和解决人生问题，是为了要使人人都能解脱人间的痛苦而进入『极乐世界』。所以佛学研究和现实人生密切相关。台湾证严上人对佛学有三条基本看法：一是『净化人生，祥和社会』，二是佛教生活化，菩萨人间化，三是佛法是教育而不是迷信。①我认为这是有道理的。对佛学的认识，如果作封建迷信去理解，那就会走入消极悲观的人生误区；如果从佛学本义去理解，那么，它的基本精神应该是净化人生，救世济民，普度众生，是一种完善自我，除恶向善的人生哲学。

（一）佛学中的苦乐观：认识人生

人生是什么？也可以这样简单的说，是从生到死的历程，但人生的意义对不同的人来说却有不同的认识和体验。如何认识人生的意义？这就是我们常说的人生观的问题。佛学把人生历程概括为

①证严上人，俗名锦云，台湾中县人，创办『花莲慈济功法会』。一九九七年笔者随团赴台北参加学术会议期间，曾到花莲普明寺访问过该会。

一个『苦』字，而其终极关怀则是追求进入『极乐世界』。苦的产生在于有『我』，一切『烦恼』都因为有『我』，这个『我』就是私欲，所以只有解脱私欲的一切『烦恼』，才能脱离『苦海』而进入『彼岸世界』而获得『极乐』，也即是成佛。佛不是神仙，而是真正的『觉者』和『智者』，所以，人生的『苦』和『乐』，分界线在于『觉悟』与否，迷醉于私欲而不能自拔者为苦，超脱尘世物欲而摆脱烦恼则为乐。对此，佛学中有种种解释。

第一，『无明』与『苦厄』。佛学中说的『无明』，就是主观精神的迷妄，或者说就是无知。《大乘义章》中说：『言无明者，痴闇之心，体无慧明，故曰无明。』由于无明而产生痴，痴闇行事，必产生『惑业』，是为『业障』，也就是『造业』。因此，也就产生种种『苦厄』。佛学中说的『苦』，名目繁多，但概括言之，不外乎肉体之苦与精神之苦。肉体之苦，即是生、老、病、死，但这是自然规律，无可避免，也并不是人生过程中的全部内容。生与死是人生的开始与结束，老与病亦非贯彻始终，青春之乐、少壮之欢、健康之美、黄昏之趣，亦不能以苦字一概而论。然而，由于私欲产生种种之苦，也即是因无明而生苦厄，则足以困扰一生、忧虑一生。佛学要旨，并无求长生不老之意，但求精神痛苦之解脱。所谓苦者，『逼恼身心名苦』（《佛地经》），『逼恼为苦』（《大乘义章》），一言以蔽之，就是因『痴闇』之心而产生种种烦恼所带来的人生之苦。佛学经典《金刚经》、《般若波罗密多心经》等的理论核心，说的就是要『度一切苦厄』，解脱精神的痛苦。

第二，『极乐』的理想。既然人生是苦，那么有没有乐的世界呢？有，那就是佛家所追求的『极乐世界』，也就是『苦海无边，回头是岸』的那个『彼岸』世界，又称为『西方极乐世界』，这是理想中的净土、乐土、佛国，其实就是想象中极乐的人生境界，也就是佛家所追求的人生终极归宿。佛学中把它描绘成远离现实世界的西方佛土，所以，一般人就以为这就是死后的天国了。其实这是一大误解，佛学中的本义是人生的一种精神境界。也就是说只要能解脱『无明』所造成的『苦厄』便是『极乐』。《成唯识论述记》中说：『纵任无碍，尘累不拘，解脱也。』这是一种从『尘累』中解脱出来的精神自由，主体精神能摆脱世俗的种种诱惑的束缚而『纵任无碍』，那就是『极乐世界』了。所以佛学中说的『度一切苦厄』，并不是叫人死后成佛，也不是要找到虚无缥缈的极乐世界。极乐世界就在你心中，所谓『即心即佛』，『佛在吾心』，就是人生极乐的精神境界。

第三，『涅槃』与『圆寂』。由于追求理想中的『西方极乐世界』，也就是成佛，所以一般都把『涅槃』和『圆寂』说成是死亡，照这种认识解释，那么『涅槃』既是成佛之路，也就是死亡之路了。其实不然。『涅槃』的本义是熄灭烦恼，是『佛性』的显现，也就是对佛性的觉悟。《涅槃经》中说：『灭诸烦恼，名为涅槃。离诸有者，乃为涅槃。』《金刚经》中说：『我皆令入无余涅槃而灭度之。』注引六祖曰：『涅槃者，圆满清静义，令灭尽一切习气不生，方契此也。』①这就是要叫人们摆脱私欲、物欲、世俗种种烦恼，进入『圆满清静』的精神境界，也就叫做进入『涅槃』了。记得梁启超就曾经以涅槃属性『常乐我净』去说明『大同世界』，也是着眼于人的主体精神的修养去看世界的大同精神。涅槃如此，圆寂亦然，圆寂的原义，也就是涅槃，贤首《心经略疏》中说：『涅槃，此云圆寂，谓德无不备称圆，障无不尽名寂。』可见，圆寂者就是觉行圆满，烦恼俱尽，远离一切苦厄，进入『即心即佛』的精神境界。

（二）佛学中的普度观：净化人生

佛家以济世救人为目的，也就是希望使众生都能超脱苦海而进入极乐世界。佛家不像儒家那样提出一套修、齐、治、平的济世方略，而是重在赈救心灵，希望人人都能成佛以净化人生。所以佛学中特别强调人人都有佛性，『佛在吾心』，不必外求，『度一切苦厄』也在于自我的精神解脱。所谓『普度众生』，无非就是幻想人人都『皈依佛法』，以期『极乐世界』的实现。从这种信念出

①《金刚经集注》，上海古籍出版社，一九八四年版。

发，佛学中提出一系列修持悟道的途径。其中有几种比较重要的说法：

一是『四谛』说。四谛就是人生从苦海走到涅槃成佛之路，或者说就是从无明产生苦厄，又从苦厄走向悟道成佛之路，也可以说就是人生不断净化之路。四谛，即是苦谛、集谛、灭谛、道谛，这也就是佛家体悟人生历程之真谛。苦谛认为人生来就是苦，集谛是探讨产生苦的原因，无明生苦厄，无明就是私欲的困惑，佛学中对人的私欲做了细微分析。诸如七情六欲等等，其中『贪、瞋、痴』被视为是万恶之源，执迷不悟则产生种种苦厄。所谓灭谛，就是要消除或克制种种私欲，消除迷妄，解脱烦恼，解脱生死之苦，进入涅槃的境界。最后说的道谛，就是指引解脱的方法和正道，就是我们平常说的指引迷津，这正道就是佛道，是通往极乐世界之道。正道的名目也很多，例如八正道：正见、正思维、正语、正业、正命、正精进、正念、正定，这就是人的精神世界的全方位修养，最后达到『无上正等正觉』的境界，也就是『觉行圆满』的境界，佛家称之为成正果。

一是五蕴说。五蕴包括人生的物质生活和精神生活两个方面。这五蕴是：色、受、想、行、识。简而言之，色，就是人生活在其中的物质世界，也就是佛家所认为的由『四大』（地、水、火、风）所构成的大千世界。受，就是由外界事物的诱惑所产生的情欲，诸如七情六欲。想，就是由情欲而产生的种种杂念、思想、欲望。如果说受只不过是一种本能的生理反应，那么想则是一种自觉的主观精神的理性思维了。行，则是在受和想的驱使下的实践行为，例如善、恶、贪、瞋等等理念指引下付诸实践的行为。最后，把色、受、想、行种种上升到识，也就是主体对客体社会事物的认识上升到『无上正等正觉』的认识，上升到『照见五蕴皆空』（《心经》）的真如境界。佛家说的『正觉』，就是要从精神上摆脱一切物质世界的困扰，达到主客观的泯灭，这就是『五蕴皆空』、『四大皆空』。这样才能『度一切苦厄』，才能『普度众生』。当然，这都只不过是一种幻想，也最易误导人们逃避现实，遁入空门，形成消极避世的人生观。但是从克制个人的私欲、净化心灵的意义上说，对社会上争权夺利、尔虞我诈、贪污腐败种种污浊现象，未尝不可以说也具有消毒剂的意义。

要做到五蕴皆空，关键在于主体精神的修养，佛家又提出许多自我修持的途径。如『三空』说，即我空、法空、空空。我空，就是人的精神主体之空；法空，是万事万物之空；空空，则是主客观的完全泯灭，连空的意义也没有了，这叫做彻底空。前面我已经说过，『空』并非是物理学意义上的空，空就是『真如』，也就是『理』的异名，属于哲学范畴的一个概念，是一个最高的精神境界，故佛学中把『三空』称为『三解脱门』，所以，我们不必过多从消极意义上去指责『空』的内涵，倒是可以从积极方面引申出修身之道。除『三空』之外，还有『破二执』，二执就是『我执」、「法执」，二执就是两种「执障」，也即是精神上的两种「执障」，之所以成「障」，就是主观的我的「烦恼障」和对客观事物认知的「知障」。用我们现代的话说，就是一种精神障碍。有此「二执」就是「无名」，我们常说的「执迷不悟」，就是如此。破二执就要由「执迷不悟」而「恍然大悟」，破二执，就是要悟得二空的真谛，以达到净化人生，超脱苦海的目的。①

（三）佛学中的善恶观：实践人生

佛教徒出家做和尚、受戒，有的成为大德高僧，不染红尘，但那毕竟是少数。信仰佛教的国家，特别是像中国化了的佛教，绝大多数人并不一定都是受戒而皈依佛法、出家当和尚，而是生活在普通人民之中，有些人自称居士以表示对佛教信仰的虔诚，更多的人则是烧香拜佛、许愿还愿的一般信仰，这些广大人民群众，大概就是佛陀心目中的「芸芸众生」了。所以，佛学中的人生观，倒不一定要求人人出家修行，不染红尘，大家都「出世」去过一种「不食人间烟火」的生活。恰相反，普度众生就是要人们除恶向善，过一种心地善良、有道德修养、没有掠夺、没有杀戮的和谐生活，建构理想中的极乐世界。佛学对广大人民群众而言，并不提倡「厌世」的人生观，而是提倡道德实践的人生。其中特别强调要使除恶向善的道德观念深入人心，而且要求通过修持使之成为行为

①参看拙文《儒道佛的自我超越哲学》，载《中国文化研究》二〇〇六年冬之卷。

实践。因此，佛学中对于善和恶有很多论述，关于善人恶人，关于善恶的因果报应，在佛教故事中可说是连篇累牍，在人们日常生活中，善与恶几乎已成为口头禅，佛教的许多清规戒律，都和善恶概念有关。

什么是善？什么是恶？慧远在《大乘义章》中提出了三条解释：一是『顺名为善，违名为恶』；二是『顺理为善，违理为恶』；三是『顺益为善，违损为恶』。这里说的名和理，是我国古代哲学中的词语，指事物的本质规律，凡符合事物本质规律者被认为是正确的，凡是正确的才是善的，反之就是恶的。而顺益就是做对社会对人民有益的事，这就是善；反之，如果违背社会公益，损害人民利益就是恶。这就是唐玄奘翻译《唯识论》中所说的：『能为此世他世顺益，故名为善，……能于此世他世违损，故名不善。』不善就是恶。

那么，善恶的具体内容是什么呢？在人生实践中，怎样做才是善，什么行为是恶？虽然，在不同时间，不同社会的人群中，不可能有一个统一的规范。但是，人类社会总是有一些具有普遍意义的准则。佛家制定了许多清规戒律，其核心都是按善恶的观念而定的，例如十善十恶，又称十戒，其内容为：杀生、偷盗、邪淫、妄语、两舌、恶口、绮语（又称杂秽语）、贪欲、瞋恚、邪见。此十者，被称为十恶业，反之则为十善业。我们平时骂罪大恶极者则说『十恶不赦』，大概就是由此得来的观念。十戒未免有些烦琐，故佛学中又有五戒之说，即不杀、不盗、不邪淫、不妄言、不饮酒。这五条戒律，有的人把它和儒家的五德相提并论，这五德就是仁、义、礼、智、信。①可见，佛家普度众生的人生观并不是迷信，而是要使人们能认识人生的真谛，从而去净化人生，并付诸实践，履行善业以达到普度的目的。

至于谈到善恶问题时，佛家同时有因果报应之说，这也是佛学中的重要理论之一。对『果报』的诠释，也有积极和消极两方面。就消极方面而言，把因果报应说成是今生来世的轮回，看做是善恶的命定的报应，这自然是宿命论的迷信。但佛学中对善恶的因果关系的诠释，却有符合哲学原理的一面，我们可以从中引申出符合科学的正面认识。一切事物的发展都有因和果的必然联系，佛学中的『因缘和合』就是说事物之间的因果变化，这种变化是『无常』的，也就是说事物总是变动不居的。但这种『无常』并非是盲目混乱的存在，而是有其规律性，这就是因与果的关系。我们讲辩证唯物主义，也认为事物之间居于相互制约的因果关系，这种关系发生的变化，就历时性而言都有过去、现在、未来的发展过程，这也就是因果演变的过程，这是科学。但是如果把过去、现在、未来的因果关系解释成人生来就有前世、现在世、未来世的轮回，那就成为迷信了。所以佛学中的『三世因果』之说，是从事态的语义上去说明事物的发展过程，以说明宇宙世界的产生都是『因缘

①参看宋代佛学大师契嵩《镡津文集》（卷三），作者力图沟通儒、释教义，相互阐释。

和合」而成，但是却被误认为是人的过去、现在、未来三世的因缘轮回，自然就陷入迷信的误区了。至于说，人在社会生活中，提倡积善除恶，有「善有善报，恶有恶报，不是不报，时候未到」之说，也应该从正面意义去理解，「多行不义必自毙」，也不是宿命论的想法，而是「咎由自取」结果。所以，佛学中的因果说，对人的自我修养，树立自觉自律的人生观是有积极意义的。

三、细密深邃的思辨哲学

佛学的智慧之光，也表现在其思辨能力中。人类思维活动中，高深的逻辑思维和近乎直觉的微妙的意识活动，都表现出人类智慧发达的高水平，而佛学中对人类思维活动的细密深邃的分析和体悟，实在是令人惊叹！佛学讲「禅悟」，禅是从梵文佛典中翻译过来的概念，其原意是关于思维的修养，称为「思维修」或「静虑思」，可以说是一种高级的思辨哲学。

（一）『六根』说与认识论

人类认识世界的认识过程，是从物质到精神（物质第一性，精神第二性）还是从精神到物质（精神第一性，物质世界是精神的外化），在这个问题上历来有唯物唯心之分。辩证唯物论的认识论是反映论，而主观唯心主义则认为认识过程是主观精神的外化。二者虽然针锋相对，但都注意到认识过程是一个复杂的过程，是主客观世界密不可分、相依相存的过程。佛学中的『六根说』前面我们已经谈过，这里再从思维学的角度谈谈。虽然佛家认为『四大皆空』，宇宙万物是『因缘和合』而成的『有』，只不过是『幻有』，是假象，但是人们认识这『幻有』的过程，仍离不开感性认识到理性认识，从直觉到知觉的思维活动。『六根』为眼、耳、鼻、色、声、意，是人的主体感官，意是大脑中枢的主体能动性，它主宰前五根的能动功能（佛家称之为心王）。六根的主体功能在于他们能产生『六境』，眼能辨色，耳能听音，鼻能闻香，舌能知味，身能感触冷热，这声、色、香、味、触便是构成『幻有』的『五尘』，总称为『根境』，而主宰这五尘的是意境，总为六境。这里的关键在于人有各种感官，这些感官接触客观物质世界才能构成认识中的『六境』，这就符合反映论的物质第一性的观点。而佛学则相反，认为『六境』是主体六根所产生的『幻有』，所以它是唯心主义的，但他强调了主体精神的主观能动性，所以对主体精神的认识过程中的能动作用研究得比较深刻，对主观的『妙悟』能力也体悟得很细密。由六根和六境的不可分割的相互作用，才能产生『识』，也就是人头脑中的认识，这叫做六识，即视觉知识、听觉知识、嗅觉知识、味觉知识、触觉知识，这五种感觉知识通过大脑中枢（意根）的作用，就成为『六识』。这就是《中论·六情品疏》中说的：『五根能生五识，意根能生意识。』简而言之，就是《俱舍论》中说的『三别义』，即『心、意、识』，这实际上正涉及现代心理学上说的从感性到知性到理性的认识三阶段。图示如下：

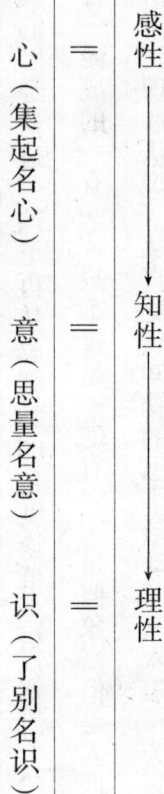

感性 →	知性 →	理性
‖	‖	‖
心（集起名心）	意（思量名意）	识（了别名识）

可见，佛学中的『六根』、『六境』、『六识』说，实际上已经清楚地认识到认识过程中从感性认识到理性认识，从直觉思维到逻辑思维的不同特点及其内在联系，只不过他把心与物的地位本末倒置了，所以我们才说他是主观唯心主义的认识论。

（二）缘起说与辩证法

前面我们已谈到佛学中的『缘起说』主要是论宇宙万物生成的问题，涉及万物生成的条件与相互依存的关系，因此又涉及许多哲学认识论中的一些理论概念，有非常细密的思辨性，符合辩证法的基本原理。《华严金师子章》中提出『诸法随缘起，无缘即不起』这个基本命题，缘就是事物间相互依存的关系和条件，所以又说：『万像本空，假缘方有。』万事万物既然都是要『假缘』才『有』，因此在『假缘』的关系中，就存在对事物认识的一些概念，如本质与现象、个性与共性、一般与个别、整体与局部等等，都涉及逻辑和辩证法中的一些基本概念，例如《华严金师子章》中提出的『六相』说：『师子是总相，五根差别是别相；共从一缘起是同相，眼耳等不相滥是异相；诸根合会有师子是成相，诸根各住自位是坏相。』这里就金师子而言，也是有整体与局部、一般与个别、同一性与差异性的辩证关系。我国先秦时期有『白马非马』之类的大辩论，其实也就是在一般与个别，同一性与差异性等概念中去争论，实际是一种诡辩，而不是用辩证法去分析这些关系。佛学中对这些问题的认识则是既看到他们之间的差别，又看到他们之间的不可分割的关系，所以又提出『无碍说』，确立了『多样统一』的观念。譬如说一与多的关系，你看这个金师子时，是现在你的概念中的师子，那么金的概念就隐去了。如果你认为这是用金子做成的，这一块金子，这时你脑子里显现的只有金的概念而师子又隐去了。如果你认为这是金师子，那金和师子『俱隐俱显』，金师子的概念就是圆通无碍了。

（三）因明与逻辑学

因明是印度早期佛教的一门高深的学问，是五明之一，五明就是五门学问，即声明、工巧明、医方明、因明、内明。因明是佛教徒们在辩论佛理时形成的一门学问，涉及逻辑学、修辞学、思维学，是一门极富思辨性的学问。其代表性著作有玄奘译的《因明入正理论》、窥基著的《因明入正理论疏》等。玄奘对因明的性质作了这样简要说明：『考订正邪，研核真伪。』唐代大庄严寺高僧文轨在《因明入正理论疏》中说：因明『可以权衡立破，可以楷定正邪，可以褒贬是非，可以鉴照现比。』可见，因明是以辩论为主要目的，理论很深，这里我只是举一两个例子来说明其思辨的细密和逻辑的严谨。

先看因明中的『三支』说。三支是一种论式，在辩论中，正方反方都要按一定的论式进行辩论，所要讨论的问题能够成立，必须有宗、因、喻三个条件，『宗』就是命题，这个命题能否成立就必须去论证，这叫做『因』；有论证就必须有论据，要举例说明，这叫做『喻』。

图示如下：

三支论式——
- 宗（命题）——声是无常
- 因（论证）——所作性故
- 喻（举例）——犹如瓶等

命题是一个完整的意思，从修辞学的角度看，『声是无常』是由主语、谓语、宾语三部分构成，在因明中，声是『前陈』，无常是『后陈』，由是字连接起来才能成为语义完整的命题。同样，因和喻又细分为许多结构因素，近乎烦琐，但也显示出其思维之细密。我这里举这些例子，只是想说明佛学中有许多理论，其思辨之细密深邃，足以代表我国古代思辨哲学发展的水平。

佛教虽以济世救人、普度众生为目的，但在佛学中没有一套治理社会、治国安邦的宏图大略，而只是强调个人的主观精神的修养，假设出一个『佛』的理念作为理想化身，进而引申出若干宿命论的思想和迷信的意识。但是，他所强调的主体精神的修养以及所要求的善业（包括道德、修养与行为实践）对宇宙世界的认识，却包含有人类美德和智慧的丰富内涵。我的看法归结起来有以下三点：第一，佛学是人类智慧的特异成果；第二，佛学是人类东方文明的一颗耀眼明星；第三，佛学是中华文化的有机组成部分。因此，我们应该提倡在国民中广泛普及佛学知识，认识佛学的历史及其理论的文化价值，懂得佛学的真谛。这样既能弘扬佛学中的精华，又可避免进入迷信的误区，对我们建设社会主义精神文明，也可以发挥积极的作用。

（原载《云南民族大学学报》二〇〇九年第二期）

佛学与心灵净化

佛教传入中国之后，和中国本土文化长期融合，已成为中华文化的有机组成部分。中国的佛教是中国化了的佛教，在长期历史发展中，佛教文化和我国原有的儒家文化、道家文化互相渗透融合，形成儒道佛文化的契合和互补，从多方面铸造了中华文明。故三教同源之说，是符合我国传统文化的实际的。所以，我们研究中华传统文化，如果对佛教文化无知，甚至是抱一种排斥的态度，那是十分错误的。佛教文化的精髓，蕴涵在博大精深的佛学之中。佛不是神，佛学也不是神学，佛学中包含有宇宙哲学、人生哲学、伦理学、逻辑学、心理学，也包含有丰富多彩的文学艺术和美学。

如果我们撇开唯心唯物的无休止的争论，实事求是地去看人类文明发展的历史，我们就不难看到人类智慧的灵光，不仅体现在对客观世界的认识上，也体现在对自我主体精神的认识上。二者相辅相成，缺一不可，而儒、释两家的学说，都把人的主观精神的修养与改造，放在认识世界、认识社会的主要地位。儒家的心物感应说，佛家的六根互用说，总是把人的主体精神（心和意）放在首位。从理论上讲，过分强调主体精神的作用而把客观之物放在次要地位，当然是有一定片面性；但就人类对自身主体精神的认识而言，强调人的主观能动性和主导作用，则是无可非议的。人作为认识世界、改造世界的主体，在实践过程中不断认识自我、改造自我；所以，对主体精神的自我修养和认识的不断深化，往往起着决定性的作用。儒、释两家学说的精华，正在于他们对人的主体性的重视；他们把人的自我道德修养，心灵净化，人格的提升，智慧的开掘，看做是济世救人、普度众生的不二法门。因此，儒家的心性说和佛家的佛性说，就其精神实质而言也是一致的。儒家强调明心见性、正心诚意，目的就在于人人都能『止于至善』，成为一个有道德、有益于社会的人，成为品格高尚、思想健康的人。孟子认为人性善，希望人人都能发现自身善的本性，实现自身的完美人格。而佛家论心性，也是把人的本性看做是『善』，或称之为自性，或称之为自心，也即是佛性。六祖慧能认为佛性就是自性，他说：『一切万法，不离自性。』又说：『菩提自性，本来清净，但用此心，即了成佛。』这也就是常说的『佛在吾心』、『即心即佛』、『不立文字，直指人心』。这和儒家学说中『尽心知性』、『良知良能』一类的概念，也有相通之处。虽然各家提法不同，但有一点是共同的，那就是希望人人都能加强道德修养，做到品行高尚、思想纯正、心灵健康，从而达到齐家治国平天下的目的，亦即是佛家所追求的极乐世界。

人既有善的本性，那么为什么又有恶的存在呢？按性善说的看法，认为那是由于人生下来之后，受后天物质世界的诱惑，受社会邪恶势力的污染，才陷入迷途，儒家称之为良知的泯灭，佛家称之为『业障』和『无明』。因此，他们主张治世必先治人，治人必先治心。用我们现在的观点来看，国家要富强，民族要振兴，因素是多方面的，但人的因素是第一位的，这正是儒家教育理念的出发点，也是佛教教义的基本点。为了使人们能摆脱自私欲的束缚和物质欲的困扰，为了解脱种种『恶业』带来的痛苦与烦恼，儒家提倡『五德』（仁、义、礼、智、信），佛家提倡『五戒』（不杀生、不盗、不邪淫、不饮酒、不妄言）；儒家讲『四毋』（毋意、毋必、毋固、毋我），佛家讲破『二执』（我执、法执）；儒家讲『内省不疚』，佛家讲『自觉觉他』。所有这一切，归根到底，都是讲人的主观精神的修养，也就是人格和心理的修养，其核心就是个『心』字。儒家的『正心』、『尽心』，庄子的『心斋』、『坐忘』，佛家的『参禅』、『入定』。无一不是自我修养的内功。其目的都是要使主体精神达到『大清明』、『大光明』、『大自在』、『大智慧』的最高境界。

今天，我们生活在二十一世纪现代化程度很高的社会里，人们的物质生活和精神生活，都进入人类文明崭新的发展阶段。这是人类的进步，国家民族的进步。但是随着我国改革开放步伐的加快和商品经济的冲击，社会上也出现了一些拜金主义泛滥、人欲横流的现象；道德败坏、贪污腐化、损人利己、危害社会的现象也不断滋生。年轻一代人中，也有不少人表现出心气浮躁、心理失调，在物质诱惑面前迷失方向，有的甚至走上犯罪的道路。出现这些令人忧虑的现象，究其原因固然是多方面的，但是心理因素无疑是重要的原因。一些青少年犯罪案例表明，许多不该发生但终于发生了的悲剧，往往是由于心理障碍而又未得到及时疏导所酿成的恶果。当今社会上心理处于亚健康状态的人，更是不少。因此，对国民加强思想道德教育，对广大青少年进行心理健康教育，已是刻不容缓的事。党中央和人民政府充分看到问题的严重性，故一再就国民道德教育、中小学生和大学生政治思想教育颁发了文件，这也是为了实现中华民族伟大复兴的重大举措。在这样的背景下，淳法法师和刘凤珍老师合著的《佛教与心理健康》一书即将问世，这是非常适时的。作者写此书的意图非常清楚，他们力图从佛教文化中寻绎出关于道德修养和心理净化的理论资料，结合现实加以阐释。书中征引了丰富的佛典资料，又结合现代心理学做了较为科学的诠释，使深奥的佛理，成为通俗易懂的道理，使读者便于接受。特别是对于心理障碍比较严重，或者心理处于亚健康状态的人群来说，本书所论述的理论和事象，是很有针对性和启示性的。可以这样说，佛学中的许多自我修养的理论，是培育人的健康思想、健康人格、健康心理的良药。对于浮躁者来说是镇静剂，对于迷惘者来说是清醒剂，对于利欲熏心者来说是解毒剂，对悲观失望者来说是兴奋剂。当然，无论是佛学还是儒学，都不可能是治世治心的万能药方；但是，作为中华优秀传统文化，他们都是民族精神的支柱，是民族凝聚力的纽带。在经济全球化、生活现代化的今天，继承我国优秀文化传统，对弘扬我民族精神，提高我国民素质，具有极其重要的意义。本书的出版，对如何实现传统与现代的结合，如何弘扬佛法为精神文明服务，也提供了许多借鉴。

最后，我想借用佛典中的一段故事来结束我的这篇也许显得有点冗长的序。禅宗五祖宏忍大师的上座弟子神秀曾题一偈表白他对佛道的解悟：『身是菩提树，心如明镜台；时时勤拂拭，莫使惹尘埃。』六祖慧能则认为神秀对于佛性的解悟并不彻底，所以他也口吟一偈云：『菩提本无树，明镜亦非台；本来无一物，何处惹尘埃。』从万法皆空的观点看，慧能的理解自然是更彻底；但就人们的修持而言，神秀的理解倒也还实在。他们都追求那一尘不惹的最崇高的佛性，如果说这就是人的最健康、最清净的精神境界和心理素质，那么心如明镜照鉴万物，充满智慧而不生迷妄，也可以说就是心理健康了。健康的心理并不是与生俱来的，也不是空无所有的，还得要在生活实践中，不断学习，不断磨炼，不断修养。才能逐渐形成。看来，神秀的见解还是比较符合实际的。

（原载《佛教与心理健康》，云南民族出版社，二〇〇五年）

佛教文化对云南民族文学的影响

我们常说的云南民族文学，就广义而言，是指云南各民族所创造的文学，包括民间口头文学和各民族作家用民族文字或汉文字所创作的书面文学。但是，在漫长的云南民族形成和发展的历史中，民间口头流传的文学是主要的形式，只有极少数的民族，如傣族、纳西族、彝族等，留下一些用民族文字记载的神话传说或诗歌，但这些作品大多数也是人民口头创作。当然，现在我们研究云南民族文学所依据的资料，基本上都是翻译成汉字的资料，但就其源流而言，大多数也来自于自己民族的民间文学。因此，佛教对云南民族文学的影响，也较多地表现在民间文学中。但是，要从众多的民族民间文学中，梳理出受佛教影响的来龙去脉，既须要查阅大量佛学经典和古文献资料，又须要对民族民间文学作深入调查研究。所以，对这问题的研究，具有一定的难度。郑筱筠博士曾师从复旦大学陈允吉教授研究魏晋六朝佛教文学，现即将出版《佛教与云南民族文学》一书，这是令人可喜的。

云南自古受佛教文化影响很深，由于地理区位的特殊性和多民族的特点，佛教的影响也具有多元性，藏传佛教、南传上座部佛教、中原禅宗等，都有较大的影响。而作为佛教文化，各种影响往往又是互相交融的，这在民族文学中尤为明显。就云南民族民间文学而言，具有深厚的佛教文化色彩，并直接或间接与佛教有关的，多见于民间故事、传说、神话、叙事长诗中。其中流传最广的又莫过于以龙文化题材、佛教人物题材（如观音、大黑天神）或佛经故事（如贝叶经文）形成的作品。而这些作品的故事情节和人物形象，大多数又在民间流传过程中，经过不断地加工和再创造，形成集体创作。所以，有许多作品，虽来自于佛教文化的影响，但都是原型的变异，富有创造性和想象力，可称为民间文学。筱筠的这部研究专著，不是泛泛地谈佛教对云南民族文学的影响，而是透过龙文化、观音形象、贝叶文化等较典型的佛教文化现象，去考索在其影响下形成的种种文学现象。因此，她的研究视野，就不局限于文学，而是涉及文化学、民俗学、宗教学等跨学科研究。就龙文化而言，这原是华夏文化最早的产物，是原始图腾文化，长期演变而成为民族的象征，在封建社会里则成为帝王家族的象征，所谓『真龙天子』及其龙子龙孙，这就是中国龙的特点。但随着佛教传入中国后，印度佛教中与中国龙类似的蛇形象以及有关故事，逐渐和中国龙文化融合，产生了众多的具有佛教色彩的龙的文学。自唐宋以后，我国与龙有关的文学，既有佛教色彩，也有明显的道家色彩，可说是儒、佛、道融合的产物。大理白族地区多祀龙神，早有『大理多龙』之说，白族文化是典型的儒、道、佛文化和土著文化融合的产物，所以白族的龙文化，也体现出这种融合的特点。所不同者，大理地区接受印度佛教和藏传佛教影响更为直接，故在有关龙的故事传说中，体现出来的神道法力、因果报应、惩恶扬善、赐福人民等等观念，可以说都是多种文化思想之融合，又间以民风民俗、世态人情。作者在《佛教对汉族、白族龙文化之影响及其异同比较》部分中，对此作了较细密的分析。除白族外，与佛教影响有关的龙的文化在其他少数民族中，也有各种变异形态，构成云南民族文学中富有浪漫主义色彩的神话传说和优美动人的艺术形象。至于多种多样的观音形象的塑造，其原形来自佛教，但又都是各族人民的创造，白族人民对此更富有创造性，《负石阻兵》、《观音降服罗刹》等类神话传说，其人为佛教神，但其事则都来自于现实生活。这里还值得一提的是白族的本主文化，这是一种特殊的民俗文化，又是一种特殊的宗教文化。说他是民俗，但其中又包含有明显的伦理道德、生死轮回、善恶因果的观念，显然与宗教信仰有关。但它又不能说是一种严格意义上的宗教文化，它是在白族先民原始鬼神信仰的基础上，融入儒、道、佛各家思想观念，形成一种非常世俗化的宗教信仰。故事中的人物，各色各样，有佛教神，有统治阶级上层人物，有忠臣孝子，有为人民牺牲的英雄义士，有普通人物。这种与本乡本土人民生活有紧密联系的信仰，也可称之为特殊的宗教信仰。从表面现象看，这仅仅是一种民俗，但从本质上分析，它却有丰富而复杂的文化内涵。筱筠在《佛教与白族本主崇拜》等文中，从神祇观、善恶观、生死观、平等观等方面，着重探讨了佛教对本主崇拜的影响。把白族本主崇拜对象，放在佛教文化背景下去分析，就可把研究引向深入。

总之，云南民族文学，尤其是民族民间文学，它本身不仅具有文学价值，而且有文化、历史、宗教、民族等等学科的综合价值，所以对它的研究，也就需要以多学科的视角去考察。筱筠的这部专著，从佛学对云南民族文学的影响切入，选择了龙文化、本主文化及贝叶文化等有代表性的几个方面为对象，作了比较集中的考述，使这部专著增添了学术的含量。作者在写作中，参阅了大量资料，吸取了许多别人研究成果，也有不少自己的见解，付出了不少劳动和心血。当然，所涉及的问题，都是比较复杂的问题，佛教在传入云南的漫长历史过程中，哪些是对云南民族文学的直接影响？哪些是间接影响？哪些是因近似而巧合？要辨析这些关系，当然还需要深入弄清其来龙去脉，作科学的论证，这正是将来还可进一步研究的广阔天地。望筱筠能继续努力，取得更多的研究成果。

（原载《佛教与云南民族文学》，新华出版社出版，二〇〇一年七月）

云南宗教文化与审美意识

云南少数民族之多，居全国之冠，每个民族都有其独特的文化，构成云南独特的丰富多彩、千姿百态的少数民族文化大花园。作为主流的汉文化，给各民族文化以不用程度的影响，而云南的汉文化，也不同程度地浸润有少数民族文化的色彩。这就构成云南地方民族文化的多样性、复合性和交融性。这在宗教文化中尤为突出。云南各民族（包括汉族）的宗教信仰，有同有异，有信仰佛教者，也有信仰道教、伊斯兰教及其他一些宗教的；而较多的少数民族，则还信仰本民族所独有的原始宗教。每一种宗教信仰，都形成一些特定的宗教文化。从宗教学或文化学的角度，对云南各民族的宗教文化进行研究，已有许多成果，但是，从美学的角度看，对民族宗教中的审美文化的研究，却尚未引起应有的重视。

宗教文化的内涵是很丰富的，有哲学的、伦理的、社会的、心理的诸多因素，而审美的因素则往往被忽视。其实，宗教文化中的审美因素，和哲学的、伦理的、社会的、心理的诸因素是共存而互融的。以善为美，而善的观念，则是我国宗教文化的核心，凡是善的也就是美的，因此，宗教文化和审美也就有不可分割的联系。宗教文化的审美因素，不应只是停留在宗教艺术的形式上去考察，而是要从宗教精神的总体（内容和形式）去分析。我想，以下这些方面都应看做是宗教文化中的审美因素：

第一，修持入定与人生终极关怀——宗教审美理想。无论是佛教或道教，都讲求自我修炼，其目的都为了要超脱世俗，达到一种理想的人生境界。佛教的西方极乐世界，道教的神仙境界，或是耶稣基督的天国，无一不是人们想象中美好的理想境界。因此，当人们在为追求这种境界而虔诚地修炼时，他会获得一种主观精神的愉悦，进入近乎审美的心态。当然，这些幻想中的境界是永远不会实现的，但是，心灵上的自我慰藉与归宿感所虚构的理想，被看做是最神圣而又美好的境界。面壁十年的修炼，悟道成佛的幻想，无非就是主观精神的自我麻醉，但可能获得一种类似审美愉悦的体验。

第二，像教与图腾的暗示——宗教审美意识。佛、道都重像教，故寺宇道观中必有偶像供奉；而少数民族原始宗教信仰，则往往与图腾崇拜有关。图腾不一定都是人的偶像，多半是具有象征意义的事物，一块石头、一颗树、某种动物形象，都可作为崇奉的对象。白族的本主信仰，是一种特殊的民间宗教，他们所信奉的本主，都是有名有姓的人物形象，偶尔也有以实物形象作为崇奉对象者，但那是极个别的。无论是像教还是图腾崇拜，他们都能给信仰者以一种直观的暗示，唤起人们的崇敬、神圣的意识。这种意识是由偶像和图腾直接引发的，可能是一种潜意识，甚至是一种集体无意识。当信仰者在顶礼膜拜或颂经祈祷的时候，他们通过直观的偶像，进入一种忘物忘我的境界，这是一种宗教意识、文化意识，也是近乎直觉思维的审美意识。因此，宗教文化中的雕塑艺术、图腾形象等等，不仅能唤起信仰者的宗教意识，而且也唤起人们的审美意识。宗教文化的美学意义也在于此。

第三，作为宗教文化象征的仪式和乐舞——宗教审美形式。宗教信仰、宗教意识，都要借助于一定的表现形式加以宣扬，诸如种种宗教仪式活动、音乐歌舞。所有这一切，都具有艺术的性质，渐渐形成具有美学意义的宗教审美形式。佛教的法事活动，除了借各种法器和颂唱构成特殊的音乐外，有时还伴以戏剧性的表演，我国唐宋时早期戏剧文学就已受其影响。道教的宗教仪式有其特点，但音乐、歌舞的形式也不例外，自成系统的道教音乐——洞经音乐，无疑是一种比较成熟的宗教音乐。至于少数民族的各种原始宗教，则更是以形形色色的歌舞作为祭祀的仪礼。白族的绕三灵，纳西族的东巴舞、东巴音乐，彝族的毕摩文化中的音乐、舞蹈、诗歌等等，无不如是。所有这些，既是宗教的，又都是原始艺术，也是宗教的审美形式。

第四，幽静自然的宗教园林艺术——宗教审美情趣。这里说的宗教园林艺术，并不是指所有的宗教，但我国传统的佛教和道教，则是非常讲究园林艺术的。佛教讲禅意，道教讲虚静，因此，选择禅寺、道观地址，总是要找远离市井的山林，按现在的观点来说，那就是自然生态环境最美好的地方。就云南来说，佛教的鸡足山，道教的巍宝山，各种宗教建筑散布于深山密林中，每座建筑都各具园林之美。从整体来看，则形成与自然环境融为一体的天然园林。姑且不论寺观建筑艺术及内部雕塑、绘画艺术的美学价值，就以整个寺观和周围环境的景观而言，就已充满了浓厚的宗教审美情趣。所以，我们要发掘宗教文化的审美意趣，就不能不想到宗教寺观的园林艺术。『清晨入古寺，初日照高林。曲径通幽处，禅房花木深。山光悦鸟性，潭影空人心。万籁此俱寂，惟闻钟磬音。』①常建的这首《题破山寺后禅院》非常生动地表现了这种寺观的『诗意栖居』的审美境界。

事实上，宗教文化中蕴涵的审美意识是多方面的，除上述种种之外，在宗教经文唱颂、宗教服饰和法器、宗教音乐和绘画、宗教日常生活习俗中，除贯穿宗教思想外，无一不伴随有审美意识和情趣。因为在宗教信仰中，凡是善的也都是美的，一句话，宗教的终极关怀，就是要通过『善』的修持，达到『美』的人生境界。因此，对宗教文化的研究，不应忽视对其审美意识的研究，宗教学应该包含美学的内容。关于这个问题，牛军的《云南少数民族宗教文化与审美》一书，作了

①《全唐诗》卷一百四十四，中华书局一九六〇年四月第一版。

比较系统的研究，在一定意义上说，这种研究是有开拓性的。作者并不是泛泛地谈宗教文化与审美，而是以云南少数民族的宗教文化为案例，如彝族的毕摩文化，纳西族的东巴文化，白族的本主文化，傣族的贝叶文化等等。这些都是在云南少数民族中具有代表性的宗教文化，从中我们可以看到少数民族从原始时期到现代宗教文化及其审美意识的演进和发展。由此，我们也可进一步探讨这种宗教文化及审美意识在现代的价值和意义，从而实现传统文化与现代文化的对接，发挥它在现代化社会发展中的积极作用。我想，这也是牛军写这部专著的意义所在。当然，要从复杂的宗教文化现象中，解析出审美的成分，那是比较困难的，因为其中各种文化成分融为一体，你中有我，我中有你。但是，如果我们转换一个角度用美学的观点去看，那么，宗教文化中的美学意蕴是很丰富而明显的。牛军在这部著作里，力图透过纷繁的少数民族宗教文化现象，寻绎出其中蕴涵的审美意识，应该说这是非常有意义的探索。作者首先从理论上阐述了宗教文化与审美的内在联系，然后用典型的少数民族宗教文化的审美意识作为案例去论证，提出了一些值得参考的见解。书中充分利用了现当代学术界的研究成果，但不是照搬照抄，而是集中在『民族文化与审美』这个问题上，作了较深入的论述，不乏新意。从这一点来说，本书所作的研究是有学术价值的。但由于涉及多种学科，有些问题不一定能几句话说得清楚，有些问题也可能有不同的看法，但是如果能引起讨论，那也是很有意义的。

（原载《云南少数民族宗教文化与审美》中国社会科学出版社，二〇〇二年）

中华民族精神的诗化表现

具有五千多年文明历史的中华民族，以其深厚而光辉的文化传统，凝结成特有的历久弥新的民族精神而屹立于地球的东方。这种民族精神是中华各族人民团结奋进的纽带，是民族认同的根基。这种民族精神在人们的意识中，可能表现为一种理性认知的精神，也有可能是一种潜意识甚至是无意识的内在精神，但她是具有鲜明特色的民族性的表现，是民族生命力的源泉。中华民族精神是历史形成的，既有一脉相承的传统，又有不同时代的历史内涵。她表现在人们的思想行为中，也表现在人们所创造的各种物质文化和精神文化中，文学艺术正是民族精神的形象化的艺术再现。中国是举世闻名的诗歌大国，从《诗》、《骚》到现在，诗歌传统绵延不绝，其历史之悠久、数量之丰富、对社会生活影响之巨大，可称得上是世界之最。一部中国诗歌史，可以说就是一部中华民族精神的诗化表现的历史。因此，我们研究中华民族精神，可以从社会政治、思想文化、哲学宗教等多角度去研究，而用艺术的视野从诗歌的历史去感悟，不仅可以获得思想情志的教育，还可以获得艺术的审美享受。此外我国自古以来特别重视诗教。孔子提出：『诗可以兴，可以观，可以群，可以怨』，还可以『多识鸟兽草木之名』。这就指出了诗歌的综合教育功能，也就是说，诗歌可以给人以认识社会历史的教育和思想感情的教育，而这种教育是通过艺术审美的途径实现的。所以，诗教的特殊功能也是不可代替的。

关于中华民族精神，学术界已有很多研究，虽然见仁见智，各有不同，但在一些基本的问题上，已有共识。按我的体会，在数千年以农业为主的社会历史中形成的中华文化所体现出来的民族精神，具有以下一些最基本的特征。这些特征在诗词中表现得非常明显。

第一，以人为本的人文精神。『观乎天文以察时变，观乎人文以化成天下』，这是《易·象辞》中最早提出的『人文』概念，人文就是以人为中心的文化现象和精神世界，其立足点就是『以人为本』。在我们祖先们早期的宇宙观中，天地人的统一就是宏观宇宙世界的整体，而人则是『天地之心』、『五行之秀』，这句话是以人为本的观念形成的依据。高尔基曾说文学就是人学，用这句话来看我国的诗歌传统是最贴切的。从《诗经》到《楚辞》，从汉乐府到唐诗宋词，绝大多数优秀的作品都是以人为中心，或歌颂关爱人民的德政，或揭露剥削人民的暴政，或歌颂劳动人民的勤劳，或赞美纯真的爱情，其出发点是关爱人民、同情人民，希望人民过幸福的生活。过去，我们常用人民性的概念评价那些优秀的诗歌，也说明以人为本是一切优秀诗歌的主要标志。这样，我们也就不难理解屈原大声疾呼『长太息以掩涕兮，哀民生之多艰』的思想内涵；也可以深切体会杜甫『安得广厦千万间。大庇天下寒士俱欢颜』的内在含义。至于杜甫的『朱门酒肉臭，路有冻死骨』，以及『三吏』、『三别』诸杰作，白居易的《卖炭翁》，李贺的《老夫采玉歌》，王安石的《河北民》，我省先贤李元阳的《苦饥行》，戴炯孙的《哀流民》等，无一不是发自肺腑的为广大受苦受难的人民代言的人民之歌。以人为本是我国古代先哲的崇高理念。孔子主仁政，提倡『泛爱众而亲仁』，孟子说『仁者爱人』，韩愈也认为『博爱之谓仁』，这就是儒家以爱字为出发点处理人际关系的准则。这种人本思想，在道家那里也有，老子说的『天大，地大，人为大』和『人为天地之心』的看法是一致的。以人为本的人文精神，和西方的人本主义、人道主义、人文主义也有相通之处，只不过西方强调的是以个体『自我』为中心的人本，而我国以儒家为代表的『人本』思想强调的是作为社会一分子的人，『人』的概念正超越『自然人』的属性而具有社会属性，正如马克思说的『是社会关系的总和』。所以，我国古代的人文精神，强调社会性，强调群体性。人在社会中有等级、地位、贫富、贵贱，这是封建社会里的一种等级观念，但是，人是一个社会、一个国家之本，人对社会对国家要尽义务，一个国家、一个社会离开人就不能存在。由于在封建等级社会中，广大人民群众受剥削压迫，所以人本思想又派生出民本思想、民贵君轻的思想，虽然还不能说是民主思想，但是反对剥削压迫，关心人民疾苦，追求幸福生活，向往社会和谐，已成为以人为本的人文精神的主旋律。这种精神，很自然地就贯穿于我国古代诗词中，形成我国历史上具有强烈现实性和人民性的优秀传统。

第二，以国家民族意识为基础的爱国精神。中华民族是由多民族在数千年间融合而成的多元一体的民族大家庭，在各民族统一的基础上，形成商周以来从奴隶制社会到封建社会的国家形态，在长期历史发展过程中，形成强烈的国家民族意识。虽然在历史上出现过民族之间的战争和不同的地方政权的分裂，但最终还是形成了以中华民族为基础的大一统的中国。现在海内外的中国人，都承认自己是炎黄子孙、龙的传人，反映出最广泛的民族认同所具有的民族心理和民族感情。而『中国』就成为各民族所认同的国家概念，也是历代不同性质的政权所认同的国家概念。所以，以民族意识为基础的爱国精神，就成为人们所景仰的人格精神。这种精神成为贯穿在我国诗歌史上的一条红线，成为一些千古名篇能震撼人心的艺术力量源泉。我们所说的爱国精神，是一个特定的历史概念，也就是说，随着我国各民族的变迁和融合，在不同的历史时期内，爱国的具体范畴也有不同。在特定的历史条件下，忠君与爱国往往难以截然划分，具体历史要做具体分析，不应该简单地用现代的标准去衡量古人。因此，我们不能不承认屈原作品中的爱国精神。至于魏晋南北朝时期的许多从军卫国、立志报国的诗歌，唐代大量的边塞诗以及反映社会动乱、揭露穷兵黩武带来人民的痛苦和国破家亡的诗作，都具有强烈的爱国主义精神，诗人们从不同的角度，抒发他们的爱国热情和『捐躯赴国难』、『宁为百夫长，胜作一书生』的壮志豪情。岳飞的《满江红》的慷慨悲歌，陆游《示儿》为期望国家统一而死不瞑目的爱国情怀，诸如此类的爱国诗词，比比皆是，千百年间教育了中华儿女，激励着炎黄子孙。每当我们的祖国遭到外国侵略、国难当头的时候，这些诗词的巨大震撼力，使中国人民团结一致而发出『国家至上』、『民族至上』，一致对外的呼声，形成保家卫国的钢铁意志。

第三，以道德为准绳的主体人格精神。中华民族自古以来对社会对个人都崇尚道德。对社会而言，有全民共同遵守的社会公德；对个人而言，道德是个人人格精神的最高境界。所以讲道德、讲人格精神，是中华民族所追求的美德，是修身、齐家、治国的根本。我国传统文化中，无论是儒家还是道家、佛家，都强调主体人格的修养。和西方文化有所不同的是，西方文艺复兴张扬以个体为中心的人本主义，是以自我为中心的利己主义的主体；而我国古代强调的是个人所应遵循的道德主体精神。古人论诗说的『发乎情，止乎礼义』，就是要求个体的情志必须纳入礼义的范畴。『道德』的内涵有时代性和社会性，但是其中有些基本要求是具有普遍性和全人类性的。古人讲仁爱，讲忠信，讲孝悌，讲气节，讲情操等等，我们只要剔除其中的封建糟粕，就不难看出还包含有人类社会所共同追求的美德。我国的先圣先贤们，把道德概念具体化为许多可行的修身准则，以仁、义、礼、智、信为『五德』，以道德的充实为美，以道德的全和粹为美，这就是『美德』；把以道德为内容而形成人格的『浩然正气』，作为修身养性的最高境界。所以孟子提倡『吾善养吾浩然之气』，这就是道德修养的升华。文天祥的《正气歌》，可以说就是把我国对人格修养的理论，作了具体的形象描述，是文天祥的『人生自古谁无死，留取丹青照汗青』人格的高度概括。以道德为准绳的主体人格精神的表现，可以说是我国古代诗歌的灵魂。纵观我国诗史，屈原有屈原的人格，陶渊明有陶渊明的人格，李白、杜甫、白居易以至宋元以下的苏东坡、陆游、辛弃疾等著名诗人，也都各有各的令人称颂的人格精神，其表现的个性风格不同，但有一点是共同的，那就是他们从不同的方面，体现出中华传统道德铸成的种种不同形式的人格精神。这种人格精神，已不再是抽象的理论概念，而是具体形象的诗化表现，因此它具有永恒的艺术生命力而感染历代读者。诗的真善美的功能，在这些诗中得到完美的统一而流传千古。

第四，以『中和』为目标的和谐精神。在中华传统文化中，追求和谐，是道家、儒家、佛家所追求的共同目标，只不过实现和谐的方法和途径各有不同罢了。老庄靠『无为而无不为』、『不争故天下莫能与之争」、「万物与我齐一」之类的主观臆想而求实现宇宙社会和个人精神的和谐。佛家希望通过修持妙悟以发现自我的「佛性」而进入极乐世界，所谓的「照见五蕴皆空」而进入「般若波罗蜜多」境界者即是。然而这一切，也许还可以在人们的主观精神世界中得到暂时的实现，但要真正实现社会的和谐，那不过是一种遐想。儒家的和谐观，虽然也多半是一种理想和理论上的描述，但比较而言更接近于现实性和实践性，那就是以「中庸」为前题，以「中和」为目标的和谐精神。说到「中庸」，在「文革」期间被歪曲为不讲原则、不讲阶级斗争的「中庸之道」。其实，儒家提倡的「中庸」是处理事物的一种正确原则，宋代理学家把它解释为「不偏之谓中，不易之谓庸」，这不偏不易就是「执两而用中」的正确原则。所谓「过犹不及」就是「偏」，偏就是不能实现事物之和与社会之和。只有坚持「中庸」的正确原则，才能实现「中和」的理想目标。「中和」就是最大的和谐，所以说「和以故万物皆化」，又说「致中和，天地位焉，万物育焉！」（《礼记·中庸》）就宏观而言，「中和」就是宇宙世界的大和谐；就现实生活而言，「中和」就是社会和谐；就人际关系而言，「中和」应具有包容的精神、协调的精神、团结的精神，所谓「君子和而不同，小人同而不和」（《论语·子路》）也就是这个意思。追求天地之和、阴阳之和、万物之和、人类社会之和，这是中华文化中贯穿古今的和谐理想，也是我们的民族精神。这种理想、这种精神，在我国古代诗词中表现得尤为充分，而且可以从多角度去表现，诸如天地的和谐、人与自然的和谐、人际关系的和谐、社会的和谐、家庭的和谐等等。在我们这个古老的农耕社会的大国中，有『日出而作，日入而息』的先民的和谐，有田园牧歌式的和谐，有桃花源朱陈村式的和谐，有『致君尧禹上，再使风俗淳』之类的和谐；也有各种各样的禅境禅意的和谐。当然，在我国历史上，这种种和谐多半只是一种理想，很难得到实现，但在诗词中却被美化为美好的艺术意境，使读者从中得到思想感情的陶冶和审美享受。我们经常以『诗意栖居』去形容宁静幸福的生活，不正是和谐精神的诗化表现吗？

要讲到中华民族精神的优秀传统，我们还可以列出许多，诸如法天行健、自立自强、遵纪守法、勤劳善良等。但是，崇尚人文，提倡爱国，尊重人格，追求和谐，这是我们民族精神的主导方面。有这些精神，我们伟大民族才有历久而弥新的生命力，多元一体的民族大家庭才具有强烈的民族认同感和精神凝聚力。当然我们的民族精神中也有先天的弱点，长期封建社会和小农经济形成我们民族具有一定的封闭性和保守性，民主意识较淡薄，竞争意识不强等。今天，我们在继承和发扬优秀民族精神的同时，也在不断克服和扬弃我们的弱点。在经济全球化、科学文化现代化的今天，继承发扬我们民族优秀传统，实现民族伟大复兴，使我们的民族以崭新的姿态，屹立于世界民族之林，正是我们的历史使命。因此，从我国浩如烟海的诗词中，寻绎出民族精神得到诗化表现的那些优秀作品，发扬我国『诗教』的传统，用以教育人民，激励人民，振奋民族精神，这是我国诗词界同仁应努力去做的工作。

由中共云南省委宣传部和云南传统文化研究会倡议，委托尹欣、赵佳聪、余嘉华等同志主编的《诗化的民族精神》，正是一部以宏扬中华民族精神为基调的中华传统诗词读本。参加选编注释工作的同志，都是我省诗词界的行家。他们从我国上起先秦，下至当代数千年汗牛充栋的诗词遗产中，精心筛选出约一百八十位作家的约三百首诗词精品，作了认真的校勘、简要的注释和点评，并附有作家简历，以便于广大读者阅读。全书按内容分为『爱国篇』、『民本篇』、『和谐篇』、『励志篇』、『美德篇』等五篇。显然，这些诗词作品都是中华民族的优秀民族精神的艺术再现，所以我把它称为『民族精神的诗化表现』，书名称为《诗化的民族精神》亦宜。

我在前面谈了我对中华民族精神的一些看法，那是我在多年研究中华传统文化中形成的一些体会，曾在《华夏文化与审美意识》等拙著中表述过这些看法，但尚未明确地和诗词联系起来。现在看到这本书稿，其书立意与篇目分类标题寓意，和我对中华民族精神的理解基本吻合。为此，趁遵嘱写序之机，聊申己见，以供读者参考。当然，本书的编选和分类创意还是第一次尝试，我国古代诗词那么丰富，从中去选作品，也难免有挂一漏万之憾。又限于编选者的水平所限，所选的作品也未必都是上乘之作，但就总体而言，都是有代表性的。

我相信本书的出版，对我们建设社会主义和谐社会，建设和谐文化，进行道德教育，必定能起到积极的作用。广大读者将会在审美愉悦中受到思想道德的教育，在潜移默化中受到民族精神和人格修养的熏陶。

（原载《诗化的民族精神》，云南人民出版社，二〇〇七年）

把国学菁华作大众化的普及工作

国学热是当前中国大陆兴起的引人注目的学术思潮，中央电视台有『百家讲坛』，在全国有很大影响，由于他的影响而又出现对易中天、于丹等及其著作的热捧热销的现象，对于这种现象也有人表示反对，甚至大动肝火，我却认为大可不必。我想，我们关心的应该是去研究为什么在今天会出现这种现象？难道是新闻炒作的结果吗？这难道也是商业宣传的性质吗？这难道也是盲目追星的现象吗？从表面看，我并不排除这些因素在起作用，但从深层次看来，我认为还有值得我们多深思的历史和现实的原因。就以于丹讲《论语》、《庄子》而论，无论于丹讲得对还是错，事实是她正在千百万中国民众中，掀起了认识这两部中国传统文化史上重要典籍的热潮。有人说这是于丹热而不是真正的《论语》、《庄子》热，这句话也许有一定的道理，但不完全对。于丹因《论语》、《庄子》而出名，形成于丹热，这是事实，但《论语》和《庄子》因于丹而走出圣殿为千百万人民所知，大家不同程度地获得我国传统文化的一些知识和熏陶，并且因我国历史上有如此辉煌的文化和文化巨人而感到自豪，这不也是事实吗？为什么过去我们有许多研究《论语》、《庄子》的大学者，有的还是国学大师，他们的成就很高，在学术史上作出巨大贡献，但是他们的著作也只是在学院内、学术圈内流传，还未形成大众化的热潮。而在十年『文革』期间，孔子、庄子成为封建文化的代表，都成为历史的『罪人』，因此年轻人读过孔子、庄子的书的人也很少了。几千年的中华文化几乎被我们自己把它葬送，这是民族的悲剧。『文革』的后遗症在多少年后的今天已经显现，作为民族精神纽带的传统文化的失落，已给我们伟大的民族带来难以估计的损失。这就是为什么我们在经济高速发展的今天，要大力提倡『实现中华民族的伟大复兴』，提倡以人为本，提倡构建和谐社会，提倡在社会主义现代化的条件下，宏扬伟大的中华民族精神。正是在这样的时代背景下，大家已意识到继续发扬优秀的中华文化，在建立具有中国特色的社会主义现代文明中的重要性，认识到学习研究博大精深的国学以提高国民素质的重要性。十几亿人口的中国国民，在中华民族文化的熏陶下成长，但是我们确实有相当多的国民，对本民族的传统文化却那么陌生。虽然还不能说是数典忘祖，但对于中华传统文化的淡漠以至于无知，确实是令人感到忧虑的事实。在这种情况下，出现了被人们称之为『国学热』的现象，这不能说是坏事吧？近三十年来，我们已经有一批卓有成就的国学研究者，但我们尚未能在广大国民中掀起一个群众性学习和研究国学的热潮，更不能联系现实使之成为群众性的民族文化发展的新高潮。其实，当前的所谓『国学热』，还只不过是处于普及和启蒙的阶段，虽然离真正认识国学且成为全体国民所认识和认同的民族精神还遥远，但有这种对传统文化的求知渴望和自觉精神，毕竟是值得大家高兴的事。因此，对于于丹现象的解释，应把这看做是时代的需求，是国学走向大众化、通俗化的一种尝试。国学典籍大多是义理精深而文字难懂，只有使之通俗易懂，深入浅出，才能易为广大群众所接受。如果我们能有更多的于丹，使深奥的国学为大家能接受而受到热烈的欢迎，这又有什么不好呢？至于对国学经典的解释，可能有种种不同的理解，于丹的心得也未必都正确，甚至会有错误，作为学术问题可以讨论，但不必对她下『禁令』。我翻看过于丹的两本心得，我相信她是认真读过《论语》和《庄子》而且作过深入思考的，不像有些人只读过只言片语就大发议论。

为了给赵怀仁教授的《先秦诸子思想撷英》作序，我借题发挥，生发出上述种种议论来，似乎有点偏离了主题。其实，我谈这些正是为了要谈怀仁的著作。先秦诸子是我国春秋战国时期出现的各家学派的总称，那是我国古代思想史上的光辉时代。在百家争鸣的学术大气候中，中华民族的精英文化得到高度发展，先秦诸子就是杰出的代表。怀仁所论述的孔子、孟子、荀子、韩非子、孙子、墨子，都是不同学派的代表人物，先秦诸子的思想，集中体现了中华民族先哲们的睿智和渊博学识，他们从不同的方面，创造和发展了当时世界上处于领先地位的的中华文明。先秦诸子的学说思想具有以下这些突出特征：一是自由性，二是现实性，三是思辨性，四是原创性，自由性是当时学术思想活跃、学术水平提升的条件；现实性是当时学术思想发展的前提。先秦诸子的学说，都紧密联系现实社会人生，是实学，老庄之学尚虚无，而其中精神还是为了解决社会问题。思辨性充分体现出我们民族高度发展的聪明智慧，而原创性则是学术创新和学术发展的原动力。先秦诸子之学不仅是中华民族的精神财富，也是全人类共有的精神财富。我们今天去研究他们，并不是为了在书斋里多一点坐以论道的谈资，而是为了宏扬中华优秀文化，建构具有中国特色的社会主义文化，提高国民的人文素质，强化人民的民族精神。所以，我们有责任去研究国学，普及国学，我们不仅要在大学、科研部门有大批专家学者去作更深的研究，我们还要面向广大群众进行普及宣传的工作。在各种层次的学校里也应加强国学知识教育。现在各地出现各种青少年读经班，蒙学会以及各种形式的国学讲坛，这并不是为了复古，而是对中华传统文化的抢救，我们不但不应该给以冷嘲热讽，而是应该热忱的态度予以鼓励、扶持。怀仁的《先秦诸子撷英》也是本着这样的态度而撰写并应时出版的。作者长期从事先秦诸子研究和教学，有深厚的学养，他在该书的《前言》中，明确地表述了他的写作动机和目的，他是要在概要介绍代表学派思想学说的基础上，联系实际，分析诸子思想对现代社会的影响，力图通过新的视角得到新的发现。其目的在于使读者『提高辨别思考能力，学会做人的准则和做学问的方法，能站在历史的高度观照现实，思考人生，启迪智慧，创造未来，对文化建设和社会进步作出新的贡献』。这也正是这部著作的鲜明特点。这些特点概括而言就是：深入浅出，通俗易懂，撷其菁华，古为今用，行文流畅，可读性强。深入浅出并不是那么容易做到，唯有深入研究，了然于心，才能做到撷其菁华而通俗易懂。古为今用也并不是简单地以古比今，牵强附会，而是要站在历史发展长河的制高点上，去审视历史发展的内在联系，去认识一个民族一个国家自己的历史发展的必然，从而预见到未来的走向，增强民族自信心和凝聚力。这样，我们就不难发现，优秀的中华文化传统，在今天对我们来说，仍然是有强大的生命力，具有注血和造血功能的精神食粮。从这个意义上来说，怀仁这部著作的学术价值及现实意义，正在于把国学菁华作了大众化的普及工作，这是难能可贵的。当然，我并不是说怀仁的这部著作已是完美无缺了，在对诸子原著精神的理解上，在与现实的联系上，都还可以进一步探索，去充分地把握如何使历史与现代的衔接，古人的思想与现代人的思想的传承与新变的关系，表述得更准确，更顺理成章，这都还有待进一步作理性的思考。怀仁具有很好的学养，在学术上还有更大的潜力，希望能有视野更开阔、内容更丰富而深刻的学术专著继续向世。

（原载《先秦诸子撷英》，云南大学出版社，二〇〇七年）

国学常用辞语选萃

【觉悟】

觉悟一词是我们在日常生活中的常用词，但是，大家不一定去想过这个词的来历和原始意义。如果从字面上看，那么可按《说文》的解释：『觉，寤也。』与悟通，《说文》又说：『悟，觉也。』可见『觉』、『悟』二字可以互训，因此也常连用。但是，如果再仔细分析，两字之间还是有一定差别，而连接成词，就具有更丰富的内涵。

觉，指感觉、知觉、侧重在感知，也就是从生理到心理所获的感性知识，如视觉知识、听觉知识等等。孟浩然的《春晓》写道：『春眠不觉晓，处处闻啼鸟；夜来风雨声，花落知多少？』春天的早上睡意正酣，却被鸟啼声吵醒了，依稀记起昨夜睡梦中，似乎有过一场风雨，不知道正在开放的花朵，又被吹落多少了？这一切都是凭感觉，所以全诗突出了一个『觉』字。平时我们也常说『我觉得如何如何』，这都只是一种直观感觉，还不是理性的判断。而『悟』字则是侧重于理性的知识，认识到事物的真谛，我们常说的『恍然大悟』，就是这个意思。

从认识论的角度看，从『觉』到『悟』是从感性认识到理性认识的深化，而『悟』具有特殊意义。现代心理学中，把人的认识过程分为感性、知性和理性三个阶段，其中的知性又称为悟性（Verstand），它具有特殊的作用，即是把感官所获得的感性知识，上升为有条理的，较系统的知识，由直觉的知识上升为意识，但并不是抽象的纯理论的知识（Vernunft）。悟性从心理学的意义上说，是对事物的直接具体把握和认识，而不是间接抽象的逻辑推理的认识。康德认为只有知性（悟性）才是认识事物本体的真实的知识。我国佛学中也特强调『悟』的作用，认为对真如的真正的认识，不在于口头文字的表面，而是在于内心的『妙悟』，也就是所谓『玄道在于妙悟，妙悟在于即真』，又所谓『不立文字，直指人心』，这就是要求对事物的真谛要心领神会，真心了解。

『觉悟』一词，早在汉代文献中已经使用，如《史记·项羽本纪》中说：『身死东城，尚不觉寤而不自责，过矣。』但用得最多而且被赋予丰富的思想内涵的，则是佛教经籍。《南本涅槃经》十六中说：『佛者名觉，既自觉悟，复能觉他。』就是说，真正的佛，就在于他悟得了佛道真谛，他自己觉悟了，才能教育别人，使别人也觉悟。觉悟觉悟，关键在悟，要达到对宇宙人生真正的『悟』，关键又在于自我的主观修养，佛家称之为『参禅』，又叫做『悟道』。用我们现代话来说，就是不断加强思想品德的修养，提高自己的认识能力和思想水平，觉悟的提高，都有一个认识过程，所以佛家又有『渐悟』和『顿悟』的说法。『渐悟』就是认识逐渐提高，不断深化；『顿悟』就是对某种事物，某一问题的认识，由于受某事象的启发而想通了。这就是所谓的『豁然开朗』、『恍然大悟』，达到『头头是道』的境界。无论从哪种意义上说，『觉悟』一词是针对『迷惑』、『迷惘』而言的；有觉悟，就是对事物、对人生、对社会要有正确的认识，而且这种认识要不断深化，不断提高，逐步接近真理；如果『执迷不悟』，那就无药可救了。对每个人来说，这都是主体意识的自我修养，所以要求要『自觉』，这也是我国古代文化的优秀传统。

【自觉】

『自觉』一词，几乎已成为我们日常生活中的口头禅。但是，这个词在汉语中是怎么形成的？其本义是什么？可能大家并未在意。如果仔细推敲一下，就不难发现这个词在不同语境中含有不同的内容。

在日常用语中，『自觉』一词通常是自我感觉的意思。例如我们问一个人的健康状况，就说『自我感觉如何』简而言之就说『自觉如何』。一个人参加某种考试刚出场，我们问『感觉如何？』他回答『自觉还好。』或者说：『自我感觉良好。』这是一种用法。另一种是『自觉自愿』的意思，这里面却另有文章，它蕴涵着我国传统文化中关于修身的深刻道理。平时，我们看见一个同志工作积极主动，学习努力勤奋，不需要别人督促，我们就称赞他很自觉；反之，就被认为不自觉。如果我们在公共汽车上看见一个年轻人，不给老人让座位，大家就会说他太不自觉。我们做思想工作，对学生进行教育，也强调不能强迫命令，要启发自觉。可见，这里的『自觉』二字，是在正面褒扬的意义上使用的，它体现了一种道德规范。也是一种行为规范。在我国古代文献中，早已有『自觉』一词。但用得最多的则是见于佛典，而且还被赋予特定的含义。佛家讲参禅悟道，强调主观的自我修养功夫，有『三觉』之说，三觉就是自觉、觉他、觉行圆满。《大乘义章》中说：『既能自觉，复能觉他，觉行圆满，故名为佛。』这就是说要真正的成佛，首先就是要对佛道的『自觉』，只有自己觉悟了，才能开导别人，使别人也觉悟，这就是『觉他』。自己觉悟了，又能见诸行为，即所谓的『觉行圆满』，这才称得上是『觉者』。所以，无论是谁，讲道德修养，讲思想行为，『自觉』是最根本的，佛家称之『自觉悟心』。禅宗六祖慧能在《坛经》中说：『故知一切方法，尽在自身之中，何不于自心顿观其真如本性。』因此，他强调要自觉自悟。儒家的教育，也强调修身，而修身的基础是『正心』、『诚意』，要把自我的道德修养、人格修养和行为准则，建立在正心诚意的基础上，孔子强调『内省』，他说：『内省不疚，夫何忧惧？』（《论语·颜渊》）他提倡『吾日三省吾身』，要求『君子反求诸己』。而孟子则道德修养要『尽其心』、『知其性』。所有这些，都是强调人的主观自觉性。当然，无论是儒家还是佛家，他们讲的『自觉』，共有一个大前提，那就是讲人格道德的修养。儒家讲的是仁义道德，佛家讲的是对佛性（又称『自性』）的觉悟，又叫『自悟』。我们今天讲爱国主义，讲为人民服务，讲为政清廉，讲社会主义道德，都应该成为每个人的自觉追求。严以律己，就是要不断增强思想修养的自觉意识。古人尚能如此，难道我们就做不到吗？但必须指出的是，我们通常用『自觉』一词，都是用来表示一个人的道德行为和高尚情操，儒家强调修身，修身要先正心，正心要先诚其意，『所谓诚其意者，毋自欺也，故君子必慎其独也。』（《大学》）今天我们提倡『诚信』，就要『自觉』，要诚其意，毋自欺。也许有人说，那些损人利己、贪污腐化的人不也是『自觉』去干吗？我们说那是『丧天良』、『昧良心』。也就是佛家说的『业障』、『迷妄』和『执迷不悟』，那根本就不是传统意义上的用于道德修养的『自觉』了。

【反省】

当我们一说到『反省』二字的时候，大家可能很快就想到了一定是犯了什么错误，要自我反省。把自我反省和检讨错误、认识错误联系起来，这是我们现在的一种习惯用法，也仅是一种特定语境下的特殊含义。其实，反省一词在我国古代词语中，包含有很深刻的文化内涵，它具有认识论的意义，它也是修身的重要途径。『省』字在这里读如『醒』，有检讨、领悟、思考的意思；反省就是要强调自己对自己的言行和内心世界的自我检讨和自我观照。佛家称之为『自悟』，以求达到透彻的自我认识。反省就要做到明心见性、诚信不欺。这就是我国传统伦理道德中对修身养性的最重要的要求。所谓『正其心』、『诚其意』，都是一种自我反省的工夫。曾子说过『吾日三省吾身』，这就是自省，也就是自我反省。儒家修身之道，非常强调主体人格的自我完善，凡事先从自身做起，成败得失，先从自身去找原因，这就叫做『反求诸己』。《礼记·射义》中说：『射者，仁义之道也，射求正诸己，己正而后发；发而不中，则不怨胜己者，反求诸己而已矣。』射，是古代帝王的庙堂仪礼之一，也是士大夫聚会宴饮的一种礼仪，有燕射、乡射等等，射而不中，则罚以饮酒，既是一种礼仪，有『行令』的意思、又有胜负之争，故以此为例，说明举行射礼时，必须守规矩，符合『仁之道』，『发而不中』，也就是输了、失败了，那不要去埋怨赢者，而是要从自身找原因，这就是『反求诸己』。孟子在《公孙丑》中说：『仁者如射，正己而后发。』也就是这个道理。在儒家典籍中，与反求诸己的意思相近的，还有『反求诸其身体』、『反身而诚』等等。《中庸》篇中引用孔子的话说：『射有似乎君子，失诸正鹄，反求诸其身。』这就是『反身』二字的原意。『反身』一词出自《易周》；『家人，利女贞』。象曰：『威如之光，反身之谓也。』威就是威信，首先就要自身具备有令人心悦诚服的品德；如果施威于人，使人生畏惧，那只能叫做威风而不是威信，这也就是『反求诸其身』。要做要『求诸己』、『求诸身』，不能只停留在口头上，而是要做到『至诚』，也就是说要正其心，诚其意，故孟子也说，『反身而诚，实莫大焉。』《尽心》又说：『有大人者，正己而物正者也。』如果『反身不诚』，口是心非，或自己做不到而要求别人去做，那是不能使人信服的，这就是正人先正己的道理。

可见，反省、反身、求诸己，都是我国传统文化中对加强自我修养的一种美德。与此有关的还有几个重要的概念，一个叫做『反思』，一个叫做『内省』。反思在西方哲学中是指一种主观的精神的内在心理活动，是自我观照，近似我国古代的内省，也有人把它译为『反省』。我们现在也常用，『反思』一词，也有自我反省的意思。而『内省』则是我国古代修身养性的自觉活动。孔子的学生司马牛问怎么才能称得上『君子？』孔子说：『君子不忧不惧』。怎样才能不忧不惧呢？孔子又说：『内省不疚，夫何忧惧。』（《论语·颜渊》）内省也就是自我反省、自我检查。不疚就是没有做违反道德的事，也就是没有做什么亏心事，那又有什么可愁可怕的呢？俗话说为人不做亏心事，半夜敲门心不惊，也就是这个意思。由此看来，我国古代道德修养中讲的『反省』、『反身而诚』、『反求诸己』、『内省无疚』等等，对我们现代人来说，不是也可以从中获得深刻的启迪吗？

【内省】

内省和反省在儒家修身哲学中是属同一范畴的理念，内省也就是自我反省，是心灵深处的一种自我检查和自觉醒悟。但内省一词却还有更深一层的含义，儒家把个人的修养放在伦理道德实践的首位，而个人的自我修养又必须遵守言行一致的原则。内省的目的很明确，那就是你所想的所做的一切，是否符合道德的规范？有没有做过见不得人的恶行？如果有，那即使是别人不知道，未被他人发现，自己也要从内心深处作反省，去纠正自己的错误，佛学中讲的大觉大悟，西方基督讲的忏悔，都是要求从自我内心下功夫，以求道德的自我完善。『内省』一词最早见于《论语》：『子曰：君子不忧不惧。曰：不忧不惧，斯谓之君子已乎？子曰：内省不疚，夫何忧何惧？』（《颜渊》）这些对话，可以说就是对『内省』的解释。朱熹注：『言由其平日所为无愧于心，故能内省不疚，而自无忧惧。』可见，内省就是内心的自我反省，这种反省不是外加的，也不是别人所能替代的。反省以善与恶、正确与错误为准绳，反省的目的就是要自觉地去除恶从善，纠错反正。如果自己未做亏心事，没有做过错事，内心坦荡，那么有什么可忧可惧的呢？如果心里有鬼，就会心惊肉跳，坐卧不安。当然，这只是对有罪恶行为者而言，对我们日常修身而言，则偶有私心杂念，或德行尚不足，或该做而未做，或当行而未行者，俱在内省之列。故曾子曰：『吾日三省吾身：为人谋而不忠乎？与朋友交而不信乎？传不习乎？』这就是严以律己的表现。这就是所谓『君子求诸己，小人求诸人。』（《卫灵公》）有一句格言说：『静坐常思己过，闲谈莫论人非。』要求自己严格，不护短，不文过饰非，这样的人，襟怀坦荡，无所畏惧，所以说『知耻近乎勇』，自然会受到人们的尊敬。孔子的学生子贡说：『君子之过也，如日月之食焉：过也，人皆见之；更也，人皆仰之。』（《论语·子张》）有『内省』精神的人，不仅只从自己的言行中去反省，就是从别人身上也可随时学习借鉴。孔子说：『见贤思齐焉，见不贤而内自省也。』（《论语·里仁》）这就是要善于向好人好事学习，见坏人坏事，也应该引以为戒，从中吸取教训。只有这样，才能保持清醒的头脑，做到少犯错误，或不犯错误，有错则改，这都是主体精神的自我修养，是不求人知的一种内功，是一种自觉的行为。所以，《中庸》篇中也说：『故君子内省不疚，无恶于志。君子之所以不可及者，其唯人之所不见乎！』

然而，要做到『内省』也不是那么容易的，这是一个人的综合人品的表现。儒家要求修身，讲的就是道德修养，而道德修养要付诸行为实践，做到言行一致，这就不是人人能做得到的。为什么在历史上也出现了许多令人憎恶的伪道学、伪君子，就是因为有不少人只把仁义道德挂在口头，而背地里则尽干些罪恶勾当。所以，要『内省』就必须诚实，要能『至诚』。诚字在儒家伦理中是一个非常重要的概念，在《中庸》篇中有不少篇幅讨论这个问题。『诚者自成也，而道，自道也。诚者物之终始，不诚无物，是故君子诚之为贵。』把诚字看做是事物本身存在之理，也就是客观存在的『道』，所以朱熹解释说：『言诚者物之所以自成，而道者人所当自行也。诚以心言，本也：道以理言，用也。』可见，在儒学中，诚是与生俱来的『天性』，是做人的根本，所以说：『唯天下至诚，为能尽其性，能尽其性，则能尽人之性』，以此类推，则可尽物之性，可以赞天地之化育。所以，儒家的修身学说，都是要从『正心诚意』做起，这就是《大学》篇中说的：『所谓诚其意者，毋自欺也。如恶恶臭。为好好色，此之谓自谦。故君子必慎其独也。』又说：『此谓诚于中，形于外，故君子必慎其独也。』这里反复强调『慎其独』，具有十分重要的意义。诚其意是先决条件，修身必须是自觉，自觉就要有诚意，有诚意才能做到『毋自欺』。如果自欺欺人，言行虚伪，没有诚意，那就谈不上『明德』与『至善』。伪君子也可能做些表面文章，但满口仁义道德，一肚子男盗女娼，这样的人难道我们还见得少吗？先儒们也早看到这一点，所以才特别强调『慎其独』，这就是要求做人要表里一致，尤其是人所不知的个人『隐私』，也应正大光明，胸怀坦荡。我们平时常说的『暗室无欺』，就是慎独以自律。只有这样，也才可能做到『内省』。儒家把『内省』看做是修身之本，而内省必须慎独，慎独的关键又在于至诚。这一切对于我们现代人来说，也具有现实意义和指导意义。我们常说一个人的思想品德修养，须要进行教育，但外因最后要靠内因起作用，要靠人的主观能动性，所以，思想觉悟要靠人的自觉，做错了事要靠自觉反省去纠正，这一切不就是『内省』的作用吗？

【道德】

『道德』一词，在中国是男女老少都知道的座右铭，是立身处世的最高准则。譬如我们在日常生活中，看见一些坏人坏事，大家都会说这个人太没道德了；看到社会上的一些不良风气，也会气愤的议论这是道德败坏，素质太低。学校对学生进行思想教育，总是要大家做个高尚的人，有道德有理想的人。但是，道德的具体内容是什么？倒不一定每一个人都说得清楚。道德本身是一个历史范畴，不同时代，不同国家，都有不同的道德标准。虽然如此，但其中总是有全人类普遍公认的一些东西，譬如说作为道德观念的美与丑、善与恶之间，人类总是有些共同的选择。在古希腊、罗马辉煌的文化中，道德本位是全社会共同追求的理想。这里，让我们看看在中华传统文化中，我们的祖先给道德一词赋予什么内涵？

『道德』二字在我国古籍中很早就出现了。关于『道』字，含义很多，或作为宇宙万物的本体，或作为社会关系的规范，或作为主体人格修养的标准，真可谓各道其所道。关于『德』字，也有不同的解释。我们这里要谈的是作为伦理学范畴的道德一词的原始含义，也即是在我们中华传统文化中被认为是一个社会、一个家庭和每一个人所应遵守的思想准则和行为规范的道德的含义。

以孔子、孟子为代表的儒家学说，其中心是修身、齐家、治国、平天下，而道德就是修、齐、治、平之本。所以，儒家经典中对道德谈论得最多。虽然，在我国长期封建社会里，封建道德有许多糟粕，诸如三纲、五常之类，完全成为束缚人们的精神枷锁。但是，在几千年间形成的中华传统道德中，也有许多优秀的美德，是全民族甚至是全人类共有的美德，是一种具有普遍意义的道德精神。

在我国早期的儒家学说中，道德观念具有较多的积极意义。孔子强调道德教育，他提出『志于道，据于德，依于仁，游于艺』（《述而》）的教育思想，把道、德、仁、艺作为主要的教育内容。其中除了『艺』属于专业知识之外，道、德、仁都属于思想品德方面的教育。这三者之间有内在联系，不可分割，道是最高的人格精神，也是社会全体的最高精神境界，德是道的具体体现和实践行为。仁则是道德的核心，是处理人际关系的基本准则。仁是什么？『仁者爱人』，就是一种博爱的精神。孔子的学说被概括为『仁学』，儒家主张施行『仁政』，主张『以德治国』，都是道德精神的体现。后来，在道、德、仁之外又增加了『义』的概念，『仁义』二字已成为一个常用的辞藻，可以这样说，仁是博爱精神，而义就是充满爱心去为正义事业而奋斗，以实现崇高的道德理想。我认为韩愈在《原道》篇中对道、德、仁、义的解释是比较准确的。他说：『博爱之谓仁，行而宜之之为义，由是而之焉之谓道，足乎已无待于外之谓德。仁与义为定名，道与德为虚位。』对韩愈的说法，我们应该作这样的理解：人应有博爱之心，有爱心才能爱憎分明，才能按正确的原则办事，能为真理和正义而献身，如热爱祖国，热爱人民，以及助人为乐，见义勇为，舍己为人等等。这样的人，就是有道德的人，高尚的人，所以韩愈把『道德』称为『虚位』，那就是一种形而上的普遍的自觉精神，是一种高尚的人格精神和社会理想。仁义是定名，就是有实际内容的行为规范，也即是道德的具体化和社会化。我国几千年的道德传统，塑造了许多志士仁人，他们忧国忧民，以天下为己任，『先天下之忧而忧，后天下之乐而乐』；他们严以律己，每日『三省吾身』，修养诚信廉洁的主体人格意识。这一切都是中华民族优秀的道德精神，今天我们重温『道德』二字所蕴涵的中华人文精神，既有助于我们认识和继承中华道德传统，也有助于我们进一步提升道德修养的自觉意识。一个国家，一个社会，每一个社会成员，都应该有道德规范和道德自律意识。孟子曾说过：『衣食足而知礼义』，又说：『富贵不能淫，贫贱不能移，威武不能屈。』（《孟子·滕文公下》）孔子甚至还说：『君子谋道不谋食』、『君子忧道不忧贫。』（《卫灵公》）他所说的富贵贫贱，固然是封建社会的等级观念，我们当然不会照搬照用，但用我们现在的话来说，那就是说有钱有权势的人，切不可贪污腐化，道德败坏；而生活还比较困难的人，也应奋发向上，自食其力，不能自甘堕落，沦为偷盗抢劫，危害社会。一句话就是要坚守高尚的道德情操，无论是处于顺境或逆境，都能坚定不移，坚贞不屈，做一个有理想有道德高尚的人。

【善恶】

我们今天来讲大家很熟悉的善恶两个字，善和恶是我国传统道德中的两重要概念，也许大家都会认为对这两字的意思不用做解释也都知道，凡是做好事就是善，做坏事就是恶。这自然没有错，但是，我们如果寻根究底的去分析一下，就会发现我国古代使用善恶二字具有极其丰富的文化内涵，我们只要查一下各类字书，多数都用美好、善良一类的词来解释善字，反之恶是坏、是邪、是丑？似乎都只是用概念解释概念，缺乏具体的有规定性的解释。善恶两字在我国古籍中，向来都作为一对对应的伦理观念使用。早在《周易·文言》中就有『为善之家，必有余庆；为恶之家，必有余殃』的说法，所以『积善余庆』、『为善最乐』就成为民间最流行的做人处世的格言，这说的是『善』字，反之，为恶就必定要带来灾祸。但是善和恶的内容究竟是什么？似乎都缺乏明确的解释。当然，在儒家和其他一些经典中，使用善恶二字时，都是把他们是否符合仁义道德联系起来。

《大学》开篇就提出：『大学之道，在明明德，在亲民，在止于至善。』至善就是善的最高境界，它的前提就是要『明德』和『亲民』，这就是说要以德治国，最后达到使人民过上好日子的目的，这才是最高的『善』，因此，孟子说：『以善服人者，未能有服人者也，以善养人，然后能服于天下。』（《孟子·离娄》）意思是说，用强制的手法使人们行善事很难实现的，只有用善的思想去教化人，才能使人自觉为善。孟子推行的善，就是『尧舜之道』，就是要实行『仁政』，如果『不仁而在高位，是播其恶于众也。』（《孟子·离娄》）可见，儒家学说是以仁义道德作为区分善恶的标准的。然而，道德是人类社会实践的历史产物，不同时期和不同阶层的人们，赋予道德的含义也不尽相同，因此他们判断善恶的尺度也有所不同，这就使人们在认识上和社会实践行为中，很难以具体的把握。但是，我国佛学中对善恶的标准都作了比较准确的界定，而且有了比较具体的行为规范。慧远在《大乘义章》中说：『顺名为善，违名为恶。』又说：『顺义为善，违损为恶。』这里说的名，指的是『佛性』，合乎佛性为善，违反佛性为恶。但这还是比较抽象，而『顺益』和『违损』则是比较明确。凡是对人有益的就是善，有损害的就是恶。于是，佛家规定了『五戒』，也就是我们常说的清规戒律。这五戒是：不杀、不盗、不邪淫、不妄言、不饮酒；用儒家的理论去阐释，就成为仁、义、礼、智、信，又称为『五常』。这样，善和恶的概念，就有了具体内容了。

佛教讲的皈依佛门，也无非就是清除一切不善之心，六祖慧能在《坛经》中说：『自皈依者，除却自性中不善心、谄曲心、吾我心、狂妄心、轻人心、慢他心、邪见心、贡高心以及一切时中不善之心。』当然，我们今天讲除恶向善，并不是为了归依佛门；但是佛家要破除种种邪恶之心，对于我们强调道德修养，不是也可以提倡吗？虽然善恶的内容有时代性、有阶级性，但是，正如梁启超说的：『有益于群众为善，无益于群众为恶。此理放诸四海而皆准，俟诸百世而不惑者也。』（《论公德》）我们常说做人要做一个高尚的人，一个有道德的人，一个有益于人民的人，这不也是为善最乐吗？

【性命】

性命一词也经常出现在我们的日常用语中。什么是性命？中国人老少皆知，就是人的生命。所以，性命和生命几乎被看做是同义词，应该说这也并不是毫无根据的。《易·乾》卦辞中说：『乾道变化，各正性命。』这里说到『性命』是指乾道变化所滋生的万物，朱熹注云：『物所受为性，天所赋为命。』这都是『阴阳会合冲和之气』而形成的性命，万物各有自性，是物与物的区别；万物都是存在体，这就是天赋之命，其中也就包括有生命的存在，所以，性命就被人们笼统理解为生命，这不是没有原因的。但是，后来使用性命一词时，与生命的概念就有了区别，二者之间，不能画一等号。生命是一切生物生长过程的统称，无论是动物还是植物，当它处于不断生长直至衰老的过程中时，都被视作有生命；反之就是死亡，死亡就没有生命了。人活着就是有生命，生命之火熄灭就是死亡，这是自然规律。所以，生命现象，是一切动植物共有的现象，为什么人类活着却要专用性命一词去表述呢？原来，这一字之差，正标志着人类的社会属性和其他动植物的自然属性的本质差别，这是因为性命一词既有生命的自然属性含义，又有深刻的社会文化内涵。人具有生命，这和生物界是一样的，但人之所以为人，就是因为人类有思想、有智慧、有创造性。人为万物之灵，是我国古代的人们早已明确的认识。孟子说：『人之所以异于禽兽者几希？』这『几希』的差别，其实就是人与禽兽的本质差别。我国古代之所以用性命二字去指称人的生命，正是为了给人类以社会的界定，也就是给『万物之灵』的人的本质界定。什么是性，就是人所以是人的本性，也就是人性，人的本性虽然有天赋的自然因素，但他有别的一般动物的本质属性，这就是他的社会性。《中庸》中说：『天命之谓性，率性之谓道，修道之谓教。』这段话的意思有三个层次：第一层是说性是天赋的，即所谓的『天命』，在早期儒家学说中，天命并不是神的概念，而是自然。天命者，大自然的禀赋也，《庄子》中经常出现的『天钧』、『天放』、『天倪』等概念，也都属于自然的范畴。『天命之谓性』，就是天生的自然本性。第二层是说人之性天生是善良的，循着善良的本性去教育人民，使人人都保持着善良的本性，就符合『道』的要求；善良的本性，按孟子的看法就是仁义道德的规范，也就是人性的社会伦理化。第三层意思，人性虽善，但生活在社会上也可能变恶，故特别强调后天的教育，也即是『修道之谓教』。在上述三层意思中，既强调了人的自然本性的一面，又特别强调了人性的社会化和教育的决定性作用。所以，性命二字的本质是自然本性的社会化。对此《中庸》中还有一段重要的论述：『唯天下至诚，为能尽其性；能尽其性，则能尽人之性；能尽人之性，则能尽物之性；能尽物之性，则可以赞天地之化育；可以赞天地之化育，则可以与天地参矣。』所谓穷理尽性，都是以人的认识为中心的自然观和社会观，从认识自我进而认识宇宙，所以性命之性，归根到底就是人的社会性、伦理性。朱熹解释得好，他说：『命犹令也，性即理也。天以阴阳五行化生万物，气以成形，而理亦赋焉！犹命令也。于是人物之生，因各得其所赋之理，以为健顺五常之德，所谓性也。』这就是说，『天命』是自然生息的必然，人生于世，如同万物赋形，亦自然之理，唯循之以五常之德，才能成为性，而五常之德则皆是修道得来。可见，由天命而生成之理，由理而成其性，最终还是要靠『修道』得来。孔子说：『君子有三畏：畏天命，畏大人，畏圣人之言。』朱熹说：『天命着，天所赋之正理也。』可见，天命不是神的旨意，而是自然之理，也就是自然而然的『正理』，正理是什么？那就是『五常之德』，也就是儒家的仁、义、礼、智、信等类道德规范，这也就是孔子所敬畏的『天命』和『圣人之言』，必奉之如圭臬，不敢有违。所以这一切虽然都强调了人的天生本性，但落脚点还是把『性』字归结为五常之『教』，这就不至于陷入抽象的人性论了。现在我们又回到『性命』二字的本身来，人的性命固然以生命为基础，但重要的是他的社会属性，这正是人活在世界上所以称之为有性命的文化内涵。所以当我们说一个人的性命时，就不单纯指自然生命的存在与否，而是包含一个人平生的行状与品格。说到生与死也不仅只是生命现象的存亡，而是赋予以社会的、伦理的、人格的种种丰富的文化内涵，从而就引申出不同的世界观、人生观。我国古代许多思想家，哲学家，都研究『性命』、『性理』、『心性』之学，涉及宇宙观、认识论等等哲学问题，但归根到底，其核心还是人生哲学，涉及一个人活着这一生的价值和意义问题。诸葛亮在《前出师表》中剖白心态说：『苟全性命于乱世，不求闻达于诸侯。』这是他在未出茅庐时的思想，他说的是『苟全性命』，而不是『苟全生命』，他活着是为了保全节操以存『穷则独善其身，达则兼济天下』之志，而不是苟且偷生。司马迁说过：『人固有一死，或有重于泰山，或有轻于鸿毛。』这也许就是对『性命』的价值衡量了吧？

【自在】

『自在』一词，在日常生活中，也几乎随时都能听得到，譬如我们说某某人『清闲自在』，某某人『自由自在』，某某人『逍遥自在』。看来，『自在』和『清闲』、『自由』、『逍遥』有密切关系，所以人们往往把『自在』单纯理解为安逸、享乐、舒适，显然，这仅仅是对文字表面层次的简单解释。其实，『自在』一词还包含着丰富的哲学思想和人生理想，是一种精神境界。就字义而言，自在是事物自身的独立存在，自我的独立存在，如现代哲学中说的『自在之物』。《老子》中说：『有物混成，先天地生，寂兮寥兮，独立而不改，周行而不殆。』这个物就是自在之物，也就是老子所说的『道』。庄子在《逍遥游》中描写『无待』、『无己』、『无功』、『无名』的精神境界，就是一种不受拘束、忘我的『逍遥』境界，郭象注释『逍遥』，其义有二：一是『放于自得之场』，二是『物任其性』，从而达到『闲放不拘，怡适自得』。『自得』也就是一种『自在』

的心态，宋人诗中说：『万物静观皆自得，四时佳兴与人同。』这也是一种『自在』的精神境界。可见，『自在』一词的文化内涵和老庄思想有密切关系。但是直接使用『自在』二字并赋予以很深的人生哲理的是佛家，《唯识演秘》中说：『施为无拥，名为自在。』拥是遮拦障碍的意思，无挂无碍，就得自在。《法华经·序品》中说：『尽诸有结，心得自在。』有结就是我们现在说的『心理障碍』，有利害得失的干扰，有烦恼纠缠着，要完全消除这些干扰和烦恼就能自在。在佛典中，『自在』的名目繁多，有两种自在、四种自在，直至十种自在，不管有多少说法，归根到低，不外乎两种：一是对宇宙人生大彻大悟，无障无碍，圆通自在，这叫做『大自在』；二是摆脱一切烦恼苦厄，五蕴皆空，清净自在。所以，佛家有许多自在之名，如『自在天』、『自在心』、『自在人』、『自在戒』等等。可见，『自在』是佛家所追求的一种至高的人生境界，大慈大悲救苦救难的观世音，被尊称为『观自在菩萨』，就是这个道理。所以，法藏在《心经略疏》中说：『于事理无碍之境，观达自在，故立此名。』也是这个意思。当然，佛家的『自在』说是一种出世思想，这是消极的一面，但是他提倡要消除利己私欲所带来的种种烦恼，对事物对人生要有正确认识，做个明白人（大智慧），达到主观精神的净化，这应该说是积极的。所以，自在是一种高尚的精神境界，是一种独立的人格精神，如果把它仅仅看做是贪图安逸享乐、好吃懒做，那就大错而特错了。

由于『自在』的观念，融合了儒道佛家的思想，在我国文化观念中有很深远的影响，不仅在人们的日常生活中，成为令人向往的一种精神境界，而且也是我国古代诗词中的一种审美境界，这方面的例子是举不胜举的。陶渊明『采菊东篱下，悠然见南山』，是一种自在的境界；王维的『行到水穷处，坐看云起时』，也是一种自在的境界。而杜甫的『留连戏蝶时时舞，自在娇莺恰恰啼』（《江畔独步寻花》），这是人与自然和谐的自在境界。王国维认为诗词境界有『有我之境』和『无我之境』，他以陶渊明采菊诗为例说明『无我之境』，也即是自在之境。他还举了秦观的『自在飞花轻似梦，无边丝雨细如愁，宝帘闲挂小银钩』为例去说明审美境界有大有小，『自在飞花』确乎是对『自在』神态的生动写照。

【中庸】

过去我们一提到『中庸之道』四个字，就往往把它作为所谓的『调和哲学』来批判，就会把它和不讲原则、和稀泥、缺乏斗争性联在一起。中庸之道成为具有消极意义的处世哲学。这都是由于『文革』期间讲『以阶级斗争为纲』，提倡宁左勿右的斗争哲学所造成的认识上的错位，也就是极左思潮形成的认识上的偏颇。当然，对我们大家来说，这是一种误解，今天，我们必须为之正名。《中庸》原是《礼记》中的一篇，后来被宋儒们把它列为《四书》之一作为必读教材，其中反复讲到『中庸』一词。但在儒家典籍中，并没有『中庸之道』这个词语，这是近代的人为了『批儒』的方便而使用的概念。其实，我们只要对『中庸』一词做出正确的解释，那么『中庸之道』的提法，也还是可以借用的。

让我们先看看中庸二字的最早使用。《论语·雍也》中说：『子曰：中庸之为德也，其至矣乎！民鲜能久矣。』意思是说：中庸作为道德的至高境界，很久以来已很少有人能做到了。《中庸》篇中又引用孔子的话说：『君子中庸，小人反中庸。』看来孔子把『中庸』的意义，提升到非常高的地位，甚至把它作为区分君子与小人的标志。那么中庸的含义究竟是什么呢？过去的注释家们，对中庸二字的解释虽不尽相同，但对其精神实质的认识，基本上是一致的。中庸在儒家学说中，包含有很深刻的哲理，它既是做人处世行为实践的原则问题，也是认识论和方法论的原则问题。汉代的郑玄在解释《中庸》篇的标题时说：『以其记中和之为用也，庸，用也。』这里把中字解释为中和，也就是中正和谐，指万事万物按一定规律运行，生生不息，和谐相处。庸就是中和的作用。按这种解释，也就可以把中庸理解为事物按正确的规律发展所导致的良好结果，这就是『中和之为用』。所以中庸的基本精神就是『正确』二字，无论是处人处世，对事对物，都要做到恰到好处，合情合理，不要有偏差。朱熹在《四书集注》中对『中庸』的解释比较明白易懂，他说：『中者不偏不倚，无过不及之名；庸，平常也。』又引程子（程颐）的话说：『不偏之谓中，不易之谓庸，中者天下之正道，庸者天下之定理。』很清楚，『正道』就是正确之道，正确就是不偏不倚，没有偏差，用我们现在的话来说就是要符合事物发展的规律。『致中和』也就是要顺应、适应天地万物自身发展的规律，而不是违反事物发展的规律。这样，做任何事情都合乎常理。合乎常理就要坚持，不要动摇不定，这就叫做不移不易。《论语·尧曰》篇中，记载有尧帝用『允执其中』四字教训舜帝的事，意思就是说：凡是正确的事，你就要认真地去执行。或者说，你必须认真地把事情办得很正确，不要出现偏差。所以，『中庸』一词，可以说就是近似我们现在说的『坚持真理』、『坚持正确路线』的意思。

那么，我们还要进一步去问：为什么要用『中』字去表述正确的概念呢？因为，中字有中正、适中、适宜的意思，『允执其中』就是要能把握事物的正确之点而不要走极端，这也是不偏不倚的精义所在。所以《中庸》中称赞舜帝治国家，能做到『执其两端，用其中于民』，这就是所谓的『执两用中』。这里的『中』字，不能简单的理解两头中间二分之一的中点，就重量而言，物之两端有轻有重，有厚有薄，有大有小，如能执其两端而取其中的平衡点，才能不偏不倚。于物如此，于事亦然，任何一件事要办好，都必须有正确的方法，找到解决问题的关键所在，才能不产生偏向。所以，『执其两端』是以物来比喻，就做事而言，可以理解为防止走极端，只要掌握好两极端不出偏向，正确抓住事情的关键，得到圆满的解决，使事物沿着正确的道路发展，有益于社会，有益于人民，这才是『执其两端，用其中于民』的真谛。反之，就会偏离正确的方向，发生错误，小则危害自身，大则给社会造成损失。同是一个道理，违反中庸之道，就是走极端，就是『过犹不及』。《中庸》中说：『道之不行』是由于『知者过之，愚者不及』；『道之不明』是由于『贤者过之，不肖者不及』。事物发展有自身的规律，也可以说就是自然之道，是常理，知者贤者是有知识有智慧的聪明人，但是如果想超越常规，违反事物的规律，也会犯错误。这就叫『过犹不及』。记得列宁曾说过：『真理再前进一步就是谬误。』这也有过犹不及的意思，它包含有很深刻的人生哲理，所以孔子认为『君子中庸』，就是不走极端，正确的认识和把握事物发展的维度，因此说『君子而时中』，时中就是无论做什么事都恰到好处，不犯错误。反之，『小人反中庸』故肆无忌惮，任意妄为，必然要犯错甚至走向犯罪。在中国革命史上，曾多次犯过『左』和『右』的错误，甚至曾有过『宁左勿右』的思想，造成革命事业的巨大损失。这些血的教训，应使我们对『中庸』

的哲理，有进一步的认识，把『中庸』说成不讲原则、不论是非、和稀泥，这是误解，也是对古籍的误读。

【诚信】

诚信不仅是中华传统美德，也是为世界文明古国所早已共识的国民美德，也可以说是一个国家的社会文明和人民素质的标志。诚信二字在汉语中的字义原来是相近的，《说文解字》中即以二字互训：『诚，信也，从言，成声。』『信，诚也，从人，从言，会意。』所以现在我们习惯把诚信二字连接成专有名词，用以表述无论是说话做事，都要诚实守信，这是做人处世的基本准则。小则朋友交际，大而至于国际交往，俱当以诚信二字取信于人。诚信的反面就是欺骗、奸诈、虚伪，这是为人所不齿的恶行。这些道理是大家都知道的，可是在我们的现实生活中，不少人总是要明知故犯，道理也会挂在嘴上，但实际行动则背道而驰，所以我们再来考察一下诚信二字的本义，加深我们的认识是有必要的。

诚信二字的本义，关键在于人的『自诚』，也就是内心的自觉，这一点在儒家的经籍中，早已有十分明确的论述。在《大学》篇中，反复强调以『正心』和『诚意』作为修身之本，也就是说一个人的道德修养，关键在于『正其心』和『诚其意』，是主体的自觉；外力的约束，只不过是促进主体自觉的一种手段。在诚信一辞中，诚字是核心，所以说：『欲修其身者，先正其心；欲正其心者，先诚其意。』朱熹解释说：『所谓诚其意者，勿自欺也。』又说：『故君子慎其独也。』诚意必须发自内心，而不是只在大庭广众面前口头上表白，做样子给人看，而是要『慎其独』，也就是说要做好事和善业，都是发自本心的自觉行为。所以《中庸》篇中也说：『诚者，自诚也；道者，自道也。』儒家的修身学说，把『自诚』看做是一种最高的品德修养，这就是所谓的『自诚明，谓之性；自明诚，谓之教。诚则明矣，明则诚矣』。只有自诚才能真正明白事理，才能『明德』；而要做到『自诚』也不是天生的，是教育的结果。由『自诚』而达到『至诚』的境界，那么人的修养也才算得是到了『尽其性』而『与天地参』的最高境界。儒家把『至诚』看做是人的本性，并用『童心』、『赤子之心』之类来形容人的纯洁无瑕的本性。也就是常说的真心、良心、善心，是人性。其实在佛学中也特别强调人的『自性』，也就是『佛性』，又叫做『真如本性』（《坛经》）。虽然说法和儒家不同，但以善为本性，强调主体精神的修养，这一点是相近的。儒家强调『自诚」，佛家强调「自悟」，都属于主体人格自我修养的范畴。可见，「自诚」和「自悟」都是能做到诚信的根本，是核心，是主体内心的自觉；只要诚和悟，才能做到真正的诚信。至于信字，虽然说「信，诚也」，但两个字仍各有所侧重：诚侧重于主体的自觉，而信则侧重对人对事的客观实践。马克思说过，人是社会关系的总和，所以只要你生活在世界上，就有人际关系问题。我国古代无论是儒家还是道家、佛家，都有自己的理想国，那就是没有斗争、没有压迫、没有灾害，人与人之间相安无事的和谐社会。孔子主「礼让」，老子主「无争」，佛家主「破二执」等等，都是他们理想中通向和谐社会的道路。然而，这一切在尔虞我诈、争权夺利的社会里，只不过是种空想，人与人之间充斥着猜忌、嫉妒、仇恨，在这种社会里，那就没有什么诚信可言。正因如此，所以对国民的道德教育，是千秋万代必须坚持的永恒主题。构建和谐社会，需要具备各方面的条件，诸如经济生活的改善，法制的健全等等；而人民的道德修养的提高，以诚信为本的社会关系，则是实现和谐社会的最基本的条件。儒家修身教育中很重要的一条就是「主忠信」，把忠和信相提并论。《论语·学而》中说：「曾子曰：吾日三省吾身，为人不谋而忠乎？与朋友交而不信乎？传不习乎？」平时处人处事，时时都以「谨而信」自勉。所以，孔子才把「文、行、忠、信」列为思想品德教育的主要内容。由此可见，我们现在常用的诚信二字，在广告上，在口头上，随处可见，随时可闻，作为一种道德舆论以教育人民群众，这是很有意义的。但是，对其中所包含的深刻的文化内涵和思想意蕴，则未必人人都能作深入的思考。一个国家要取信于天下，一个政府要取信于人民，一个干部要忠诚于自己的岗位工作，我们每一个人都应以诚信二字对待朋友、对待同志、对待家庭。只有这样，我们才能远离欺诈和奸佞，远离阴谋和骗局，我们才能真正实现社会的和谐。这也许还是一种理想，但绝不是空想，在我们的现实生活中，虽然还有许多与诚信背道而驰的现象，但也要看到诚信的理念已成为绝大多数人的共识。诚信必将成为大家自觉遵循的社会公德和对人对事的行为准则。

【虚心】

『虚心』二字在我们日常生活话语中，使用频率很高，诸如『虚心使人进步，骄傲使人落后』等等。一个人要虚心谨慎，这已成为我们的座右铭，这个道理也不难懂，但是要从汉语文化的原始含义上去探索其深层意蕴，却往往被人们所忽略。尤其是挂在口头上容易而付诸实践就不那么容易了。因此，把虚心二字的文化内涵作一番考索，也许对我们自觉律己是有好处的。虚字按其字义解释是对實而言，和空字义相近，但和空字组合成词，就有不同的含义。我们说一个人心灵空虚，这是贬义词。而虚心一词却是对人品德的褒扬，是一种美德，是修身之本，是做人处世以至读书做学问都必须具有的一种优良品德。首先从哲学意义上说，老子和庄子都用『虚』字去描述他们所倡导的至高无上的『道』。老子说：『致虚极，守静笃，万物并作，吾以观其复。』庄子说：『虚静恬淡，寂寞无为者，万物之本也。』（《天道》）他们把『虚』看做道的本体。故说：『唯道集虚。虚者，心斋也。』（《人间世》）『心斋』就是主体精神的修养，修养的目的是悟道。只有虚才能悟道，才能『待物』，才是『万物之本』。道的本体是虚，故能滋生万物，包容万物；人的主体精神，人的心胸，也要『虚』，才能『有容』，有容才能博大，这就是我们常说的『有容乃大』，是真正的伟大。老子说『虚其心，实其腹』。这是最早从哲学的意义上提出『虚心』的概念，后人把他引申到修身的道德范畴中，成为赞美人的心胸广阔的名词。老子形容『道德』的『虚』的本质特征时说：『旷兮其若谷』、『上德若谷』，这就是我们常用『虚怀若谷』去形容一个人的心胸开阔的来由。从哲学意义上回到人的修身实践中，虚心的具体化就是要『虚己』，所谓『君子盛德而卑，虚己以受人』，是《韩诗外传》中提出来的。这里比较明确的一层意思，就是要能包容，要能听得进别人的意见，这就是所谓的『虚以待物』。如果私字作怪，骄傲自满，嫉贤妒能，排斥异己，天下老子第一，那就不是真正的君子，而是狗肚鸡肠的小人了。

虚心一词又常和谦虚二字通用，这是有其道理的。《周易》中有谦卦，解释此卦的各种文字，都是讨论谦虚美德问题。《象辞》中说：『人道恶盈而好谦。』《易·大有》之后就是《谦》卦，《序卦传》中解释说：『有大者不可以盈，故受之以《谦》。』谦是什么？《释文》说：『卑退为义，屈己下物也。』这里涉及事物发展和人生历程中的盈和虚、满和谦、损和益之间的辩证关系问题。盈和满的极限就是损，也叫做亏，而永远保持谦和虚才能受益，立于不败之地。所以《尚书·大禹谟》中明确提出：『谦受益，满招损。』《周易》中还有《损》、《益》二卦，就是专谈这个问题。这里面含有深刻的人生哲理和事物发展的辩证法，大而至于治国平天下，小而至于修身齐家，都是真理。一个人能谦虚谨慎，待人接物能虚心克己，才能宽容，才能受益，才能与时俱进，做好事业。反之，则迟早要招损，要失败，这个道理并不难懂，只是要做到就不是那么容易。

虚心和谦虚还有一层意思，那就是要自觉实践，也就是说要发自内心，要正其心诚其意地去实践。所谓君子慎其独，就是要靠自觉，成为一种自觉行为，而不是做样子给别人看，或者是说好话给别人听。如果不是自觉行为，而是口是心非，言行不一，那就不是虚心而是虚伪。历史上被人唾骂和嘲笑的伪君子还少吗？满口仁义道德的『谦谦君子』，背地里却是男盗女娼的腐败分子，不是也有很多吗？所以说谦虚、虚心的根本是至诚至信，否则就是虚伪。真正的虚心和谦虚，也并不是一时一事的作为，而是要守之以常，随其终身。《易·谦卦》中说：『谦：亨，君子有终。』这就是说，真正有修养的人，才能做到终身守谦之道，而不是朝秦暮楚，不能持久。所以孔颖达解释《谦》卦时说：『小人行谦，则不能长久，唯君子有终也。』所有这一切，都含有深奥的人生哲理，难道不值得我们深思吗？

【君子】

君子之称，在儒家典籍中随处可见，在汉语词汇中，历经数千年直到今天，君子二字已成为我们日常生活中的常用词。在习惯用语中，『君子』和『小人』常常是作为正反面对举而出现的词汇，譬如说某某人是『正人君子』，某某人是『奸佞小人』。人们在商定一些重要的事情时，先把困难和问题摆出来，谈生意则把获利与否作为前提来讨价还价，这叫做『先小人而后君子』，也就是我们常说的『丑话说在先』的意思。从这些常用语中可见，君子是对人品好、有道德的人的尊称，这是人所共知的，但是从语言文化学的角度看，君子一词的文化内涵是多层面的。我们只要稍作考察，就会感到很有意味。君子的称谓，最早出现在西周时期，和小人二字同时出现，例如说：『君子务治，小人务力。』（《国语·鲁语》）显然这里把那些身居统治地位的人称为君子，而被统治的劳动人民则被称为小人，体现出『劳心者治人，劳力者治于人』的等级观念。这原始含义和我们现在用这个词的含义就截然不同了。古时也有妻子称自己的丈夫、或女子称心目中的爱人为君子的，如《诗经·草虫》中的『未见君子，忧心忡忡』之类。下面，我们仅就《论语》中对君子一词的使用，也大致可看出其文化内涵的演变。

在《论语》中，君子和小人也有指统治者和被统治者的，例如说：『子为政焉用杀？子欲善而民善矣。君子之德风，小人之德草，草上之风，必偃。』（《颜渊》）但是，更多的则是赋予君子之称以道德的内涵，是对一个有道德修养的人的美称，可以说能称之为君子的人，已成为道德完美的化身。这就不再是社会等级地位的区分，而是人品人格的标志，无论是达官贵人还是平民百姓，作为人格品德修养，只要是达标的都可称君子。反之，如果人品卑劣，贪污腐化，自私自利，损人利己，那么，任你社会地位有多高，也还是一个小人。当然由于社会地位的不同，作为君子的具体要求也还是有差别的，譬如说：『君子之道四焉：其行己也恭，其事上也敬，其养民也惠，其使民也义。』（《中庸》）这是说做官的人，对自己的一言一行都应该严谨认真，对上司要敬职尽责，对人民要造福体恤，使用人民要合理合法，不能苛捐苦役。简言之：对己以严，对上级要尽职，对人民要爱护，能扶贫济困，造福一方，才称得上是君子。除此之外，君子的道德标准，则是对人们的普遍要求，不问地位的高低，也不问是官是民，都应具有君子之风而远离小人的恶行。

总的说来，君子应具有高尚的品德修养，所以说：『君子务本，本立而道生。孝弟也者，其为仁之本与！』（《学而》）孝弟为仁之本，也是大道之本，如果我们剔除了封建社会里长期给孝弟蒙上的一些封建糟粕，那么我们就不难发现孝弟是对家庭、对社会、对国家的一个最基本的态度，也可以说是最基本的一条原则。就狭义而言，孝弟是对父母、兄弟、家庭应尽的责任；大而言之则是对社会、对国家应尽的责任。这也就是所谓『事父母，能竭其力；事君，能致其身；与朋友交，言而有信』（《学而》）。我们今天当然不是『事君』了，我们是为事业、为人民、为国家，难道就不应该敬业奉献吗？对父母难道不应该竭力去奉养吗？对朋友难道不应以诚信相待吗？按孔子的看法，真正的君子必然具有三条优秀品德：『仁者不忧，知者不惑，勇者不惧。』（《宪问》）孔子说他自己一条也没有做到，这是自谦之词，但要是真正做到也的确不容易。仁者爱人，要有博大无私的心胸，这样就不会整天为一己之私而忧心忡忡，所以又说：『君子坦荡荡，小人常戚戚』（《述而》）。可见，最大的智慧，在于明白事理，明白事理就不会因无知而迷惘困惑。有博大心胸而又能明白事理，深明大义，那才能大智大勇，无私无畏。这样的君子之风，难道不值得我们学习吗？

就个人修身而言，君子之风对我们也有许多警示和学习之处，譬如说：『君子求诸己，小人求诸人。』（《卫灵公》）这就是严以律己，宽以待人，只有对自己严格要求，才能敢于不掩饰自己的过失，勇于接受大家的监督，取得大家的信任和尊敬。正如孔子的学生子贡说的：『君子之过也，如日月之食焉：过也，人皆见之；更也，人皆仰之。』（《子张》）只有小人，才会文过饰非，甚至掩盖罪恶，愈陷愈深，不能自拔。正因如此，所以君子才能心怀坦荡，问心无愧，昭昭如日月之明，能宽容大度，团结群众，不结党营私，排斥异己。这就是儒家所推崇的『君子和而不同，小人同而不和』（《颜渊》）以及『君子矜而不争，群而不党』（《卫灵公》）的精神。矜是自尊自重，但不争名夺利，群是能团结群众而不拉帮结伙，有这种精神，也才可能有『四海之内皆兄弟也』（《颜渊》）的情怀，也才能称得上是『仁者』。

当然，我们这里谈的种种『君子之风』，都是指我国古代的传统美德而言；这些美德并不是抽象的概念，而是实践行为的准则，是处人处世所应有的人格修养。我们所称道的君子，是有道德、有能力、有作为的人，是无私无畏而又具有亲和力的可亲可敬的普通人，而绝不是那种『百无一用」的「谦谦君子」，也不是那种不讲原则、四面讨好的和事佬，更不是那种表里不一的伪君子。我国古代的真君子，不是还有两句格言吗？一句是「君子谋道不谋食」，另一句是「道不同，不相为谋」。这也就是我们今天说的要讲道德、讲原则，这才是「君子」的品格。

【忠恕】

《论语·里仁》中有孔子和学生们的一段对话：「子曰：『参乎，吾道一以贯之』。曾子曰：唯！子出。门人问曰：『何谓也？』曾子曰：『夫子之道。忠恕而已矣』。」孔子这里说他能一以贯之的「道」，就是他的做人处世的人生哲学，他的学生曾参把孔子的「道」概括「忠恕」二字，可见，这忠恕二字在孔子的道德观中具有多么重要的意义。忠和恕分开来说，其含义各有侧重。忠字在儒学中着重指修身主体的自我要求，无论对人对事都要本着忠字去对待，忠就是忠诚、忠信、忠实。当然，这是一个具有普遍意义的道德观念，至于不同的时代、不同的场合、不同的人事使用这个忠字，就有其特定的时代性和阶级性。譬如说：「君使臣以礼，臣事君以忠」（《论语·八佾》）在封建社会里，忠于君就是忠于国，所谓忠君爱国，很难分开，其中的封建糟粕，自然是不可取；但是忠于国家，忠于人民，应该是永恒的美德。至于曾子在三省吾身中说的『为人谋而不忠乎』，那是讲忠于朋友，讲对人要忠诚，这也是做人做事的准则，其中也包括忠于义务，忠于职守，尽职尽责等等。可见忠的含义，就其精神实质而言，是人类社会应有的一种美德，也是我中华民族的传统美德。所以孔子把『文、行、忠、信』作为他的教育思想的主要内容。（《论语·述而》：『子以四教：文行忠信。』），至于『恕』字，则侧重在对待别人的态度和要求。有宽容、宽恕、爱护的意思，这和『仁者爱人』的观念是一致的。《论语·卫灵公》中的一段话说：『子贡问曰：「有一言而可以终身行之者乎？」子曰：「其恕乎！己所不欲，勿施于人。」』。孔子在这里的解释，实际上只提倡的『恕』的一个方面，那就是说凡是自己所不愿做的事，或是对自己有害的事，千万不可强加于别人。更进一步说，决不能把降临到自己身上的祸事转嫁给别人。所以《中庸》篇中也说：『忠恕违道不远。施诸己而不愿，亦勿施于人。』可见，忠和恕联成一词，就具有比较完整的伦理内涵，二者是不可分割的。忠恕之道可以说包含有三层意思：做人处世对事对物应有诚实守信的态度。忠诚的对立面就是狡猾、奸诈，口是心非，居心不良，损人利己。所以儒家把诚信看做是立身之本。此其一。凡事都要设身处地去想想，所谓为己着想，也要为别人着想，这样才能做到己所不欲，勿施于人，也就是朱熹对这两句所解释的要推己及人。不仅是推己及人，而且应该严以律己，宽以待人，甚至要能做到我们常说的要『吃苦在先，享乐在后』，也就是范仲淹说的『先天下之忧而忧，后天下之乐而乐。』这和那种一事当前，只为个人的利害得失考虑，不顾他人的死活的人，不正是显明的对比吗？此其二。忠恕的更高一层要求是『己欲立而立人，己欲达而达人』（《论语·雍也》），这是孔子仁学的目标之一，也就是『仁者爱人』的表现，朱熹说：『以己所欲譬之他人，知其所欲亦犹是也。然后推其所欲以及于人，则恕之事而仁之术也。于此勉焉！则有以胜其人欲之私，而全其天理之公矣。』理学家把所谓的『天理』看做是无私的『公』，那么忠恕之道的最高要求也就是从『先公后私』到『大公无私』。这样说来，我们今天诠释忠恕的思想内容，无疑对我们提高思想修养，正确对待人与人的关系，进行社会主义思想品德教育，是有其积极意义的。

【学问】

大家都知道，我们平时说某某人有学问，就是说这个人知识渊博，深明事理；我国古典小说中形容某人有学问，总是说此人上识天文，下识地理，天下大事无所不知，无所不晓，几乎是万宝全了。是的，读书多，知识广，是有学问的人，广而言之，阅历丰富，见多识广也可算是有学问。我们这里想要谈的是『学问』一词是怎么形成的？它包含有哪些文化内涵？学问两字分开来看是两个动词，学是学，问是问，怎么会组成为一个专有名词呢？看来，我们的先人创造汉字时，每个字都赋予一特定内容，由字组成词，就有更丰富的文化内涵。大学问家不是天生的，关键在于勤学好问，学和问是获得知识、提高认识的两个必要条件。所以学问二字联成一词，就变成有知识、有文化的代名词了。

『学问』二字在我国古籍中早已使用，但最早的含义还是勤学好问的意思。如说：『吾他日未尝学问，好驰马试剑。』（《孟子·滕文公》）就是说不好好学习，只贪图玩乐。但是《孟子》中又说：『学问之道无他，求其放心而已矣。』（《告子》）这里的学问二字，已经有做学问的意思了，做学问就必须努力勤奋，全心全意。由此可见，要真正做到有学问，就要有学和问两个条件。关于这个问题，《中庸》篇中有几句名言：『博学之，审问之，慎思之，明辨之，笃行之。』朱熹注说：『学、问、思、辨，所以择善而为知，学而知也。』一个人想要求得渊博的知识，首先要努力学习，学习中有不明白就要问，向别人请教；能提出问题讨教，就必须多思考，善于独立思考，最后要明辨是非真伪，择善而从。可见，学、问、思、辨，都是我们学习、做学问缺一不可的条件，而学和问是前提。做学问首先要有勤奋执著的学习精神，所谓『学如不及，犹恐失之』（《论语·泰伯》）、『学而不厌』（《论语·述而》），就是要有如饥似渴的求知欲望，而且要持之以恒。我们常说活到老学到老，学然后知不足，也是就这个意思。读书做学问，最忌讳的就是一知半解，知其然不知其所以然，甚至是强不知以为知。所以在勤学的同时还要好问，向老师求教，向别人求教。孔子提倡『每事问』（《论语·八佾》），这就是说不懂的事就要问，传说，孔子为了学习研究周礼，他曾问礼于老子；孔子虽轻视农事，但有人问他怎么种庄稼时，他自己承认『吾不如老圃』、『吾不如老农』（《论语·子路》）。孔子教训他的学生子路说：『知之为知之，不知为不知，是知也。』（《论语·子路》）因此，他表扬孔文子能『敏而好学，不耻下问』（《论语·公冶长》），这才是『学问』二字的真正含义。至于『思』和『辨』，是做学问的方法，就是要动脑子，多思考，有思辨能力。孔子说：『学而不思则罔，思而不学则殆。』（《论语·为政》）学习不善于思考和分辨判断，就会陷入迷罔困惑；反之，只胡思乱想而不认真地读书学习，那也会流于思想贫乏枯竭。所有这一切，对我们今天也是有启示的。学问之道，是毕生从事艰苦奋斗的过程，任何心浮气躁、急于求成，更有甚者则想走捷径、弄虚作假，那是永远达不到目的的。

【致知】

『致知』一词，来自《礼记》中的《大学》篇中的『致知在格物』一语，后人经常把『格物致知』作为一句成语来用。致知就其字面的意思而言就是求知，就是要获得真正的知识。为了获得这种知识，就必须去研究客观事物，认识事物的性质，也即是事物之理。当然，这都是按我们现在的理解去解释的。在千百年前的古人那里，对『致知在格物』这句话却有各式各样的解释，其中包括有丰富的哲理。《礼记》中最早提出这概念是针对『修身』而言的，修身就是每个人的自我修养，也就是立身处世的道德修养；也就是说要到达齐家、治国、平天下的目的，就必须先要修身。修身，就必须先『正其心』、『诚其意』、『致其知』，而『致知』又必先『格物』。只有『物格』

才能『知至』，所以『格物』是获得真知的前提。这样解释，自然是顺理成章，明明白白。但是，古人对这个『知』字和『格』字，却提出各种不同的解释，把辞义弄得十分费解。东汉郑玄注云：『格，来也，物，犹事也。其知于善深，则来善物，其知于恶深，则来恶物。……此致或为至。』这里说致和至通是可以的，但把『格』解释为『来』就有些牵强。格字在古文献中有『来』的意思，那就是用在呼唤人的时候，譬如我们现在说的『来，我对你说』之类，如《尚书·舜典》中的『帝曰：「格，汝舜」。』但如果格物致知的『格』字是『来』的意思，那语义就不大通，从而进一步解释格物为『来善物』、『来恶物』，那就有些牵强附会了。至于对『致知』的知的解释，也似乎是根据『生而知之』的善恶观念，因此来善来恶的解释，纯粹是服从于伦理说教，而强为之解。宋代理学家们对格物致知的解释则是比较通达，朱熹注云：『致，推极也；知，犹识也。推极吾之知识，欲其所知无不尽也。格，至也；物，犹事也。穷至事物之理，欲其极处无不到也。』这样就把『知』解释为认识事物的一种知识，物就是客观事物，格物就是把认识推广及于一切事物，达到穷理尽性的程度。应该说这样解释才符合于『格物致知』的本意。朱熹还有一段具有总结性的话：

『所谓致知在格物者，言欲致吾之知在即物而穷其理也。盖人心之灵，莫不有知，而天下之物，莫不有理，唯于理有未穷，故其知有不尽也。……凡天下之物，莫不因有已知之理而益穷之，以求至乎其极。至于用力之久而一旦豁然贯通焉！则众物之表里精粗无不到，而吾心之全体大用无不明矣。此谓物格，此谓知之至也。』

这也就是对『格物致知』的理论诠释。从认识论的意义上来说，人对世界万物的认识是难穷尽的，所以认识世界也是一个无穷尽的过程。但是认识事物以尽其理，那就可以『至乎其极』，也就是说『穷理』就是要认识和掌握事物的本质规律。格物就是要穷其理，这才是『物格』的境界，则所求的『致知』也才算是达到『知之至也』的地步。但是，理学家的认识论，毕竟不是辩证唯物主义的反映论，而是以主观的心为主体的唯心主义认识，所谓『人之心灵，莫不有知』，就是说人的『知』是『心灵』的产物，人生就有一种『良知』、『良能』，认识不是物质第一性的反映过程，而是『吾之知』去『即物而穷其理』，因此『格物』云云都是主观的『心』去认识事物，而不是在不断实践的过程中去认识事物，这正是理学家『格物』论的唯心论实质所在。但是不管怎么说，朱熹还是承认心外有物，物各有理，格物自然是用心去格心外之物。而明代王阳明的『心学』，更把这种理论发挥到极端，他说：『天下之物本无可格者，其格物之功，只在身心上做。』又说：『所谓格物致知者，致吾心之良知于事事物物也。』他在《答顾东桥书》（《传习录》）等文章中反复讨论了这个问题，不同意朱熹的心物二元论，认为心是心，物是物，以心格物是错误的，他认为『心外无物」，所以「格物」云者「只在身心上做」。这样，「格物」之论就变成纯粹的「先验论」了。说到这里，我不禁又想起明代大理文化名人李元阳来。李元阳对宋代理学有较深的研究，而陆王心性之学对他影响也很深，他又以佛学中的「六根」「六尘」之说与顿悟渐悟之理去阐述儒学的「正心诚意」和「格物致知」的理论。他的基本论点认为「天命之谓性」，就是人的天生的本性，「此性在人为甚真，即本觉也，即道体，即未发之中，得一之一也。」唯本觉才是「真我」，唯本觉才是「真心」，佛学中则称之为「佛性」，人的最高智慧，都由于佛性所固有，这就是李元阳所说的「本觉」和「真心」。由于六根（耳、目、鼻、舌、身、意）感「六尘」而生「六识」，蒙蔽了佛性，这就是「无明」。故只有灭「无明」，才能回到「大光明」的「佛性」，所以他对格物致知作了这样的解释：「格物者非格去外物，乃格去我交物之识也。使此识不我蔽，不我惑，不我动也。故正心诚意即是格物，意识心正，即是物格。」（《李元阳集·与乐山张教授》）在他看来「格物致知」也就是佛学中的大觉大悟，这也就是王阳明说的：「其格物之功，只在身心上做。」

纵观诸家之说，虽各有不同，然而有一点是相同的，那就是把主观的「心」看做是「知」的源泉，而忽视「知」应来源于客观的「物」，所以「格物致知」最终只是一种神秘的心理活动。但我们本着弃其糟粕，取其精华的原则去看古代思想遗产，我们可以对格物致知的理论，作出正确的解释，还他以原来的面目。从认识论的意义上说，致知就是要不断地获得知识，积累知识，对事物的认识达到有真知灼见的地步。而达到致知的途径，就是要在实践中对客观事物作调查研究，不断加深认识，由表及里，由现象到本质，不断获得新的知识，掌握事物发展规律。这才是格物的本义。只有把事物研究透彻了，才能获得正确的知识，才能向真理不断靠近，这就叫『物格而后知至』。至于在整个认识过程中，要充分发挥人的主观能动性，充分发挥认识主体的聪明才智，起主导的作用，有时甚至是决定性的作用，才能做到『即物而穷其理。』从这个意义上来说，格物以至于致知，还需要在认识主体的身心上下功夫，做到心如明镜，细察秋毫，最终能大彻大悟。这样，既不至于脱离物而胡思妄想，又不至于诱于物而困惑迷惘。现在我们就可以回到文本上来：『致知在格物。物格而后知至，知至而后意诚，意诚而后心正，心正而后身修。』对任何事物要获得真知，首先得对此事作深入研究，研究透彻了才能获得正确的认识，认识正确才能作出重要的判断，判断正确才能有正确的决策。一个人做人处世要有这样的思想和能力修养，那无论做什么事情才能抓住根本而走上正道，这就是所谓『以修身为本』的宗旨了。由此可见，格物致知的理论，是我们的祖先在长期研究齐家治国的道路上探索出来的至理名言，在修身养性的实践中总结出来的经验，也是我古老的中华文化对认识论的哲学提升。研究这些文化遗产，在今天也有其积极的现实意义。

下编

魏晋文学理论发展述略

魏晋南北朝的文学理论和文学批评，在我国古代文论史上，具有特殊重要的地位。我在《论六朝文学理论发达的原因》一文中，对这个问题做了较系统的分析。我认为：『魏晋南北朝时期，是我国古代文学理论发展的转型期，也是从文学观念的模糊到比较明确和自觉的时期。而魏晋时期的文学理论，可以说是实现这个转型的过渡阶段。』①所以，深入研究这个历史时期文学理论的发展，对认识我国古代文学理论发展的来龙去脉，具有重要意义。鲁迅先生在《魏晋风度及文章与药及酒之关系》②一文中，论及曹丕的文学见解时，有一段极其精辟的论述，我们从中可以获得深刻的启示。他说：

孝文帝曹丕，以长子而成父业，篡汉而即帝位。他也是喜欢文章的。……他说诗赋不必寓教训，反对当时那些寓训勉于诗赋的见解。用近代的文学眼光看来，曹丕的一个时代可以说是『文学的自觉时代』。或如近代所说是为艺术而艺术（Art For Art´s Sake）的一派。所以曹丕做的诗赋很好，更因为他以『气』为主，故于华丽以外，加上壮大。

①张文勋：《中国古代文学理论论稿》，上海古籍出版社，一九八四年。
②鲁迅：《而已集》，北京人民出版社，一九七八年。

所谓『自觉时代』，是指文学意识的日趋明确。也就是说，在社会意识形态领域中，文学已取得独立的地位和价值。文学自身的艺术特征及其艺术规律，已逐渐为人们所认识，并在创作实践中得到体现，从理论上得到总结和表述。魏晋南北朝文学理论的发达，正有力地说明了这点。所以，我们研究这一时期的文学理论，就应选择一个能反映本质特征的透视点，去考察这时期文学理论繁荣的现象。

的确，魏晋南北朝文学理论的发达是空前的，它标志着我国古代文学理论发展的一个高峰。以曹丕的《典论·论文》为代表，可以看出曹魏时代所开创的文学批评的新风气。随着文学批评的活跃，继之而来就有理论上的探讨和总结。于是，大批文学理论和文学批评的文章和专著，如雨后春笋，破土而出。在刘勰《文心雕龙》之前，就已经出现了许多文学理论批评家和著作，我们只要看看刘勰的一段评述，即可知其大概：

详观近代之论文者多矣。至于魏文述典，陈思序书，应瑒文论，陆机《文赋》，仲治《流别》，弘范《翰林》，各照隅隙，鲜观衢路。或臧否当时之才，或铨品前修之文，或汎举雅俗之旨，或撮题篇章之意。魏典密而不周，陈书辩而无当。应论华而疏略，陆赋巧而碎乱，《流别》精而少巧，《翰林》浅而寡要。又君山公干之徒，吉甫士龙之辈，汎议文意，往往间出。（《文心雕

龙·序志》）

刘勰在这里虽然对前人的理论表示不满，提出了批评意见，但也看出魏晋以来的文学理论已相当发达了。在刘勰所举的这些理论著作中，曹丕的《典论·论文》是文学批评理论的代表作；陆机的《文赋》，则是文学创作理论专著。刘勰说它『巧而碎乱』，显然是过苛的指责。其实，《文赋》已是一篇具有一定理论深度并初具体系的文学理论专论，它标志着我国古代文学理论已经达到较高的水平。也可以这样说，正是有了《典论·论文》、《文赋》等等对我国古代文学理论发展不断作出贡献，才可能有《文心雕龙》这样巨著的出现。

因此，我们可以这样说，魏晋南北朝文学理论的发展，绝不是凭空建构，而是在传统文学理论基础上的重大突破和新的发展。这里我们无妨再简略地回顾一下历史发展过程。我国先秦时期的文学理论，可以说是属于萌芽期，但却是一个破土而出、生机勃勃的时期，各种文学思想都得到比较自由的发表，出现了自由讨论的局面，后世的各种文艺思潮，大多数在此时期已见端倪。然而，由于历史的局限，这时期的文学理论，尚未出现系统的理论专著。荀子的《乐论》也只是从礼乐治国的角度去谈乐，还不能看做是纯粹的文艺理论著作。到了秦汉时期，百家争鸣的局面变为『独尊儒术』的大一统思想，文艺思想的发展也受到极大的限制。关于诗的理论，《毛诗序》已定了统一的调子，论诗者咸以此为准的，很少另有新意。论《骚》者，也只在对屈原的评价上有高低之争，对其作品很少有艺术的分析。论赋者，除重复『通讽谕』、『尽忠孝』①之类的论调外，别无新的建树。这种情况，随着汉王朝的崩溃和大一统思想的瓦解，才起了新的变化。魏晋南北朝文学理论的新变，就是这种新变的产物。而魏晋时期的文学理论，则是这种新变的开端，在我国古代文学理论发展史上，起到承上启下的转型过渡的作用。下面，我仅举要略述魏晋时期文学理论发展的概况。

一、建安时期文学理论批评的勃兴

我们通常说的建安文学，是指汉献帝建安元年至曹丕代汉称帝这段时期的文学。时间虽然仅有二十多年（公元一九六—二二〇年），在两汉文学向魏晋南北朝文学大转变的过程中，却占有非常重要的地位。这时期的『慷慨多气』的文学风格，打破了两汉文坛沉闷的空气，出现了崭新的文风。刘勰说：

①班固《两都赋序》。（引自郭绍虞《中国历代文论选》，上海古籍出版社，一九七九年。）

自献帝播迁，文学转蓬，建安之末，区宇方辑。魏武以相王之尊，雅爱诗章；文帝以副君之重，妙善辞赋；陈思以公子之豪，下笔琳琅；并体貌英逸，故俊才云蒸。……观其时文，雅好慷慨，良由世积乱离，风衰俗怨，并志深而笔长，故梗概而多气也。（《时序》）

以曹氏父子为首的建安文学作家们，都亲身经历了乱离的现实生活，饱受家破人亡、流离颠沛之苦，故写下了『志深笔长』的作品。这时期的文学，有力地冲击了两汉脱离现实、形式主义的文风，为新文学的诞生和繁荣，扫清了道路。随着新兴文学的发展，文学批评的风气也大大活跃起来，文学观念也不断更新，这就为文学理论的发展提供了条件。

建安文学以『三曹七子』为代表，他们除了创作出大量清新刚健的文学作品之外，还发表了许多诗文评论。曹丕在《典论·论文》中对建安七子一一作了评论，他在和吴质的来往书信中，也常谈到文学问题；曹植和杨修也有来往书信专门讨论文学问题。可见，当时文学批评的空气是比较活跃的。

这里值得一提的是曹植的《与杨德祖书》。信中描述了建安文坛上开展批评讨论的活跃情况，反映出当时文士们相互切磋的良好风气。曹植写道：『世人著述，不能无病。仆常好人讥弹其文，有不善应时改定。』他以他为丁敬礼修改文章为例，说明当时『好抵诃文章，掎庶利病』之风气。

无疑，这对促进当时文学发展，是大有裨益的。曹植在信中还提出他对辞赋及民间歌谣的看法：

夫街谈巷说，必有可采，击辕之歌，有应风雅。匹夫之思，未易轻弃也。辞赋小道，固未足以揄扬大义，彰示来世也。昔扬子云先朝执戟之臣耳，犹称壮夫不为也。吾虽德薄，位为蕃侯，犹庶几戮力上国，流惠下民，建永世之业，流金石之功，岂徒以翰墨为勋绩，辞赋为君子哉？

曹植本来是一个少年奇才、胸怀大志的人物，所以，他一方面重视风雅传统，重视民间口头创作，以取其用之邦国之意；另一方面，他对辞赋表示出轻视的态度，表明他对汉代辞赋追求华文艳藻之风的不满。虽然，曹植在家庭内部政治权力的斗争中是失败者，他最终也只能『以翰墨为勋绩』，但他的上述文学主张，使得他的诗歌辞赋作品一反汉赋的浮华之风，充满慷慨沉郁之气。我们从曹植和杨修的往来书信中可以看出：从建安时期就开创了文学批评的良好风气，对魏晋文学理论的发展，自必起很大的促进作用。

二、曹丕及其《典论·论文》

在建安文学批评理论中，具有代表性而且影响最大的，首推曹丕的《典论·论文》。《典论》是一部评论古今典籍文事的书，有二十篇（吕向注），今已散佚，仅存《论文》一篇。这部书的失传，是我国古代文学批评理论的一大损失。仅从《论文》一篇中，我们就可以看出建安时期文学批评和理论的概貌。在从两汉到魏晋文学理论的过渡中，《典论·论文》是一篇非常重要的文献。

首先，从文学批评的角度看，《论文》继承和发挥了王充的理论，反对『贵古贱今』、『贵远贱近』的倾向，并一针见血地指出，问题的症结在于『文人相轻』。对此他有一段著名的论述：

> 文人相轻，自古而然。傅毅之于班固，伯仲之间耳，而固小之，与弟超书曰：『武仲以能属文为兰台令史，下笔不能自修。』夫人善于自见，而文非一体，鲜能备善，是以各以所长，相轻所短。里语曰：『家有弊帚，享之千金。』斯不自见之患也。

曹丕的这些看法，的确是切中要害，对问题的分析也较通达。『文非一体，鲜能备善』，这本是平常的道理，但有些人由于『闇于自见』缺乏自知之明，故常以己之长，相轻所短；再加以『贵远贱近，向声背实』的通病，形成文人相轻的恶习，这是文学批评之大患。而建安七子各有所长，但能『相服』，确是难能可贵。曹丕认为，只有『审己以度人』，才能避免文人相轻的弊病。根据上述原则，曹丕对王粲等一一作了比较评论，指出他们各自的优点和缺点。就以现在的观点来看，曹丕的评价是比较公正的。

其次，《论文》从两个方面提出了有关文学风格的问题，这是六朝风格美学的滥觞。一个方面是文体的简单分类，他把八体列为四科：『夫文本同而末异，盖奏议宜雅，书论宜理，铭诔尚实，诗赋欲丽。』值得注意的是，他把每一种性质接近的文体，都概括地表述出他们的风格特征，用一『丽』字概括诗赋风格，虽过于笼统，也不全面，但它却表明当时人们文学观念，已开始起了很大的变化，那就是摆脱了抽象的理论概念的束缚，追求诗赋的形式美，重视文学的艺术性。这正是鲁迅先生称曹丕的时代为文学的自觉时代的原因。另一方面，曹丕从风格理论上提出了『气』和『体』的概念，这对我国古代风格美学的发展，也具有重要的理论意义。他说：

文以气为主，气之清浊有体，不可力强而致。譬诸音乐，曲度虽均，节奏同检。至于引气不齐，巧拙有素，虽在父兄，不能以移子弟。

关于『气』，在我国古代文艺美学中，是一个比较复杂的概念。由于人们使用这个概念时，赋予不尽相同的含义，因此，更增加了我们在理解上的分歧。虽然如此，但我们只要根据不同的情况作具体分析，那是不难把握其特定内涵的。曹丕在这里所使用的『气』字，很明显指的是文气，即作品表现出来的气势、风格特征；这些风格特征都各自具有特定的表现形态，那就是『体』，故说『气之清浊有体』。而文章中表现出来的气和体，又和作家的个性气质密不可分，故又说『虽在父兄，不能以移子弟』。可以说，曹丕是第一个明确地把风格美学，运用于文学批评之中，这也反映出当时人们的文学观念的变化。

最后，曹丕提出『盖文章，经国之大业，不朽之盛事』的主张。从表面看，这只不过是儒家强调文学的政教作用的主张之重复，其实不然。曹丕说的文章，已更接近于文学的概念，他充分强调了『文章』的社会作用和不朽的生命，对提高我国古代文学的地位，促进六朝文学的发展，都具有重要意义。

三、阮籍和嵇康的音乐理论

建安文学蓬勃发展了一段时间之后，随着曹魏政权和司马氏争夺政权的激烈斗争，文坛上出现了一段短暂的沉寂，不少文士成为统治者政治权力斗争的牺牲品，文学批评的风气，也随着政治上的黑暗统治而停滞了。文学史上所说的『正始之音』，也只不过是一塘死水中偶然溅起的小小浪花；竹林七贤的代表人物阮籍、嵇康的作品，也只能在曲折隐晦的艺术形式下，透露一丝丝不满的情绪。在这种情况下，文学理论在短时间内也处于停滞的状态，只有阮、嵇二人的两篇音乐理论文章，还具有一定的历史价值和美学意义。

阮、嵇虽同为竹林名士，但他们的遭遇和思想品格不尽相同。阮籍有不满现实的一面，但具有较多的软弱性和妥协性；而嵇康面对黑暗现实，则具有较多的反抗意识，虽然他反抗的方式比较隐晦，但他的不妥协的态度，最终导致他遭杀身之祸。他二人的上述差异，在他们的音乐理论中，也有明显的表现。

阮籍有《乐论》一文，其论乐宗旨，基本上是先秦儒家音乐理论的阐述和发挥。中和之美，是他的全部音乐美学思想的核心。他说：

夫乐者，天地之体，万物之性也。合其体，得其性，则和；离其体，失其性，则乖。昔者，圣人之作乐也，将以顺天地之体，成万物之性也。故定天地八方之音，以迎阴阳八风之声，均黄钟中和之律，开群生万物之情气；故律吕协则阴阳和，音声适而万物类。①

这是根据儒家的『致中和，天地位焉，万物育焉』的思想，提出以『中和』为中心的音乐起源论。他的这种理论，自然和当时统治者提倡的以儒学为门面的名教是相适应的。以天地、阴阳的和谐，比喻音乐的和谐的性质，都是为调和阶级矛盾和现实生活中的各种矛盾冲突服务的。这一点，和《乐记》的基本思想也是相同的，从这一基本思想出发，阮籍对音乐的中和之美，作了一些分析。本来，他已看到不同的地域人民『各有风俗』，所以产生不同风格的音乐，并作出『各歌其所好，各咏其所为』的论断，这无疑是对的。同时，他也看到各地区的音乐的感染力量，『歌之者流涕，闻之者叹息。背而去之，无不慷慨。怀永日之娱，抱长夜之叹，相聚而合之，群而习之，靡靡无已』。民间歌舞和音乐，在人民群众中具有如此强烈的艺术感染力，这也是正常现象。但是，阮籍站在封建统治阶级的立场上，用儒家正统的音乐观点去看这些现象，就作出否定的结论，认为这些音乐会导致『弃父子之亲，弛君臣之制，匮室家之礼，废耕农之业，忘终身之乐，崇淫纵之俗』。因此，他竭力鼓吹圣人所制之乐：

①阮籍《乐论》载于《阮步兵集》，见严可均编《全三国文》。

故圣人运调适之音，建平和之声，制便事之节，定顺从之容，使天下之为乐者，莫不仪焉。自上以下，降杀有等，至于庶人，咸皆闻之。

这实际上就是要求取消丰富多彩、生动活泼、风格多样的民间音乐，只能按圣人们的『调适之音』与『平和之声』，唱一个腔调。这种观点，自然是保守落后的。在阮籍的音乐美学理论中，往往可以从他所反对的一些音乐观点中，发现一些重要美学理论。例如，他不同意『以悲为乐』的说法：

桓帝闻楚琴，凄怆伤心，倚扆而悲，慷慨长息，曰：『善哉乎？为琴若此，一而足矣！』顺帝上恭陵，过樊衢，闻乌鸣而悲，泣下横流，曰：『善哉！鸟鸣！』使左右吟之，曰：『使丝声若是，岂不乐哉！』夫是谓以悲为乐者也。诚以悲为乐，则天下何乐之有？天下无乐，而有阴阳调和，灾害不生，亦已难矣。……故墨子之非乐也，悲夫以哀为乐者。

『以悲为乐』、『以哀为乐』，实际上是文艺作品中『悲』的美学价值问题。『以悲为乐』之乐（读如洛），应作美感经验去理解，而不是普通意义上的快乐。文艺作品表现社会生活中的美、丑、善、恶、哀、乐……都能给人以美的享受，这正是其艺术特殊功能，也是人们的美感经验的特殊性。阮籍不懂得这一点，又片面强调其中和之美，所以才否定『以悲为乐』的现象。事实上，桓帝闻楚琴而悲，顺帝闻鸟鸣而哀，这是一种正常的美感经验，是不足为奇的。

嵇康的音乐理论，和阮籍大不相同。他提出『声无哀乐』的命题，显然和阮籍的看法是大异其趣的。嵇康的政治是站在曹魏一边反对司马氏的，这是他被司马昭杀害的根本原因。由于他对现实采取反对的态度，进而对司马氏提倡的名教，也持批判和怀疑的态度。所以，他蔑视现行的礼法制度，玩世不恭，敢于『非汤武而薄周礼』①，提出一些具有反传统精神的见解。《声无哀乐论》②就是他的代表性美学论文，他一反把圣贤制定的礼乐，作为教育人民的唯一工具，并把它们夸大到能移风易俗的传统说法，从『声无哀乐』的论点入手，否定了儒家礼乐万能的理论，也否定了阮籍的以平和为乐，以欢快为乐的观点。他说：

哭谓之哀，歌谓之乐，斯其大较也。然乐云乐云，钟鼓云乎哉？哀云哀云，哭泣云乎哉？固兹而言，玉帛非礼敬之实，歌舞非悲哀之主也。

由此言之，则外内殊用，彼我异名。声音自当以善恶为主，则无关于哀乐。哀乐自当以情感而后发，则无系于声音。名实俱去，则尽然可见矣。

儒家传统乐论主张乐本于人心，音乐是喜怒哀乐之情的表现，因此音乐又反过来以喜怒哀乐之情去感染人们，激发起人们的喜怒哀乐之情。这种看法，应该说是无可非议的。问题在于他们片面

①嵇康《与山巨源绝交书》。
②嵇康《声无哀乐论》引自郭绍虞主编《中国历代文论选》。

强调了圣人们制订的音乐对人们的教育作用，以至于强调到绝对化的程度，而忽略了音乐鉴赏者有千差万别，审美主体有其接受的主观性和选择性。内心喜者，悲音未必能动其心，内心哀者，欢声不足以引其笑。可见，哀乐之性生于主观的心，而不是客观的自然声音的本质属性，只有主客观结合才能说明哀乐的可感性，这就是审美主体和客体之间的相对独立性及其辩证关系。嵇康正抓住儒家乐论的片面性，又从另一极端提出『声无哀乐』之论，去否定儒家音乐的神圣地位和万能作用。嵇康敢于蔑视儒家传统，轻视儒家所崇奉的『正声』，而对于被认为是『淫乐』的郑声，则给以肯定的评价，因为这都是『劳者歌其事，乐者舞其功』的结果，都是主观感情的抒发。由于『殊方异俗，歌哭不同』，郑卫之音与雅正之乐有异，岂能以郑声为淫而加以贬低？这些看法在当时是有一定积极意义的。从理论上看，嵇康把『声』看做是音乐的表现工具，即音响，是纯粹的自然之物，只具有自然的属性，不经过作家的创作，自然的声音就不可能具有某种感情的色彩，引起人们的共鸣。所谓『声成文谓之音』，自然之声只有经过音乐家的创作才能成为音乐，才有哀乐之情。所以他反复强调：『声音有自然之和而无系于人情』，『然则心之与声，明为二物。……察者欲因声以知心，不亦外乎？』『然则声之与心，殊涂异轨，不相经纬』。这就是把主观的感情和客观的自然之声区别开，认为哀乐是主观的感情，借声音而发，但声音本身并不具有哀乐之情，故欣赏音乐时的哀乐之感，是主观感情借助自然之声得以表现，并非自然之声本身具有哀乐之情。所以他又说：『至夫哀乐自以事会，先遘于心，但因和声，以自显发。』嵇康把『声』仅仅看做是纯粹的自然属性的表现，譬如声音之高低、强弱，节奏之快慢、缓急等等，即嵇康所谓的大小、单复、高埤、舒疾、躁静等等。他们只有善恶①之分，而无哀乐之别，这就是说声音只有自然音响属性而无主观感情的色彩。只有经过人的加工创造以表达某种感情，才能成为音乐。哀乐之情在于心，而不是自然之声所固有。强调音乐的主体性，这正是『声无哀乐』讨论的关键。但由此再进一步，嵇康认为真正的音乐本质精神，则存在于主观内心世界之中。他说：『乐之为体，以心为主。故无声之乐，民之父母也。』这和老、庄追求的无言之美、无声之乐极其近似，由此也可以得知嵇康的思想和老庄思想渊源关系的一点信息。

由阮籍和嵇康的音乐美学思想之比较，我们也可以看出儒家传统音乐思想到魏晋时期逐渐嬗变的大致情况，这对我们了解魏晋文学理论的发展是很有启迪的。

①这里说的是善恶，不是伦理学上的含义，而是指声音悦耳与否而言。故说：『声音自当以善恶为主，则无关于哀乐。』

四、陆机及其《文赋》①

在我国古代文学理论发展史上，陆机的《文赋》，具有特殊重要的地位：它产生于两汉文学理论到南北朝文学理论的转折时期，具有承上启下而又有开拓创新的作用。它不仅总结了建安以来文学创作的新观念和新经验，而且开拓了新的一代文风，为齐、梁时期以刘勰《文心雕龙》为代表的文学理论奠定了基础；它是新的文艺思想熏陶下的产物，是适应魏晋时期的文艺潮流的。例如陆机提出『会意尚巧』、『遣言贵妍』、『缘情绮靡』、『五色相宣』等论点，都是当时文学创作的新风尚、新观念，陆机当然同意这些新的审美要求，并从理论上加以肯定。应该说这是他的功而不是罪。然而，在后世却不断受到一些指责：明代谢榛在《四溟诗话》中说：『陆机《文赋》云：「诗缘情而绮靡，赋体物而浏亮。」夫「绮靡」重六朝之弊，「浏亮」非两汉之体。』就是现代的有些研究者，也把六朝文学中的某些不健康的现象，归罪于陆机的缘情绮靡之说，这是不公平的。而六朝文学之追求缘情绮靡，也是文学发展的必然趋势，岂能一律以形式主义目之。再说，《文赋》中的理论，就总体来看也并不是只谈形式技巧而忽视思想内容。事实上，他谈文的目的是为了『逮意』，他强调『理扶质以立干』，而『缘情』云者，不也是强调思想感情的重要作用吗？过去有些

①陆机《文赋》引文选自郭绍虞主编《中国历代文论选》，上海古籍出版社一九七九年。

文学史家，一味以『形式主义』、『唯美主义』的罪名指责六朝文学，同时也因此而指责陆机《文赋》。看来，对这段文学史的功过，完全有必要作重新评价，应该充分肯定其创新的精神和开拓的意义。与此同时，也就应该充分肯定陆机《文赋》的理论价值及其历史地位。关于《文赋》的理论贡献，在这里仅作扼要的介绍。

第一，《文赋》的理论结构模式。我向来认为，《文赋》是我国古代第一篇文学概论提纲，因为它最早把我国古代文学理论系统化，建立了比较完整的理论模式。这点，我们从陆机在序文中谈写《文赋》的目的，就可以看得出来：

余每观才士之所作，窃有以得其用心。夫放言遣辞，良多变矣。妍蚩好恶，可得而言。每自属文，尤见其情。恒患意不称物，文不逮意。盖非知之难，能之难也。故作《文赋》，以述先士之盛藻，因论作文之利害所由。

从这段话中可以看出，陆机写《文赋》的总的目的是『论作文之利害所由』，力图阐发放言遣辞的奥妙，论述妍蚩好恶的根由。但他考察这些问题，并非是零星破碎的议论，而是具有严谨的理论结构，这结构被纳入了从物到意、从意到文这样一个模式中。这个模式，实际上已是对文学创作全过程的概括，它涉及文学和现实的关系、文学的体制风格、文学的创作过程以及写作技巧等等问题。虽然，陆机对这些问题都未能展开论述，但他的基本思想和理论构架是很清楚的，他力图把文学作为与社会现实有密切联系的现象，进行系统的考察。他深感文学创作中『意不称物，文不逮意』的复杂性，深感文学创作的『能之难』，故较多地探讨了一些形式技巧方面的问题，这一方面固然是魏晋文学新风的影响，但同时也是为了更好地达到『称物』和『逮意』的目的。有些论者总是要以形式主义一词来贬责《文赋》，甚至说陆机是『形式主义的创始者』。刘勰也说过：『《文赋》巧而碎乱。』（《序志》）认为它『泛论纤悉，而实体未该。』（《总术》）这些批评是不符合《文赋》的实际的。

第二，《文赋》的创作理论。陆机在《文赋》中着重探讨的是关于创作的问题。按照他的『物→意→文』的理论模式，他把一切形式技巧都看做是表现物和意的手段，没有这些方法和技巧，物和意就无法得到表现。所以，他在强调了『伫中区以玄览，颐情志于典坟』之后，就开始研究从艺术构思到艺术表现的过程。在这过程中，他强调『辞程才以效伎，意司契而为匠』，把遣辞和立意放在极其重要的地位。在此基础上，他进一步论述了『作文之利害所由』，有很多都称得上是『得其用心』之谈。例如他提出『其会意也尚巧，其遣言也贵妍』、『考殿最于锱铢，定去留于毫芒』、『立片言而居要，乃一篇之警策』、『虽杼轴于予怀，怵他人之我先』等等论点，涉及创作中的立意遣辞、剪裁权衡、警句衬托、避免雷同等等问题，可以说都是经验之谈，值得借鉴。他指出的写作通病五条，也切中要害，这五条是：『含清唱而靡应』、『应而不和』、『和而不悲』、『悲而不雅』、『雅而不艳』。针对这些文病的正面要求，就是说作品的内容要丰富充实，相互呼应，风格要和谐雅正，感情要真切动人，①文字要华美艳丽。显然，这都是六朝文学重抒情、重艺术性的表现。陆机非常重视创作方法和技巧的学习，他说：『普辞条与文律，良余膺之所服。』他认为写作是有方法可循的，所谓『操斧伐柯，取则不远』，就是这个意思。但是，他同时指出方法不是死的，应该『因宜适变』，以达到『曲尽其妙』的境界，故又说：『虽离方而遯员，期穷形而尽相。』这些看法都是他创作实践经验的总结。

第三，陆机充分肯定文学的社会地位和作用。关于这个问题，有人认为陆机只是空洞地说了几句，并不能掩饰其形式主义理论的实质。事实上，『少有异才，文章冠世，伏膺儒术』（《陆机传》）的陆机，他并非是为艺术而艺术的作家。他提倡的『缘情』、『绮靡』云云，都是为了使文学更好地为封建政治服务。『伊兹事之可乐，固圣贤之所钦』，圣贤们之所以以文为乐事，也不是出于什么纯艺术的欣赏，而是因为它有巨大的社会作用：

伊兹文之为用，固众理之所因。恢万里而无阂，通亿载而为津，俯贻则于来叶，仰观象乎古

①『和而不悲』的悲字，这里是具有美学特定意义的概念，包含感情真切动人之意，不仅仅指悲哀。

人。济文武于将坠，宣风声于不泯。涂无远而不弥，理无微而不纶。配霑润于云雨，象变化乎鬼神。被金石而德广，流管弦而日新。

这一段议论，决不能看做是陆机的门面话，而应该把她看做是《文赋》全文的落脚点，是曹丕把文章看成是『经国之大业，不朽之盛事』的意思的发挥。所以，陆机提倡缘情绮靡、尚巧贵妍，都服从于『称物』和『逮意』的需要，并都被纳入为政教服务轨道之中。这些都对刘勰、钟嵘等直接产生了影响。至于六朝文学中出现重形式轻内容的倾向，有的甚至追求色情的描写，对这些现象，也应作历史的分析，笼统地归罪于陆机《文赋》，那也是不公允的。《文赋》的理论贡献，还表现在对创作构思艺术想象的描述，对风格美学和文体分类的探索等各方面。这些都是对我国古代文学理论的重要贡献。

五、挚虞、李充和葛洪

在晋代文学理论中，也存在重质和重文、保守与革新之争。然而，文学追求新变，重视艺术性，这毕竟是大势所趋，陆机文论已标其大旨。保守的文学思想，只不过是大浪潮中的小逆流，虽然也能溅起一点小小的浪花，但很快也就泯灭了。在趋于保守的文学思想中，挚虞可算是一个代表人物。

挚虞，字仲治，京兆长安人，和陆机是同时代人。他汇编了一部规模颇大的《文章流别集》，《晋书·本传》说：『类聚区分为三十卷，名曰《流别集》，各为之论，辞理惬当，为世所重。』而《隋书·经籍志》则著目录为四十一卷。惜此书早已亡佚，未能睹其原貌，但其卷帙之大是可以想见的。《本传》又称有《文章志》四卷，钟嵘《诗品》也说：『挚虞《文志》，详而博赡，颇曰知言。』看来，这《文章志》就是挚虞对《流别集》『各为之论』所写的评论文章，可惜现在也看不到了，只能从严可均的《全晋文》等类书中，辑录出很少几条文字。从这些残存的零星文字中，也可以看出挚虞文学思想的一个梗概。他说：『文章者所以宣上下之象，明人伦之叙，穷理尽性以究万物之宜者也。』①他重申了诗六义之大旨，并以之作为评诗的标准，故对司马相如等人的赋提出尖锐的批评：

> 夫假象过大则与类相远，逸辞过壮则与事相违，辩言过理则与义相失，丽靡过美则与情相悖。此四过者，所以背大体而害政教，是以司马迁割相如之浮说，扬雄疾辞人之赋丽以淫。

这些看法与『诗赋欲丽』的精神是格格不入的。他批评汉赋的四大弊端，其实都涉及赋的艺术

①引《文章流别论》文，俱见郭绍虞主编《中国历代文论选》，上海古籍出版社，一九七九年。

性问题：诸如想象、夸张、虚构、靡丽等等。而这些也正是六朝文学的艺术追求，是时代风气，挚虞的看法显然是悖逆时代潮流的。从他论诗的主张，也可看出其保守的性质。他认为：『雅音之韵，四言为正，其余虽备曲折之体，而非音之正也。』他把五言、七言之体，都斥为『排谐倡乐』，这都无视于汉魏以来五言诗发展兴盛的事实，轻视五言诗在艺术上的成就。这种厚古薄今的思想，自然是要遭到反对的。

在此时期的文学理论中，还值得一提的是李充。李充字弘度，江夏人（今湖北安陆）。《隋书·经籍志》著录其《翰林论》三卷，但也有谓为五十四卷或二十八篇者，可能是流传过程中删减变化。全书今已亡佚，据《全晋文》辑录仅有八条，由这些残存文字推测，《翰林论》当是一部作家作品评论，同时又是文体分类研究，是一部重要的文学批评专著，可惜已经失存了。从仅存的几段零星文字中，可以看出李充对绮靡之风是有所批评，他说：『潘安仁之为文也，犹翔禽之羽毛，衣被之绡縠。』在评论其他文体时，又多次指出『不以华藻为先』，强调五言诗『以风规治道』、『有诗人之旨』。但是，他和挚虞一味厚古薄今是有区别的，他对曹植、孔融、陆机等都很推崇，对潘安仁虽有微词，但也无完全贬低之意。但这一切，因缺乏充分材料来说明，只能作为一般推测而已。

下面，我们想着重介绍一下葛洪和他的《抱朴子》。葛洪（二八四—三六三）字稚川，号抱朴子，丹阳句容人。他是一个比较复杂的人物，青年时曾参加镇压以石冰为首的农民起义有功，被授为伏波将军，后来的官运也还不错。但是到了四十多岁，就笃信炼丹服药之术，到罗浮山修道去了。从他传世的专著《抱朴子》①来看，作者自称是内道外儒，也即是说内篇属道家（实即道教），谈神仙方药、养身延年之术；外篇言人世得失、伦理道德，属儒家。他认为：『道者，儒之本也；儒者，道之末也。』又说：『黄老执其本，儒墨治其末。』（《明本》）可见，他迷信道教神仙方术，但也受老庄哲学思想的一定影响。而在谈到人伦世务时，他又以儒学自命。事实上，他的思想是多种成分的组合，有儒有道，但既非纯儒，亦非纯道。因此，他对儒学传统，持有大胆批判的态度，这使得他的文学观，具有一定的进步意义。这当然是和魏晋以来儒学不再被奉为一尊的时代背景分不开。葛洪没有提出什么重要的理论问题，但是，他的文学发展史观和文学批评的见解，和挚虞的观点则是针锋相对的。

首先，他对那些厚古薄今的保守观点，进行了尖锐的抨击：『古之著书者，才大思深，故其文隐而难晓。今人意浅力近，故露而易见』，他们把今人比作『蛽垤』，把古人誉为『嵩岱』，这是俗儒之见。他嘲笑道：

①葛洪《抱朴子》（《诸子集成》第八卷，世界书局，一九三六年）引文只著篇名。

然守株之徒，喽喽所玩，有耳无目，何肯谓尔？其于古人所作为神，今世所著为浅，贵远贱近，有自来矣。故新剑以诈刻加价，弊方以伪题见宝也。是以古书虽质朴，而俗儒谓之堕于天也；今文虽金玉，而常人同之于瓦砾也。（《钧世》）

这也就是王充、曹丕早已批评过的贵古贱今、贵远贱近，信伪迷真种种弊病，是文学批评之大害。葛洪对此也深恶痛绝，并给予有力的驳斥。他认为『古书之多隐』，是由于『世异语变，或方言不同』，『或杂续残缺，或脱去章句』所至，并不是今不如古。在他看来，文学发展的趋势是今胜于古，一代胜过一代，『若舟车之代步涉，文墨之改结绳，诸后作而善于前事，其功业相次千万者，不可复缕举也。世人皆知之快于曩矣，何以独文章不及古耶！』（《钧世》）葛洪还充分肯定『古者事事醇素，今则莫不雕饰』的现象，认为这是『时移世改，理自然也』（《钧世》）。这是发展进化的观点，无疑是合乎社会变革的潮流的。

关于文学批评，葛洪认为凡是贵古贱今、贵远贱近的人，只会导至『真伪颠倒，玉石混淆』的结果，不可能作出公正的批评。尤其是爱同憎异的人，对文学作品更不能作出客观全面的评价。他说：『近人之情，爱同憎异，贵乎合己，贱于殊途。夫文章之体，尤难详赏，苟以入耳为佳，适心为快，鲜知忘味之九成，雅颂之风流也。』（《辞义》）这些批评是很中肯的。葛洪还提出，文学批评应该有实事求是的态度，要能做到客观的分析：『同乎己者，未必可用；异于我者，未必可忽也。』（《清鉴》）只有如此，才能『原本于自然』、『准的乎至理』、『不虚美、不隐恶，不雷同以偶俗』。（《明本》）这些看法，无疑都是正确的。

关于文学剧作，葛洪既有儒家思想的影响，又杂有道家思想的影响，但总的来说，他已突破了儒家的传统观念。例如在文章与德行的关系问题上，儒家历来主张以德行为本；所谓『有德者必有言，有言者不必有德』①就有重德轻文的倾向。但是，葛洪则主张德行文章并重，他说：

> 且文章之于德行，犹十尺之与一丈，谓之余事，未之前闻，……且夫本不必皆珍，末不必悉薄，譬若锦绣之因素地，珠玉之居蚌石，云雨在于肤寸，江河始于咫尺尔！则文章虽为德行之弟，未可呼为余事也。（《尚博》）

葛洪不但认为文章与德行同等重要，在某种意义上说，『德行有事，优劣易见；文章微妙，其体难识』（《尚博》）。所以，德行为粗，而文章难精，德行诠衡易，文章品藻难，这不仅肯定了文章的相对独立地位，而且还充分强调了文章自身的特殊性和复杂性。这对六朝文学观念的变化和创作的实践，都具有重要意义。

①《论语·宪问》。

由于葛洪的文学观念突破了儒家传统思想的束缚，所以对文学风格体制的看法也较为开放。他主张『五味舛而并甘，众色乖而皆丽』，认为『文贵丰瞻，何必称善如一』。（《辞义》）这就是说，文学创作，各尽所长，风格要多样化，不应千篇一律。他说：『四渎辩源，五河分流，赴卑注海，殊途同归。色不均而皆艳，音不同而咸悲，香非一而并芳，味不等而悉美。』（《广譬》）

从以上所谈的情况中，我们可以清楚地看到，葛洪的文学思想，具有鲜明的时代特色，具有一定的反传统的精神，这对当时从儒学思想束缚中解放出来，大胆创新，是有积极意义的。同时，我们还可以看到，葛洪继承了王充、曹丕等的文学批评传统，反对『贵古贱今』和『爱同憎异』，这对后来的刘勰等人，又有很大的影响。所以，葛洪的文学思想，在魏晋文学理论中，理应占有一席比较重要的地位。

［附记］十多年前，我曾计划撰写一本专著，题为《六朝文学理论概论》，后因写作计划有改变，书稿未完成。本文为书稿第一章《六朝文学理论发展之鸟瞰》中的一部分，也是我多年研究之心得，特此刊载，以供同行参考。

采故实于前代　观通变于当今

——再谈中国古代文论的现代转化

前年，我在《我国古代文论在现代文艺理论中的融通与转换》①一文中，曾经说过：

一个国家、一个民族在漫长的岁月中形成的文化，各具有其不同的文化土壤和基因，它们的产生各自有其深厚的社会基础和民族意识、民族心理等等多种因素。……具有『现代性』的文化，除了受到外来现代文化的影响之外，本土传统文化与现代文化的融通并实现自身的转换，仍然是我们建构现代文化的基础。

我在这里说的是文化，当然，也就包括我国古代文论在内。我借用当前学术界常用的『转换』一词，并无严格的定义，可能会产生一些歧义。我是想在传统文化的继承与发展、推陈出新、古为今用的意义上借用这个词语；我的基本看法在上面所引的那段文字中，已经作了较明确的表述。最近，在关于古代文论的『现代转化』的讨论中，有的学者提出这样的一些看法：认为中国现代（包括当代）文论是中国传统文学理论的『宿命的对立面』②，『「传统」是拒斥现代化的，是不可能实

①载《古代文论研究的回顾与前瞻——复旦大学二〇〇〇年国际学术会议论文集》，复旦大学出版社二〇〇二年版。
②胡明《新世纪中国文学理论体系的建构理论与逻辑起点》，载《中国文化研究》二〇〇二年春之卷。

现「现代转化」的。」①他们认为中国古代文论研究的「转换」尝试「结果是日久师劳，知难而退，悄然收工」，以失败而告终。这些看法也许是看到了古代文论研究中问题的一面，不能说是毫无根据，但是看问题的片面性和绝对化，也是显而易见的，所以有许多学者提出不同的看法。我不想直接介入这场争论，我只是想进一步阐述我在前面所引拙文中提出的一些基本见解，并着重从历史发展的必然性，谈谈我国古代文论与当代文学理论的建构和发展之间的内在联系。我还是那个老观念：古今融通、古为今用。穷则变，变则通，通则久，这是《易·系辞》中提出的观念。如果说古代文论和现代文学理论之间是互为对立面的话，那么其结果也必然是对立统一，在相互融通中再创新。长江后浪推前浪，源头之水和入海之水虽已不同，但是没有源头之水，也就没有万里长江，而源头之水也是不会拒绝随大流融入大海的。

一、从理论上讲，历史不能隔断，一个国家、一个民族的文化传统，是在漫长的历史长河中，不断继承、不断变化的发展过程。没有凝固不变的历史，但也没有在发展链条中完全断裂的历史。中华文化延绵数千年，其间不断有各民族文化的整合，也有外来文化（如东南亚文化、西方文化）的渗透。在这个过程中，古和今、旧和新、传统和现实之间的关系，可以说就是继承与革新、对立与统一的发展变化的过程，这是一个由低级到高级、由原始到文明直到现代文明的过程。

①郭英德《文学传统的价值与意义》，载《中国文化研究》二〇〇二年春之卷。

我国最早的一部哲学著作《易经》及《易传》中，闪现出我们先人们的睿敏的智慧之光，能够用变化发展的眼光去看宇宙万物的变化现象，意识到历史和事物发展的过程，是一个不断继承不断创新的过程，提出了『通』和『变』的概念。《易·系辞下》云：『通其变，使民不倦，神而化之，使民宜之，易穷则变，变则通，通则久。』《系辞上》又说：『一阖一捭谓之变，往来不穷谓之通。』这里最重要的概念就是通和变，通变的思想对我国古代哲学思想影响很大，它不仅是万事万物发展变化的观点，也是历史发展的观点。关于通变的解释，学术界虽有不同的理解，但是，通变讲历史发展是一个既有继承又有变化的过程，所以才说『往来不穷谓之通』，这是不应该有歧义的。关于这个问题，我认为刘勰在《文心雕龙·通变》中谈文学发展时，阐述得比较清楚，也可以用来阐述文论的发展。刘勰认为：『设文之体有常，变文之数无方。』他解释说，『名理相因』，就是有常之体；而『通变则久』，这就是变文之数。这就是说在文学发展中，有些是可以传承的具有普遍意义的东西，而有些则是新的创造发展，即所谓的『新变』。传承是不能断裂，而新变则是不能因循守旧，是历史发展的必然趋势。所以，刘勰在《通变》篇的『赞』中说：『文律运周，日新其业。变则其久，通则不乏。趋时必果，乘机无怯。望今制奇，参古定法。』尽管有人认为刘勰主要是为了复古，所以强调『参古定法』，但是我们只要实事求是地分析一下，就可看出刘彦和谈问题并不片面，他既强调变，同时也强调通，既重视『望今制奇』，也重视『参古定法』，总的精神都是要『趋时』、『乘机』，用我们今天的话来说，就是要实现现代性、时代性，与时俱进。刘勰对他那时代的『竞今疏古』的现象提出尖锐的批评，是因为文坛上不少人背弃了传统精神，一味追新，所以他才用『通变』之说以纠时弊，所以给他戴『复古主义』的帽子是不合适的。关于刘勰的『通变』说，我基本同意日本学者斯波六郎的见解。他说：

通变——此语盖据《系辞上》传，但其义互异。此篇之用法，『通』者与前人之作相同，即师古之意。『变』者时代之变化，即作者之创作。从『参伍因革，通变之数也』观之，『参伍』谓『变』，『因革』谓『通』（《物色》第四十六：『莫不参伍以相变，因革以为功。』），从『望今制奇，参古定法』观之，上句谓『变』，下句谓『通』，范氏注三谓『此篇虽旨在变新复古』云云，盖据自黄侃《札记》『所谓变者，变世俗之文』语，恐非彦和之所谓『变』之意。①

我这里不是专门讨论刘勰的『通变』观，我只是借他的理论去说明传统与现代之间，虽然有碰撞、有冲突的一面，但传统文化的民主性的精华，最终必将实现自身的变革而和现代相结合成为新的文化。这『因』和『革』、『通』和『变』，正是历史发展的古和今、旧和新的对立统一。所以，说『传统拒斥现代』、传统与现代是『宿命的对立』，这种绝对化的看法，是不符合历史唯物

①斯波六郎《文心雕龙范注补正》汉译本，载《文心雕龙论文集》，学海出版社一九七九年版。

主义的基本观点的。由『因革』、『通变』的观点，再来看『转换』的含义，我认为这是有些学者为了表述自己对如何继承传统而又能适应现代化的需要，赋予传统以现代性所借用的一个词语，它本身尚无确定的科学的定义，例如我们有时又使用『转化』、『转型』、『变迁』之类词语一样。因此，主要是看各人用这词语时所表述的内容。我想，实现传统与现代的对接与融合的过程，无疑就是传统适应现代性的转换过程；这一过程的实践，正是建立在历史不能割断的发展链条上。这历史发展的逻辑，就是『通』和『变』的对立统一；这也是中华文化生生不息，现在仍以旺盛的生命力走向现代化、走向世界的发展逻辑。

二、从中国古代文论发展的历史进程看，一部中国文论史就是一部不断继承、不断创新、不断发展以适应各个时代社会的要求的历史。我们现在通常说的古代文论，其中包括有文学思想、文学理论、文学批评、文学史论，它们之间有区别又有联系，但很难分割。从先秦两汉到魏晋六朝，进而至唐、宋、元、明、清，历朝历代，文学发展由简朴到丰富多彩，其本身就如刘勰所说是『文律运周，日新其业』的过程，也就是不断继承、创新、发展的过程。

先秦两汉时期，可说是我国古代文论的创始期。『诗言志，歌永言，声依永，律和声』，是《尚书》中提出的最早的诗歌美学思想，也是最早的明确的文论思想，而『诗言志』的观念，可以说是我国千载不易的诗歌理论。但是，诗言志的内涵则是不断充实，不断发展。孔子论诗，提出『兴、观、群、怨』说，是诗言志的具体化，是诗的社会功能，也是文学的社会功能。到了汉代，围绕着《诗经》的研究，诗言志的理论，在《诗大序》中得到较完整的阐释：『诗者，志之所之也，在心为志，发言为诗。情动于中而形于言，言之不足故嗟叹之，嗟叹之不足故永歌之，永歌之不足，不知手之舞之，足之蹈之也。』这里有一个非常重要的认识，就是把诗歌舞的发生归之于志和情，把言志和抒情联系在一起，并强调了『情动于中』的原发性作用。这是我国古代文学观念的一大发展，当时诗歌是主要的文学形式，诗『发乎情』，故又须『止乎礼义』，最终使之起到『经夫妇，成孝敬，厚人伦，美教化，移风俗』的巨大作用。从此以后，把文学的使命和『政教』联系起来，成为我国古代文论中的一条主线。但是，这也不是一成不变的教条，不同的时代俱赋予不同的内容，通中有变，变不离通，不断发展。

魏晋六朝时期，是我国思想史上可称之为大解放的时代。佛教的兴盛使外来的佛教文化中国化，其影响在思想文化领域几乎占到了半壁江山；老庄道家思想和东汉以来的道教兴起，又在思想文化领域独霸一方；玄学的影响，使思想界掀起了反抗传统、张扬个性的潮流。这一切，对汉代形成的以儒学为正宗的大一统思想，无疑是严峻的挑战，出现了思想大解放、文化多元化的局面，其中最突出的是言志抒情的文学思想，更明显地向抒情方面倾斜。如果说，过去强调的是『发乎情，止乎礼义』，情服从于志，志的标准是礼义，那么新时期则是以『缘情』为主，情志合一，而且无论是情是志，都是以人为出发点，同时追求语言文字的华美，以求得赏心悦目的艺术审美效果。后人经常谈到的六朝文风，恰恰就是这种新的文学潮流的表现。魏晋六朝文论非常发达，文论、诗论著作大量出现，陆机《文赋》公开提倡『诗缘情而绮靡』；刘勰在论『情采』时则强调『文质附乎性情』、『辩丽本于情性』，提倡『为情而造文』，认为这才是『立文之本源』。钟嵘在《诗品序》中也说：『气之动物，物之感人，故摇荡性情，形诸舞咏。』诗就是要『穷情写物』、『感荡心灵』。肖统在《文选序》中则更明确提出，文学发展是不断地『踵事增华』、『变本加厉』、『随时变改』的过程，并把文学的特征概括为『事出于沉思，义归乎翰藻』，突出了文学主体沉思和辞藻的艺术性。而肖统的弟弟湘东王肖绎在《金楼子·立言》中，则更明确地描述了文学的『吟咏风谣、流连哀思』以及『绮縠纷披，宫徵靡曼，唇吻遒会，情灵摇荡』等种种艺术特征。这一切，可以说都是对『情志』说的发展和文学观念的新变。但这种新变，并不是对前代文学思想理论的否定，而是在继承的基础上发展，也就如肖统所比喻的：『椎轮为大辂之始，大辂宁有椎轮之质？增冰为积水所成，积水曾微增冰之凛？』没有水则无冰，冰也不是水，但二者之间的『转换』

关系是显而易见的。所以肖统才说：『物既有之，文亦宜然，随时变改，难可详悉。』纵观六朝文学思想观念的转变及当时文学理论的发展，其中许多新观念、新理论，是对两汉以儒学为正统的文学观的叛逆，诸如个性解放的追求、自我意识的觉醒、性心理的表现等等。但是，这时期的思想观念又充分体现出儒、道、佛各种思想学说在碰撞中走向融合，这在刘勰的《文心雕龙》中体现得最为明显。刘勰在《原道》、《征圣》、《宗经》诸篇中，虽然高举儒学正统的旗帜，对齐梁文风表示不满，提出一些较尖锐的批评，所以现在有些学者说他是复古主义者。其实，刘勰并不是对古人亦步亦趋，而是对前人的理论作了全面的总结。他虽以儒为宗，但不废佛老，他的许多有创造性的理论，甚至还得力于老、庄和佛学。而对魏晋以来的许多新的东西，例如重视意境的创造，重视文学形式技巧的研究，重视音律在诗歌中的运用，特别是重视作家作品个性风格的研究等等，都充分体现出魏晋六朝时期文学思想和理论的突破性变化。这都表明当时的文学和文论，也是符合刘勰的『采故实于前代，观通变于当今』、『变则其久，通则不乏』的论断。

再从唐代古文运动的情况来看，表面看来，是在反对六朝文风，提倡复古。事实上，在复古的旗帜下，却是实现文学的革新；而在反六朝文风的同时，却在诗文学新变的基础上，实现了近体诗（格律诗）的形成，把我国诗歌推向了新的高峰；在向古文学习的口号下，实现了我国古代散文的创新。在唐代古文运动中，具有指导意义的问题是文与道的关系，所谓『文以明道』、『文以载道』云云，其实质无非就是要确立两个根本观念：第一，树立以儒家为代表的『圣贤之道』在思想领域中的正统地位，也是统帅文学艺术的核心指导思想。第二，强化了文学与政治（包括一切仁义道德规范和封建礼法制度）的关系，突出了文学与社会现实的关系，把文学的教化作用和『为时为事』的作用，提到很高的地位。关于第一个问题，刘勰在《文心雕龙》的《原道》、《征圣》、《宗经》等篇中，早已定下了基调。因刘勰是齐梁时期人，又用骈文写文章，在唐代古文运动的提倡者们的眼里，他也有六朝文风的嫌疑，所以绝口不公开提他，其实他们的明道宗经之论，很多都和刘勰同出一辙。①刘勰把自然之道转换为『圣贤之道』、『道沿圣以垂文，圣因文而明道』（《原道》），这就是『文以明道』的观念。韩愈在《原道》中进一步把它具体化为孔孟之道，并明确指出：『博爱之谓仁，行而宜之之谓义，由是而之焉之谓道。……凡吾所谓道德云者，合仁与义言之也。』这就把道德伦理化，作为教化的根本，也是文学的根本。这正是对先秦孔、孟儒学传统的继承，但在继承中又有了重大的发展，他不仅把『圣人之道』伦理化，而且由此而把文学的地位也上升到伦理教化的高度，服务于政教。应该说，韩愈、柳宗元等『好古道』，并不是原封不动的古道，而是韩、柳之道，是有时代性的道，所以韩愈虽一再说：『愈之志在古道，又甚好

①参阅拙文《刘勰『原道』思想在我国文学史上的历史辐射》，载《云南学术探索》一九九六年二期。

其言辞。」①「然愈之志于古者，不惟其辞之好，好其道焉尔。」②但是他也曾表示「师其意不师其辞」，他学古人是要「取于心而注于手，惟陈言之务去」。③这就是说要有自己的心得体会，为己所用，不是照搬照抄。关于第二个问题，强调文学与社会现实的关系及其政治作用，这也是唐代文学思想中的重要内容，是对「兴、观、群、怨」以及「经夫妇，厚人伦，美教化，移风俗」等文学思想的重大发展，这在元、白新乐府运动的理论中表现最为突出。白居易在《与元九书》中响亮地提出「文章合为时而著，歌诗合为事而作」的口号，主张诗歌写作要能「补察时政」、「泄导人情」。这一切，无疑都是汉代儒家诗论的发挥。总之，唐代文学上的复古思潮，本质上还是继承的基础上的新发展。齐梁文学虽被说成是「彩丽竞繁而兴寄都绝」④的淫靡之风，但是，近体诗的形成离不开六朝诗的基础，而六朝文论、诗论、画论，无一不对唐代文学有影响。《文心雕龙》的明道思想及种种理论，在唐代以不注明出处的方法被大量引用，对刘知几的《史通》论文也有直接影响。

以上所谈，仅仅只是从魏晋六朝文学理论到唐代古文运动及复古思潮去看，就可说明，大变革时代的文论，并不完全排斥对传统文论的继承；反之，以复古自居的唐代古文运动文论，也在实现其自身的变革，同时在吸收六朝文论的精华。至于唐代还有许多诗论、文论，还大量吸收老庄学说和佛学的影响，如司空图的《诗品》、皎然的《诗式》、《诗议》、《诗论》等等。我这里只不过

①韩愈《答陈生书》。
②韩愈《答李秀才书》。
③韩愈《答李翊书》。
④陈子昂《与东方左史虬修竹篇序》。

是随手举一些例子，主要是想借以说明：我国古代文论，无论是在文学思想比较保守的时代，或是大解放、大变革的时代，对传统的不断继承，在继承中又不断革新、不断有新的创造，这是不争的事实。从宋代历元、明、清，文学思想和文学理论也历经复古与革新之争。正统与非正统（异端）之争，最终总是传统中的精华被继承发展，糟粕被抛弃，而新的东西在和传统整合中逐渐扎根壮大，形成一个时代的新的文化、新的文学观念、新的文学理论。诗歌理论中的情志说、意境说、妙悟说、神韵说、性灵说、格调说、境界说……各领一代风骚，最终都不是互相取代，互相拒绝，而是花开一朵，各表一枝，相辅相成，呈现出中国古代文学理论的多样性、丰富性。『五四』运动以后，虽然『打倒孔家店』的口号喊得那么响亮，西方文化的大量涌入，德先生、赛先生的思想对我国长期封建社会里形成的传统文化，进行了巨大的冲击，直至马克思主义在我国的传播并占有指导地位，我国经历了近百年间的社会剧变。但是，中华传统文化不但没有消亡，反而在新的社会条件下获得真正的复兴。今天我们提出实现中华民族伟大复兴的口号，其中也包括古代文论。复兴就是意味着博大精深的中华传统文化中的精华，作为民族精神的体现，在今天现代化的进程中，必将获得新的生命，重放异彩，成为社会主义文化的组成部分，成为国家统一、民族团结的精神纽带。文化如此，那么，文学理论应该说也不例外。上世纪百年间，西方美学、西方文艺理论被大量介绍到中国来；四十年代以后，马克思主义文艺理论在我国已经有指导的地位，直到五六十年代，经历了各种政治运动，特别是『文化大革命』，我国几千年的文化传统，几乎出现了断流。但这只不过是暂时的表面现象，民族文化的长河是不会真正断流的，一旦纠正了极左的错误，拨乱反正，国家回到全面复兴的正确轨道来，我们的文化也获得全面振兴。我国古代文论研究在上世纪『五四』以后，也从未中断过，五十年代后期到六十年代初，曾一度出现过研究高潮。当时提出建立具有中国特色的马克思主义文艺理论，就是意识到必须使古文论中的优秀传统，和现代文论相结合，建立具有中华民族特色的文艺理论。八十年代以来，这种认识就更明确了，虽然要建构系统的具有中国特色的社会主义文学理论，并非十年八年的事，但是，学术界、文艺界经过这些年的努力，已取得可喜成绩。古今的融通，中西的结合，形成富有民族特色的审美意识和审美趣味，形成多元化的丰富多彩的但是又具有民族特色的文学艺术百花园，这已是初见端倪的新趋势。当然，要实现传统与现代的完全融合，形成具有鲜明民族特色的新文学理论体系，那还须有个磨合的过程，也许还要几十年甚至上百年，但是这发展趋势是不可逆转的。

三、前面是我从我国古代文论发展历史的角度，说明古今之间、传统与现代之间，并非是『宿命的对立』，应该说是有对立的一面，也有统一的一面。对立的统一，不断创新，不断发展才是历史的必然，这就是因和革、通和变的辩证关系。如果我们换一个角度，从我国古代几千年间形成的审美意识、审美趣味和一些理论概念的表述、创作经验的总结去看，许多具有深刻的美学内涵和理论价值的名词术语，已成为一种符合民族习惯的民族认同的理论概念。这些名词术语的内涵，就文学艺术的普遍规律而言，不仅和现代理论相通，就是和西方的许多理论也是相通的。它自身的现代转换，无非就是可用以阐释现代的文学艺术现象，赋予以现代意义，使之进入现代性的理论系统之中。而那些已经不适应现代的，那些属于糟粕的东西，自然就被扬弃。最近，童庆炳先生在他的一篇论文中，列举古代文论中的名词术语如『比兴』、『气势』、『意象』等五十条，认为『这些名词术语，根本不用特别「转化」，就直接进入现代的文论话语体系中』。①我觉得是有道理的。目前常说的我国文艺理论中的『失语症』，也许就是针对那些弃我国传统文论话语而不用，一味追求西方翻译过来的理论词语的现象而言，这也不是无道理的。文论话语的形成有其特定的语境，这都是民族特色的表现，正如童庆炳先生说的，有许多名词术语不用『转换』就可直接进入现代文论话语中。『尽善尽美』、『情景交融』、『意在言外』，是传统的文学话语，也是我国古代的美学话语，现在不仅沿用其辞，而且也用其理论概念。我想这些理论概念，绝非是现代文论的『宿命的对立面』。至于是否要『转换』，那只不过是看对『转换』一词的理解，这些名词概念随时代发展而

①童庆炳《再论中华古代文学研究的现代视野》，载《中国文化研究》二〇〇二年冬之卷。

更具有美学内涵，不断发展和充实。下面我想随便举几例说明。

首先，我们以『意象』概念为例。『意象』是我们今天用以表述文艺审美和艺术创造所常用的术语，是文艺作家在反映客观世界过程中主客观交融形成的主体认识，意和象的浑然一体，正是艺术形象的本质特征。现代文学理论中使用『意象』一词，虽然和西方的文艺心理学、美学有关，但在翻译中之所以用『意象』一词，则来源于我国古代文论。《易·系辞上》早就提出『圣人立象以尽意』，王弼在《周易略例·明象》中作了如下诠释：『尽意莫若象，尽象莫若言。言生于象，故寻言可以观象。象生于意，故可寻象以观意。』最后他提出『得象而忘言』、『得意而忘象』和『得意在忘象，得象在忘言』这样一些属于审美心理学范畴的重要命题。所以，在文学艺术创作构思过程中和读者在鉴赏作品的过程中，『意象』是艺术思维和审美心理活动的重要内容。刘勰在谈到『神思』时说的『独照之匠，窥意象而运斤』，他描绘的『吟咏之间，吐纳珠玉之声；眉睫之前，卷舒风云之色』，这不正是文艺创作中意象的特征么？由『意象』的概念，进而引发出『意→象→言』的关系问题，意借象而明，象借言（语言文字）而传，这是『意→象→言』的必然联系。就创作过程而言，由意而生象，即是意象，再用文字表达意象，这就是具体的写作过程。在这过程中，往往是『意翻空而易奇，言征实而难巧』①，所以『言』能不能『尽意』，就成为研究者们所

①刘勰《文心雕龙·神思》。

关注的问题。魏晋时期文人们有个热门的话题，就是关于言和意的关系争论，今简称之为『言意之辩』。辩论的焦点是『言尽意』还是『言不尽意』？从而引申出『意在言外』、『得意忘言』等等审美体验。其实这个问题早在庄子的学说中就已有较完整的表述：

世之所贵道者，书也。书不过语，语有贵也；语之所以贵者，意也。意有所随，意之所随者，不可以言传也。①

可以言论者，物之粗也；可以意致者，物之精也。言之所不能论，意之所不能察致者，不期精粗焉。②

庄子所谈，属哲学和语言学范畴，涉及认识过程中的『言——意——无言无意』三个层次，言为粗，意为精，无言无意即是虚无的最高境界。正如郭象所注：『夫言意者有也，而所言所意者无。故求之言意之表，而入乎无言无意之域而后至焉。』③语言是一种符号，符号本身所表达的概念是有限的，而符号所蕴涵、所暗示的『意』，则比符号本身的概念要丰富得多。这也就是西方符号学理论所揭示的『能指』与『所指』的层次关系。透过语言文字概念的组合，可进一步认识和领会语言文字之表的深层的『意』，再进而超越言和意的层面，认识言意之外的更深层次的内涵。这不就是我国古代文论中常谈到的『象外之象』、『景外之景』、『言外之意』、『味在酸咸之外』、

①《庄子·天道》。②《庄子·秋水》。③郭象《庄子·秋水》注。

「得鱼忘筌，得意忘言」之类的艺术审美体验么？所以人们在欣赏文艺作品时，往往发出「只可意会，不可言传」的感叹，而「此时无声胜有声」和「余音绕梁，三日不绝」的审美体验，则更是在言意之外了。

由「意象」而至「超以象外」，由「言意」而至「言意之外」种种理论和审美经验，进而融合并发展为「意境」理论，直至王国维又提出「境界」说，成为我国古代美学的基本范畴，它涵盖了古文论中的文学本体论、鉴赏论、创作论的诸多内容。在王国维那里，他吸收了西方美学家柏格森、叔本华等人的一些理论，去阐释我国意境理论的美学内涵。可以说，他的「境界」理论，是我国「意境」理论的新的发展，成为最富有中华民族特色的美学理论。故「意境」和「境界」这一诗论、文论和美学所使用的话语，在今天仍为我们所用。这岂只是一个名词术语的问题，实质上是一个国家民族所形成的审美意识和文学理论的传承和发展，而这些理论就其美学实质而言，不仅不会是现代文论的「宿命的对立面」，反而是可以融通，甚至和西方一些美学理论也并非水火不相容。

综上所述，我主要是想表述以下几点不成熟的看法。第一，近二十年来，许多学者（包括老中青）致力于我国古代文论的研究，成果之丰富，研究之深入，影响之大，可以说是空前的。就研究的领域而言，涉及文论、诗论、戏曲论以至乐论、画论，实际上已是广义的艺术理论研究。在研究中，大家也充分注意到古为今用、古今融通的问题，在对古文论进行深入的阐释剖析的同时，也注意到注释翻译，普及推广。从篇章字句的研究，拓展到理论内涵的开掘，对一些有深刻的美学内涵又富有民族特色的术语概念，也作了深入研究，并作了较明确的阐释。不少产生于我国文学土壤的文学思想和理论概念，已很自然地被应用于当代文论、诗论、画论中。有些专门的名词术语，也可以和现代的一些理论概念，甚至是西方的一些理论概念互释互训，从中寻找到它们之间的对接点。我还看不出几十年的研究，居然是『日久师劳』而『悄然收工』。第二，有人说我国古代文论虽有一些有名的理论名词概念，但未有严格的理论体系，现在要在古文论基础上建立现代文论体系是不可能的。我认为古今中外，某个理论家可能建立自己的理论系统，但要建立一个统一的大家认同的体系，恐怕也是困难的。刘勰的《文心雕龙》有较严密的理论体系，但那只能是他个人的。我国自『五四』运动以来的七八十年间，文学理论多照搬外来的理论，上世纪三四十年代，翻译引进了不少西方文学理论，但也未形成中国现代文论体系。倒是五十年代照搬苏联，许多高校文学理论教科书，几乎大同小异地按照来自前苏联的文艺理论模式，沿用了几十年。最终大家总是觉得那是外来的东西，缺乏中国自己的特色。如果说这里也有教训，那就是脱离了中国的实际，忽视了中国的文论传统。所以，今后要建构中国自己的具有中国特色的现代文论体系，恐怕也离不开中国自己的传统，再吸取外来的东西。而且这是一个长期的磨合创造的过程，绝非一蹴而就。从这个意义上说，古文论系统的研究，目前不是『收工』，而是要大力加强，使古文论在现代文论建设中，起不可替代的作用。第三，文学理论是在文学创作实践的经验基础上创造出来的，古代文论主要是对诗歌和散文的总结；而现当代文学理论所面向的文学领域，范围很广，包括诗歌、散文、小说、戏剧等等，而且都具有新的内容，新的形式，新的风格，新的表现方法。这必然也要产生新的观念，新的理论。古代文论不可能适应这一切，它只有实现自身的转换，和这些新的概念、新的理论相结合，才能形成具有民族特色的、但又可跟西方（一切外来的）理论对话的现当代中国文学理论。事实上，我们现在有不少文学理论教材，都已力图在引进西方理论观点的同时，更多地利用我国的许多传统理论。至于我们把为社会主义服务、为人民服务的思想作为指导思想，强调文学思想性和艺术性的统一，这些根本问题和我国古代文论传统精神是一致的。现当代文论不能和古文论之间画等号，但是也不能割裂，还是要『参伍以相变，因革以为功』，才符合事物发展的普遍规律。正确对待古与今、中与外的关系，无论是过去、现在，还是将来，都是一个十分重要的问题。

（原载《中国文化研究》二〇〇三年秋之卷）

中国古代文学理论体系概述

中国古代文学理论的研究，在近半个多世纪中所取得的辉煌成就是有目共睹的。老一代学者如郭绍虞、朱东润、罗根泽、刘大杰等一大批前辈，以『中国文学批评史』之名，为后人开辟了研究的道路。还有许多著名学者如黄侃、范文澜、刘永济等等，他们对我国古代具有代表性的文学理论专著《文心雕龙》的研究，为后人的研究打下了基础。所以，从上世纪五十年代以来，对古代文学理论的研究不断深入，不断扩大，出现了几次高潮，直到近二十年间，研究工作达到有史以来的最高峰。随着研究的深入和时代的变迁，对研究的内容和方法，也提出了许多新的要求。过去我们把研究的领域统称之为『文学批评史』。仅仅只是从历史发展梳理了历代诗文论作家作品。后来，又把『文学批评』的概念改称为『中国古代文论』，也有学者称之为『中国古代学批评理论』；直到现在，多数学者都已采用『中国古代文学理论』的概念去涵盖诗论、文论、戏曲理论、小说理论以至于一些相关的乐论、画论。这些变化也反映出学术界对我国古代文学理论的认识的变化。最初，有人对中国古代研究有没有严格意义上的文学理论表示怀疑，因为他们用西方的文学眼光去审视我国古代文学，觉得有许多对不上号，所以认为我国古代文论中的种种理论，充其量也只不过是『文章作法』一类的『文章学』；至于『诗话』之类，可算是文学范畴，但多半是感悟式的三言两语评点，很少有系统的理论建构；就是《文心雕龙》这样的巨著，也称不上是纯粹的文学理论。既然如此，那么在我国古代也就无系统的文学理论（或者说是理论体系）可言了。经过多年的讨论和研究，现在在以下问题上，可说已有基本的共识，那就是：中国文学是在中国历史文化土壤中产生的文学，中国有本土民族特色的文学观念，我们可以参照但是不能硬套西方的文学观念。因此，我们说中国古代有其自己的文学理论，这应该是无可置疑的。

中国古代文学理论，就其源流而言，最早见于『诗言志，歌永言』等类观念之中，诗是最早形成的文学形式，故早期的文学理论出现在诗论中是很自然的。随着文化的进步，汉文字的逐渐形成并被广泛使用，出现了『文』和『文章』的概念，虽然这是对各种文字表现的作品的泛称，但其中也包含有我们今天所说的『文学』的内容，那就是要求文章内容的充实与文字的华美，『文质彬彬』的概念，已被引入文学批评之中。但当时的文学观念还是一种泛文学观，还没有接近我们今天所使用的『文学』的有明确规定性的概念。在先秦两汉时代，由于多种文体已经形成，诗歌和散文、文和史的区别，已日趋明显，所以，具有艺术性的美文和哲学、历史一类文章的差别，亦已逐渐被人们认识，这才出现了鲁迅先生所说的魏晋南北朝时期的文学的『自觉』。凡是属于文学的作品，总是具有其最基本的特征：形象地反映社会现实生活，鲜明地抒发思想感情，优美的语言文字表达，而作家的主体创造性和个性化的表现是其最主要的特点。这些观念当然是我们现在的认识，但是，在我国古代文学理论中，亦已有不同程度的认识和理论表述。无疑，它们都属于古代文学理论的范畴，这就是为什么我们把陆机的《文赋》、刘勰的《文心雕龙》等等，看做是我国古代文学理论的代表性著作。关于《文赋》，我把它看做是我国古代最早的一篇较完整的文学理论提纲，我在《关于〈文赋〉的几个问题》①中曾说：

《文赋》是刘勰的《文心雕龙》以前的一篇唯一的较完整的文学创作专论。……《文赋》中的若干理论，反映了我国文学发展到一定历史阶段的产物，因此，它具有鲜明的时代特征。主要表现在：第一，魏晋时期，人们对文学的认识已有了新的发展，文学已经开始和经史学术著作区别开来，文学批评和文学理论的对象，已逐步从广义的文学（包括一切书面著作）缩小到接近于我们今天说的『文学』的范畴。……第二，就内容而言，《文赋》特别强调『缘情』、『体物』，这和两汉以前的文人片面强调言志见道是不同的。文学作品不是学术论著，它更多的富有感情色彩和具体形象的特征；『缘情』和『体物』应该说是当时人们对文学特征认识的重要标志。第三，由于对文

①原载《思想战线》一九七八年第五期。

学的艺术特征有了一定的认识，因此对文学的艺术性以及形式技巧方面，也引起人们的重视而加以研究。

至于《文心雕龙》中所阐述的理论观念，则更趋明确并更为理论化和系统化了。这里还值得一提的是梁昭明太子萧统主编的《文选》及《文选序》，这部选集所选作品的标准，已明确地把经、史、子各类著作排除在外，所选的作品，基本上是我国古代属于文学范畴的作品，这是当时文学观念转变的最明显的标志。尤其难得的是，《文选序》中十分明确地表明了他们的文学观念：老、庄之作，管、孟之流，都是『以立意为宗，不以能文为本』，故不选；至于那些『事异篇章』、『方之篇翰，亦已不同』的辩驳性文章和记事系年性的史书，都一律不选。所选的作品，应符合『综辑辞采』、『错比文华』、『事出于沉思，义归乎翰藻』的标准，特别是『沉思』和『翰藻』这两个条件，可以说是我国古代对美文学的高度概括，是对文学的艺术特色的基本要求。如果，我们把西方的文学理论概念作为参照系去审视，那么，可以看出它们之间也有相通之处，但『沉思』、『翰藻』之论，毕竟是具有民族特色的中国自己的理论，而不是外来的理论模式的演绎。

那么，中国古代文学理论有没有自己完整的体系呢？关于这个问题，多年来也有不少争论。前面已经谈过，有人认为中国古代没有严格意义上的文学理论，只有一些文章作法之类，诗论可算是文学理论范畴，但也只不过是些零星的评点式见解，没有系统的理论著作，更谈不上什么『体系』。我这里要谈的，正是想说明我国古代不仅有自己的文学理论，而且有自己的理论体系。近几年来，许多学者已把注意力转向中国古代文学理论的系统研究，取得重大进展。其中如蔡钟翔教授等主编的《中国古典美学范畴丛书》，已出版多卷，说的是美学，其实也多是中国古代文学理论的一些基本概念。最近，王运熙、黄霖两位教授主编的《中国古代文学理论体系》丛书，已出版《原人论》、《范畴论》、《方法论》三卷（复旦大学出版社）。主编在《前言》中明确表示，他们主要是要『研究中国古代文学理论的内在体系和民族精神』，并说：『梳理和总结中国古代文学理论体系是一件十分复杂而艰巨的工作』，希望能在前人和时贤的已有成果的基础上，『希望在理论的概括和资料的整理方面都能更上一个层次，开创一个新的局面。』我想，他们的希望基本上已经达到，『原人论』、『范畴论』、『方法论』从三个层面上概括了中国古代文学理论体系的基本轮廓，并作了较深刻的分析，富有新意。我在这篇文章中，是想就我国古代文学理论原有的一些重要概念，作一番较通俗的梳理，使之显现出总体理论体系的内在的脉络，这些理论应可涵盖诗论、文论、戏曲论、小说论，甚至可涵盖画论与乐论。这些不同门类的理论，都可以各自成体系，但作为文学门类，或与文学有关的艺术门类，他们之间自有相通之处，所以我们从其中梳理并提炼出来的文学理论，应该说是具有普遍意义的一些理论，它们之间的内在联系构成具有中国传统特色的文学理论体系。下面，我拟从三个方面作简要的阐述。

一、文原论

我这里是借用明儒宋濂《文原》①一文的题目作标题，宋濂论的是广义的『文』，当然也可包括文学，但是我取的不是宋濂的原意，而是赋予『文原』二字以新的含义。文指文学，原者本也，有本源、本体、本质多义，故《荀子》有《原道训》，刘勰、韩愈、章学诚等俱有《原道》之作。我用『文原论』作标题，就是含有文学本体论、文学的本质论或文学的基本原理之类的意思。这也是符合我国古代哲学、文学理论中所习惯用的概念，就是宋濂用这个辞语时说的『本建则其末治，体著则其用章』，也多少有『本体』的意思。文学的本质是什么？文学的社会功能是什么？我国古代文学不同于哲学、历史、政治论著的基本特征是什么？我国古代文学理论中有不少涉及这些问题，而且已形成一些比较系统的理论。

①《宋文宪公全集》卷二十六《文原》分上下二篇。作者自称『今以二三子所学日进于道，聊一言也。』这就是宋濂给弟子们专论『文』的一篇文章，这是广义的文，其中也包括文学。

①在文学本原问题的讨论中，『文原于道』、『文以明道』、『文以载道』等等，成为以儒学为宗的主流派文学理论的纲领性的见解。『道』的概念早见于先秦诸多典籍中，《荀子》中已较系统地提出『明道』思想，他说：『圣人也者，道之管也，天下之道管是矣，百王之道一是矣，故《诗》、《书》、《礼》、《乐》之归是矣。』①这里已把属于文学艺术范畴的诗、乐等都归入圣贤之道的大范畴中。而刘勰在《文心雕龙》中，旗帜鲜明地首标『原道』以为论文之纲，这就把文学的本体和『道』联系起来。文原于道，这就是文学发生而言；文以明道，则是就文学的功能作用而言。可以说，刘勰是第一个系统地站在哲学和政治的高度去考索文学本体的人，他既看到『文』对『道』的依附，又看到『文』具有相对独立性，所以『文』与『道』的关系问题才成为我国古代文学史上长期争论的问题。关于这个问题，近代学术界研究的成果已经很多了，我这里想说的是，这个问题之所以重要是因为它涉及文学的一个最根本的问题，即文学的社会本质及其社会地位和作用的问题。刘勰之所以高举『原道』的理论旗帜，根本目的就在于给文学定位，并从理论上找到依据。所以纪昀才给予很高的评价，说刘勰论文首标『原道』，『自汉以来，论文者罕能及此。彦和以此发端，所见在六朝文士之上。』又说：『文以载道，明其当然，文原于道，明其本然，识其本乃不逐其末。』②这是很有见地的。刘勰论道，把文学提到宇宙、社会、人生的崇高地位上来，但

①《荀子·正论》。

②《文心雕龙》纪昀评本。余所见者为《四部备要》所载袖珍古书读本黄叔琳注，纪昀评。上海中华书局。

他并不是把文学神秘化，而是把文学从形而上的『自然之道』，拉回到现实社会生活中的『圣贤之道』上来，他的理论逻辑就是『道沿圣以垂文，圣因文而明道』，所谓『心生而言立，言立而文明』，『文』就是作为『五行之秀，天地之心』的人的创造性的产物。一言以蔽之，文学所原之道，就是圣贤之道，是社会生活中的人伦物理之道。由此，自然也就引申出文与道的关系中，重视文学与政治、文学与社会现实、文学与教化的密切关系。这也是我国几千年间的文学传统观念，直至于今，虽然『道』的内涵已与时变易，但上述的基本观念仍然是难以废弃的。黄霖等提出『原人论』的概念，并认为『原道』归于『原人』，『原人的具体化，主要表现在三个方面：心化、生命化、实用化』，这是很有创见的。唐宋时期关于文与道的关系问题的讨论，席卷整个文坛，对我国古代文学观念的影响甚为深远，直至明清，余绪犹存。从宋代理学家到明代的心性之学，以至于前后七子、公安竟陵，论诗论文，虽门户各立，立论各异，但无不以伦理道德为宗，以有益于教化为文学之本。宋濂论『文原』，实际上也没有多少新意，多半是重申前人的『原道』之论，他说：

鸣呼！吾之所谓文者，天生之，地载之，圣人宣之，本建则其末治，体著则其用章，斯所谓秉阴阳之大化，正三纲而齐六纪者也；亙宇宙之始终，类万物而周八极者也。鸣呼！非知经天纬地之文者，恶足以语此！①

这都是刘勰《原道》中说的『文之为德也大矣，与天地并生者何哉』以及『道沿圣以垂文，圣因文而明道』的意思。可见，把文学的原质和道联系起来，和天地万物联系起来，和圣贤之道联系起来，从而引申出『成孝敬，厚人伦，美教化，移风俗』和『发乎情，止乎礼义』②等一系列议论，成为中国古代文学理论中具有纲领性的见解，而且作为正统思想在我国文学史上影响了几千年。这也算是中国古代文学理论的一大特色吧？所以我国古代对文学本质及其功能的认识，虽以『原道』立论，但实际上『原人』，即是从人的社会实践去研究文学现象；一切诗文、戏曲、小说，都是以人为本，都强调教化的功能。

②与『原道』说紧密相关的又一文学观念就是『情志说』，也即是我们现在也还常用的抒情与言志说。『诗言志』是我国最古老的一种文学观念，『志』自然是讲人们的思想志向，在儒学中早就对此作了规定性的解释，孔子就说过：『志于道，据于德，依于仁，游于艺。』（《论语·述而》）可见，那时的志是要合乎道德标准，无论是『赋诗言志』还是『献诗明志』，当然也要符合道德规范。作为文学的主要门类之一的诗，如果把言志作这样理解，那必然要走向教条化的道路，所以《毛诗序》中才根据诗歌自身的艺术特征，作了如下发挥：

①《文原》（《宋文宪公全集》卷二十六）
②《毛诗序》（阮刻《十三经注疏》：《毛诗正义》）

诗者，志之所之也，在心为志，发言为诗。情动于中而形于言，言之不足故嗟叹之，嗟叹之不足故永歌之，永歌之不足，不知手之舞之，足之蹈之也。

从这段话中可看出我国古代文学观念的一个非常重要的发展，那就是把单纯的『言志』和抒情联系起来，情志合一。文学创作过程中，『情动于中』是最重要的创作冲动；发自内心的感情，当然和人们的思想分不开，但作为文学作品，感情的因素是最重要的。因此，《毛诗序》中强调『吟永情性』，只不过是对『情』也要加以限制，故说『发乎情，止乎礼义』。无论怎么说，文学作品（不论是诗歌、散文、小说、戏剧）中抒情言志是永恒不变的，所变者只不过是抒什么情言什么志罢了。

由明道、载道到言志、抒情，到魏晋南北朝时期强调『缘情』和『情性』，是文学观念的一大转变。陆机在《文赋》中明确提出『诗缘情而绮靡』，刘勰在《文心雕龙》中则说：『诗者，持也，持人情性。』（《明诗》）又说：『情以物迁，辞以情发。』（《物色》）情性之论，实际上已把文学回归到『人学』上来了，也就是说文学可以突破『止乎礼义』的束缚，走向作家主体性的发挥与个性的张扬。我国古代文学理论中，讲吟咏情性、明心见性、独抒性灵、才胆识力等等，都把作家的主体精神提到十分重要的地位。这些理论，对我们现代文学理论的建构是有借鉴意义的。

③文学的社会功能，历来是理论家们所关注的中心。在西方文学理论中，有功利主义的主张，但也有不少超政治、超功利的所谓『纯文学』的理论。在我国古代文学理论中，也存在有类似的情况，但是从总体上说，强调文学的社会政治功能，强调文学的教化作用，这是占主导地位的观点。无疑，这又和『原道』的思想分不开。孔子提出的『志于道，据于德，依于仁，游于艺』的总体观念，已把包括文学在内的一切文化纳入道德规范之中，而其最终目的就是为『政教』服务。所以『原道』、『明道』、『载道』等等口号的提出，都是对文学功能的定位。至于文学功能的具体内容，就大体而言，就是孔子论诗时说的：『诗可以兴，可以观，可以群，可以怨。迩之事父，远之事君，多识于鸟兽草木之名。』①所谓『事父』、『事君』，就是诗序中说的经夫妇、成孝敬、厚人伦、美教化、移风俗种种政教作用，兴、观、群、怨是诗的特殊功能，推而广之也就是文学的政教功能、所谓『讽谕』、『美刺』、『寄托』、『讽劝』，说的都是文学的政教功能，当然，这些都是以文学的特殊方式所产生的功能。除诗歌之外，小说、戏曲都强调其教化功能，明代的『三言』、『二拍』，就其书名看，曰《醒世恒言》，曰《警世通言》，曰《喻世明言》，都明确标出讽谕教化的宗旨，并把这些小说作为『六经国史之辅』②，能起六经国史所不能替代的教化作用。《今古奇观序》③中说：

①《论语·阳货》。　②《醒世恒言》序，作者可一居士，疑是冯梦龙的别号。
③明刻本《今古奇观》是从『三言』、『二拍』中选出来的小说选集，作者署名笑花主人。

故夫天下之真奇，在未有不出于庸常者也，仁义礼智，谓之常心；忠孝节烈，谓之常行；善恶果报，谓之常理；圣贤豪杰，谓之常人。然常心不多葆，常行不多修，常理不多显，常人不多见，则相与惊而道之。闻者或悲或叹，或喜或愕。其善者知劝，而不善者亦有所惭恧悚惕，以共成风化之美。则夫动人以至奇者，乃训人以至常者也。

他如李贽称《水浒》为『发愤之所作』，他认为『故有国者不可以不读，一读此传，则忠义不在水浒，而皆在于君侧矣。』①及至近代如梁启超等大力倡导小说，并把小说的政教功能提得很高，就其理论实质而言，仍然是『迩之事父，远之事君』的基本精神。梁氏说：

故先新一国之民，不可不先新一国之小说。故欲新道德，必新小说；欲新宗教，必新小说；欲新政治，必新小说；欲新风俗，必新小说；欲新学艺，必新小说。乃至欲新人心，欲新人格，必新小说。何以故？小说有不可思议之力支配人道故。

这些议论，和《毛诗序》中的『厚人伦、美教化、移风俗』等等说法，何其相似乃尔！这并不奇怪，因为这是我国古代传统的文学观念，不仅对诗歌、小说作如是观，就是戏曲理论，也不例外，这里我就不一一列举了。

④无论是原道说、情志说还是政教说，说的都是文学本原也即是文学本体的社会属性问题，而

①《忠义水浒传序》（《李氏焚书·卷三》）

对文学的艺术本质特征，则尚未更多涉及。而意境论则是我国古代文学艺术本质特征的极具民族特色的理论概括，是足以表述我国文学艺术审美属性的理论概念，所以，我们把它称做我国古代美学的基本范畴，它包含有极其丰富的美学内涵。我们也可以这样说，意境论在我国古代文学理论体系中应居于核心的地位。关于意境（或又称境界）问题，在我国已有深入的研究，有关文章和专著也很多，我这里不拟过多重复。我只想着重谈谈意境理论在我国古代文学理论体系中的重要地位。我国意境理论的生成，最早可追溯到《易传》和老、庄著作，还有佛经的影响，逐渐形成意、象、境等概念；尔后，又和言与意、情和景、心和物、形和神、韵和味等等诸多审美概念结合起来，形成涵盖上述多种理论因素的文学艺术所通用的专有名词，也是我国古代美学中的专有名词。但是，把意境一词正式用之于文学，最早见于唐代王昌龄的《诗格》，他提出诗有三境：一曰物境，二曰情境，三曰意境。严格地说，这三者都属于意境的范畴，只不过其侧重点不同而已。如用王国维的境界说去审视，那么物、情、意三者都不可少。综观意境的构成，离不开主观的『情』和『意』与客观的『景』和『象』（物象），是主客观的结合，是情景的交融，是意借象以显现，象借意而获得生命力。就其整体结构而言，则是神形兼备，有无相生，隐显相济，虚实相成，故能产生景外之景，象外之象、『状难写之景如在目前，含不尽之意见于言外』①的艺术效果。

①欧阳修《六一诗话》引梅尧臣语。

意境对于文学的重要意义，不仅对诗、画如此，就是对散文、小说、戏剧而言亦然。文学作品是语言的艺术，它要借助于文学语言的艺术力量，把深邃的哲理、高远的情志，寄寓于艺术意境之中。也就是说作家的创造性就在于他把客观的『物』和主观的『我』的情志，转化为具有艺术魅力的意境，这正是文学艺术不同于其他意识形态的奥秘。意境是作家艺术创造的结果，又是接受者（读者）的审美对象和再创造的基础。这表明我国古代文学理论中的意境论，是我国古代理论家们的创造性的理论概括，是对美学的重大贡献。意境在文学中的重要性，王国维在《人间词话》中说：『严沧浪所谓兴趣，阮亭所谓神韵，犹不过道其面目，不若鄙人拈出境界二字为探其本也。』又在《人间词叙》①中说：

文学之事，其内足以摅己，外足以感人者，意与境二者而已。上焉者意与境浑，其次或以境胜，或以意胜，苟缺其一，不足以言文学。原夫文学之所以有意境者，以其能观也。

『以其能观』，就是因文学意境有形象直观性，成为审美鉴赏的对象，也正是文学的艺术生命的关键所在。所以王国维又说：『文学之工不工，亦视意境之有无与深浅而已。』这的确是真正懂得文学的真知灼见。在西方文学理论中，有模仿说、再现说、表现说等等理论，并用以区别不同的文学创作方法的差异。但就我国意境论而言，主观与客观，表现与再现，却是水乳交融，浑然一

①《人间词叙》作者署名为山阴樊志厚，研究者已确认是王国维所作。

体，这也是我国古代文学理论的独到之处。

二、创作论

在我国古代文学理论中，文章作法、诗律启蒙之类的书不少，应该说也属于创作理论的范畴，但真正的创作论，则应是研究一些带有规律性的根本问题，诸如创作动机的发生、创作构思的特点、内容与形式的关系、语言文字的魅力等等。而对这些问题，我国古代文学理论中，也有许多精辟的见解，并有系统的论述，分别见于诗论、文论、戏曲论、小说论中。

文学创作是一种复杂的精神活动，又是一种实践活动，许多创作方法之类的理论，都是在创作实践的基础上总结出来的，对作家们具有引导和借鉴的作用。但是，理论毕竟不能替代实践，创作主要是在实践中完成，其中甘苦只有实践者才能体味得到。陆机在《文赋》序中说：『余每观才士之所作，窃有以得其用心。夫放言遣辞，良多变也，妍蚩好恶，可得而言，每自属文，尤见其情。恒患意不称物，文不逮意，盖非知之难，能之难也。』刘勰也曾说：『方其搦翰，气倍辞前，暨乎成篇，半折心始，何则？意翻空而易奇，言征实而难巧也。』又说：『至于思表纤旨，文外曲致，言所不追，笔固知止，至精而后阐其妙，至变而后通其数，伊挚不能言鼎，轮扁不能语斤，其微矣乎！』可见，我们的先辈早已体会到文学艺术创作，不仅仅只是一般的方法技巧问题，其中有一些是带有规律性的却又难以言说的奇妙玄机，只有在反复实践中才能领悟，这就是『伊挚不能言鼎，轮扁不能语斤』的含义。虽然如此，但文学创作总是有一些具有共同性的最基本的问题可供借鉴。

①心物感应论，是我国古代哲学中的一个重要命题，也是文学创作理论中的一个基本命题。在西方文艺理论中，也有现实主义的流派，努力从社会现实生活中寻找创作的源泉，解释文艺创作的种种现象；但也有许多流派把文艺创作看做是神的启示，或是主观意志的冲动，或是梦幻中的迷狂，诸如此类，可谓是五花八门。而我国古代文学理论中，则是很明确地把文学创作的冲动，看做是心物感应的结果，是创作主体和客体相结合的产物，而且这是一以贯之的观点，是贯穿在各种文学艺术门类创作中的共同观念。我们很难用唯物主义、唯心主义去判断我国古代的文学理论家，因为强调『心』的人并不舍弃『物』的作用；强调『物』的人，也不忘『心』的主导作用。心与物相互依存，但『感于物而动』、『人心之动，物使之然也』（《乐记·乐本》），则是最根本的，物是基础，心为主导，这就是创作的基本理论。心物感应的物，不只是自然界的景物，还包括整个社会的

客观事物，关于这个问题，《乐记》中说得最清楚，而具体结合文学创作，则刘勰和钟嵘阐述得最为充分。刘勰在具体描述了『物色之动，心亦摇焉』的种种现象之后，提出了『情以物迁，辞以情发』①的著名论断。钟嵘在《诗品序》中，说得尤为透彻，他首先提出『气之动物，物之感人，故摇荡性情，形诸舞咏』这一心物感应的前提，然后作了如下论述：

> 若乃春风春鸟，秋月秋蝉，夏云暑雨，冬月祈寒，斯四候之感诸诗者也。嘉会寄诗以亲，离群托诗以怨。至于楚臣去境，汉妾辞宫，或骨横朔野，魂逐飞蓬；或负戈外戍，杀气雄边；塞客衣单，孀闺泪尽。或士有解佩出朝，一去忘反；女有扬娥入宠，再盼倾国。凡斯种种，感荡心灵，非陈诗何以展其义？非长歌何以骋其情？

这里所说的『感荡心灵』的种种事象，既有自然界的，也有社会政治的，用我们现在的话来说，那就是现实生活的反映，也就是古人说的心物感应。诗歌如此，小说、戏剧亦然。刘鹗在《老残游记自序》中，以『哭泣』喻文学创作，他说：『哭泣者，灵性之现象也。』又说：『灵性生感情，感情生哭泣。』而这『感情』又都是有感于时代社会产生的，故又说：『吾人生今之时，有身世之感情，有家国之感情，有社会之感情，有种教之感情。其哭泣愈痛。此洪都百炼生所以有《老残游记》之作也。』他列举了《离骚》、《庄子》、《史记》、杜甫诗、李后主词、八大山人的

①《文心雕龙·物色》。

画、王实甫的《西厢记》、曹雪芹的《红楼梦》去说明文学创作与社会人生的难解难分的关系。由此看来，无论是白居易的『为时为事而作』之论，还是韩愈的『不平则鸣』之说，也无论是欧阳修的『穷而后工』之喻，或是李卓吾的『不愤不作』之议，总其精神，都来自心物感应的观念，是我国古代文学理论的优秀传统。

②文学创作过程中的构思活动，也即是创作思维活动，这是不同于一般思维活动的艺术思维。作家在感于物而动之后，就进入艺术构思过程，我国古代文学理论中，讲神思妙悟、讲兴会神到，都与艺术构思有关。关于『神思』，刘勰在《文心雕龙·神思》中有深刻而精采的论述：

古人云：『形在江海之上，心存魏阙之下』，神思之谓也。文之思也，其神远矣！故寂然凝虑，思接千载；悄焉动容，视通万里。吟咏之间，吐纳珠玉之声；眉睫之前，卷舒风云之色。其思理之致乎？故思理为妙，神与物游。神居胸臆，而志气统其关键；物沿耳目，而辞令管其枢机。枢机方通，则物无隐貌；关键将塞，则神有遁心。

显然，在艺术构思中的这种思维活动，具有以下这些特点：一是丰富的想象，这种超越时空的想象力，使得艺术思维活动有很广阔的自由空间。二是鲜明的形象性，『神与物游』，既说明心物感应的关系，又说明神思不是逻辑推理，而是伴随物象的思维活动，也即是我们说的形象思维。

三是明确了创作过程中的『物—神—辞』的相互关系，这也就是陆机《文赋》中说的『恒患意不称物，文不逮意』的关系。这种对文学创作过程中的思维特征的认识，也正表明魏晋南北朝时人们对文学的艺术特征已有了较明确的认识。故『神思』一辞，已被赋予以深刻的美学内涵，并成为我国古代文学理论的专有名词，它足以标明文学创作构思的微妙而复杂的特征。《南齐书·文学传论》中说的『属文之道，事出神思，感召无象，变化不穷』，也就是这个意思。

到了宋代，严羽在《沧浪诗话》中提出『妙悟』之说。他在《诗辨》中说：『大抵禅道惟在妙悟，诗道亦在妙悟。且孟襄阳学力下韩退之远甚，而其诗独出退之之上者，一味妙悟而已。惟妙悟乃为当行，乃为本色。』妙悟是一种独特的艺术认知的方式，严羽称之为『别才』和『别趣』，其特点在于『不涉理路，不落言筌』，如镜花水月，言有尽而意无穷；又如羚羊挂角，无迹可求，才能使人产生『兴趣』。可见，妙悟与神思，虽指称不同，但异曲同工，都是想去说明文学创作的思维活动，有自身的特殊性。后来，王士祯主神韵说，在他的创作理论中，『神』字占有十分重要的地位，而『兴』字也常被使用，他说：『大抵古人诗画，只取兴会神到，若刻舟缘木求之，失其指矣。』①兴会相当于创作灵感，神到近乎创作的构思，兴会神到就是灵感到来时的创作冲动，这时，万象冥会，不可自已，所谓『登高即目，临水送归；蚤雁初莺，花开叶落，有来斯应，每不能

①《池北偶谈》。

已』①，就是当时情景的写照。类似的理论，在王夫之的《薑斋诗话》、胡应麟的《诗薮》、叶燮的《原诗》等许多著作中，也多有论述，表明我国古代文学理论中，对文学艺术思维的特征，早已有了认识；其理论概念和所用辞语，虽和西方理论不同，但是，它已注意到文学艺术思维的特征，这是很可贵的。

③文学是语言的艺术，离开语言文字载体，就没有文学作品，所以对语言文字在文学创作中的功能及表现技巧，自然成为研究者们所关注的问题。我国古代文学理论中，研究语言文字技巧的文章甚多，诸如遣辞造句、修辞炼字、以至于篇章结构、详略隐显等等。但是，从理论上去分析，最突出的问题是语言文字如何表现思想内容？能不能完全表达思想内容？魏、晋时期哲学界的『言意之辨』，给文学理论提供了理论依据。『言不尽意』还是『言能尽意』？是争论的焦点。关于这个问题的讨论，对我国古代意境理论的形成，无疑也起到促进的作用。西方符号学对语言符号功能的分析，给我们很多启示，从能指与所指的关系看，我们可以进一步理解『意在言外』和『言意之外』等诸层面的指称关系。

关于言和意的关系问题，我国古代哲学中早已有许多论述。《易·系辞上》说：『子曰：「书不尽言，言不尽意。」然则圣人之意其不可见乎？子曰：「圣人立象以尽意，设卦以尽情伪，系辞

①《带经堂诗话》。（人民文学出版社，一九八二年。）

焉以尽其言。」』这就是说『言』和『书』都是载体，由于语言自身的局限性，不能『尽意』，所以在言和意之间又『立象以尽意』，象有象征、隐喻、暗示的作用，可以引起人们的联想、想象，可以把认识引向能指、所指各种层面以至于无限。语言概念是相对的，有局限的，言有尽而意无穷是常有的现象，只有透过语言又超越语言，认识才能进入无穷的境界。《庄子·天道》中，对此阐述得尤为透彻。他说：『世之所贵道者书也。书不过语，语有所贵也；语之所以贵者意也。意有所随，意之所随者，不可以言传也。』这就是我们常说的『只可会意，不可言传』的境界，因而庄子得出『得意忘言』的结论，他说：『筌者所以在鱼，得鱼而忘筌；蹄者所以在兔，得兔而忘蹄。言所以在意，得意而忘言。』①言不尽意的问题，其实在《易·系辞》和《庄子》中已说得很清楚了，但是到思想很活跃的魏、晋玄学时，这问题又被重新提出来讨论，例如西晋欧阳建就写了一篇《言尽意论》②，他认为：『名随物而迁，言因理而变，以犹声发响应，形存影附，不得相与为二，苟其不二，则无不尽。吾故以为尽矣。』事实上，他仅只从语言概念自身的语义学上去理解，而没有从作家通过语言文字去表达更深的思想感情去考虑问题，所以才有不同的认识，倒是在他之前不久的王弼在《周易略例》中说得最为通达：

夫象者，出意者也。言者，明象者也。尽意莫若象，尽象莫若言。言生于象，故可寻言以观

①《庄子·外物》。
②欧阳建，西晋哲学家。《言尽意论》见《艺文类聚》卷十九。

象；象生于意，故可寻象以观意。意以象尽，象以言著。故言者所以明象，得意而忘言。象者所以存意，得意而忘象。犹蹄者所以在兔，得兔而忘蹄；筌者所以在鱼，得鱼而忘筌。然则，言者象之蹄也，象者意之筌也。

在「言」和「意」之间加个「象」，这实在是我们的祖先的一大发明，把「意」和「象」联系起来，正是文学艺术思维的奥秘。我们对外来的形象思维之类讨论很多，唯独忽略了我们富有民族特色的这些理论，不能不说是一种失误。我国古代有许多文学理论家，正是受了这「言意之辨」的启示，对文学艺术的特殊规律及其审美特征，对文艺创作构思的甘苦，有了较深刻的体悟。陆机的「恒患意不称物，文不逮意」，刘勰的「意翻空而易奇，言征实而难巧」，都是对「言不尽意」的经验之谈，所以才有「曲尽其妙」之慨叹。姜白石引苏东坡云：「言有尽而意无穷者，天下之至言也。」又说：「句中有余味，篇中有余意，善之善者也。」①这些，都可称得上是「得其用心」之说，非精于创作者所不能道也。

④言不尽意是就语言文字本身的相对局限性而言，正如朱光潜先生说的：「言是固定的，有迹象的；意是瞬息万变，是飘渺无踪的。言是散碎的，意是混整的，言是有限的，意是无限的。」②如何尽可能地使「有限」之言去表现「无限」之意，这就要看作家对语言艺术功能的运用。中国文学

①姜夔《白石道人诗说》。
②《无言之美》（《朱光潜美学文集》第二卷）。

以汉语言文学为主，所以如何充分发挥汉字的功能及其特殊的表现力，这是历代作家们所精心研究的问题，因此也就有很多理论，其中包括语法修辞、章句炼字等等。由于汉字造型结构的特点和声韵特殊性，使之具有与拉丁文拼音文字不同的特殊表现力。我国古代诗歌形成固定的格律，这种汉字四声的组合变化及方块字所特有的声形意的结合，使文字组合具有特殊的表现力。这不仅对诗歌如此，就是对其他文学门类也是如此。

关于声律的研究，其直接用之于文学者，盛行于南北朝时期。在此之前，《乐记》中早已提出『礼乐刑政，其极一也』的说法，那虽是讲音乐，但也与诗歌的音乐美有关，因为诗歌除配乐之外，文字本身早已有声韵之美。到魏晋南北朝时期，人们已更重视语言文字自身的声韵之美，除诗歌外，骈文的出现说明追求文字的形式美和音乐美已扩大到散文中。所以陆机《文赋》中才提出『暨音声之迭代，若五色之相宣』的理论，这之前，人们已常把音乐中的宫商角徵羽五音变化，借用到诗歌音韵之中。及至沈约等的『四声八病』之论出，才明确地运用汉字四声的变化以追求诗歌的音乐之美及其艺术表现力。《南史·庾肩吾传》中说：『齐永明中，王融、谢朓、沈约，文章始用四声，以为新变，至是转向声韵。』可见，齐、梁时期文坛上讲声韵已风靡一时，诗歌中的『四声八病』之说就是集中表现。当时的声韵说，是有它的一整套符合诗歌美学的理论的，如沈约在

《宋书·谢灵运传论》中所说：

夫五色相宣，八音协畅，由乎玄黄律吕，各适物宜，欲使宫羽相变，低昂互节，若前有浮声，则后须切响。一简之内，音韵尽殊，两句之中，轻重悉异。妙达此旨，始可言文。

沈约还很自负地说：『自骚人以来，此秘未睹。』其实，自然声韵，早已有之，只不过『四声八病』之类的规定才是沈约等的发明罢了。我国诗歌靠文字声韵的变化协调，产生抑扬高下、强弱顿挫的节奏旋律之美，增强其艺术表现力。刘勰在《文心雕龙》中专写了《声律》、《俪辞》两篇，论述了四声变化和双声、叠韵以及文辞对偶等问题。六朝声律之论，对后来格律诗（近体诗）的形成，无疑有极大的影响，直至宋、元词曲的发展，都起到巨大的作用。这也是我国汉文字的特点决定了文学创作的民族特征。

我国古代文学理论中，属创作论范畴的理论很多，诸如赋比兴的方法以及谋篇布局、立义创意、义理辞章、死法活法等等，虽然多属形式技巧问题，但也是创作经验的总结。我这里仅仅只是从『心物感应』、『神思妙悟』、『言意之辨』、『声律音韵』四个方面谈我国古代创作理论具有自己的理论系统，我们今天仍可以从中汲取有益的东西。

三、鉴赏论

鉴赏论，也可称做批评论，过去我们习惯把古代文学理论史称为文学批评史，其实我国古代大量的诗话、词话以及小说戏曲评点，多数是一种鉴赏式的、即兴式的片段记录，而不是对作家作品的系统分析批评。所以，我们把它称之为鉴赏也许更为贴切。

①知音识器说。文学鉴赏是一种艺术审美感受，是发话者（作品）和接受者（读者）双向交流的审美活动，是接受者和被接受者之间产生了共鸣，才能有美感的发生，才能谈得上真正的鉴赏，否则，即使是最优美的音乐，对于非音乐的耳朵来说也是没有感染力的。所以，我国古代文学艺术鉴赏，特别强调『知音』。钟子期与俞伯牙之间的高山流水之音的故事，从接受美学的观点看，倒是一个足以说明审美过程的范例。所以，『知音』说成为鉴赏论的核心问题，对此，《文心雕龙》中专列《知音》篇作了较全面而深刻的论述。文章一开头就说：『知音其难哉！音实难知，知实难逢，逢其知音，千载其一乎？』知音之难是实际情况，但『千载其一』则是夸张之词。知音才能实现真正的鉴赏，这取决于鉴赏者和被鉴赏者（也即是审美主体与客体）双方的条件。就鉴赏对象的作品而言，应该是真正有审美价值的作品；但就鉴赏者而言，就必须有相应的审美修养和相关的理

论知识水平，树立一种正确的鉴赏批评的态度。所以，刘勰在《知音》中首先指出文学批评鉴赏中的『贵古贱今』、『崇己抑人』、『信伪迷真』等种种偏向，也就是曹丕在《典论·论文》中所批评的那种『文人相轻』因而『贵远贱近，向声背实，又患闇于自见，谓己为贤』的毛病。有这种主观偏见的人，是不可能对作家作品作出客观正确的评价，也不可能是真正的『知音』。刘勰指出，从主观偏见出发，必然会导致『会己则嗟讽，异我则沮弃，各执一隅之解，欲拟万端之变，所谓东向而望，不见西墙也』。所以批评鉴赏者，力戒孤陋寡闻，片面无知，『凡操千曲而后晓声，观千剑而后识器』，不断提高鉴赏水平，还要『无私于轻重，不偏于憎爱』，才能做到『平理若衡，照辞如镜』。识器讲的是鉴赏水平，无私讲的是态度。

文学批评鉴赏，难免带有一定的主观成分，但是也不可否认总有一定的客观标准。所以刘勰提出『六观』作为对作品分析鉴赏的依据，这就是『一观位体，二观置辞，三观通变，四观奇正，五观事义，六观宫商』。这有点像我们今天文艺表演评委打分，要从内容到形式技巧分别量化打分，然后才得出综合评分。自古以来，文学批评鉴赏是每个批评鉴赏者的主体审美活动，审美对象也是多种多样，不可能千篇一律，众口一辞；但是又不能各执一隅之见，而无客观评价的标准。所以，刘勰才发出『音实难知，知实难逢』的慨叹，他提出的种种要求和条件，都是有针对性的见解，对我们今天的文艺批评鉴赏，也是有借鉴意义的。

②体性风骨说。我国古代文学批评和鉴赏，大多不是建立在对作家作品条分缕析的基础上，也就是说不习惯于作理论的剖析，而是喜欢作整体的把握和直观的感受。所以，无论是品藻人物，评点作品，都侧重于对表现出来的风神、气象、风骨、气韵以及意境、趣味等类的鉴赏，近似于一种风格美的鉴赏，例如常说的『汉魏风骨』、『盛唐气象』、『风清骨竣』等类，这也是我国古代文学批评鉴赏的一大特色。《文心雕龙》中论『体性』、论『风骨』，都是就作家作品去分析不同的风格以及风格形成的种种条件。其《体性》中说：『夫情动而言形，理发而文见，盖沿隐以之显，因内而符外者也。然才有庸俊，气有刚柔，学有深浅，习有雅郑，并情性所铄，陶染所凝，是以笔区云谲，文苑波诡者矣。』这里讲的是作家的个性、才气、习染所形成的不同风格，文学作品必然具有作家个性的烙印，故说『各师成心，其异如面』。至于作品的风格也是多样化的，刘勰所概括的典雅、远奥、精约、显附、繁缛、壮丽、新奇、轻靡等『八体』，只不过是就其大略而言。他列举了贾谊、司马相如、扬雄、班固等许多作家的各自不同的风格，说明各人的才、学、志、气的不同，带来的风格的差异。后来，人们评论作家作品，都喜欢用这种办法去品鉴，如钟嵘的《诗品》，就是按他的审美观，把历代诗人分列为上中下三品。至于从理论上去概括和描述各种不同的

风格，当以唐代司空图的《二十四诗品》为代表，他对各种风格都以直观鉴赏的态度去作象征性的描述，这对我国古代诗歌美学的鉴赏，影响是很深远的。至于『风骨』一辞，本身虽然不是风格的意思，但是，它却是对文学作品的情志和辞藻的要求，也可以说是对文风的要求，那就是要思想健康、有感染力，文辞也要有力量，即所谓『风清骨竣』、『文明以健』，自然是一种健康而又有艺术力量的风格。

③阴阳刚柔说。由于文学鉴赏侧重于对审美对象表现出来的风骨、气质、个性的整体感受，所以逐渐形成一些用以表述整体风格的带有类型性质的概念，如阴阳刚柔、婉约豪放之类，合而言之，则有阳刚、阴柔、豪放、婉约等不同的风格。西方美学中有壮美、优美之分，从美学的普遍意义上讲，这些概念之间，中西美学也有相通之处。但是，中国古代文学理论的表述方式，毕竟是中国传统文化孕育出来的产物，尤具有民族特色和丰富的美学内涵。

关于阴阳刚柔之说，最早见于《易·系辞》：『一阴一阳之谓道，继之者善也，成之者性也。』又《易·说卦传》云：『分阴分阳，迭用柔刚，故《易》六位而成章。』广义的阴阳概念，用之于天地、日月、昼夜、男女，但是却有一个共同之处，即阳表示刚，阴表示柔。这些具有深厚文化内涵的观念，很自然地被引进文学审美意识之中，用以象征文学风格的壮美与优美之别，这在

《礼记·乐记》中已有所论述：『合生气之和，道五常之行，使之阳而不散，阴而不密，刚气不怒，柔气不慑。』这就是要阴阳协调，刚柔互济，也就是《乐记》提倡的中和之美。对阳刚美与阴柔美描述得最生动明白的，是清代姚鼐在《复鲁挈非书》①中的一段话：

鼐闻天地之道，阴阳刚柔而已。文者，天地之精英，而阴阳刚柔之发也。……其得于阳与刚之美者，则其文如霆，如电，如长风之出谷，如崇山峻崖，如决大川，如奔骐骥；其光也，如杲日，如火，如金镠铁；其于人也，如冯高远视，如君而朝万众，如鼓万勇士而战之。其得于阴与柔之美者，则其文如升初日，如清风，如云，如霞，如烟，如幽林曲涧，如沦，如漾，如珠玉之辉，如鸿鹄而入寥廓；其于人也，漻乎其如叹，邈乎其如有思，暖乎其如喜，愀乎其如悲。

所有这些阳刚阴柔的风格，在文学作品又呈现出千姿百态，也不可一概而论，这就须要在鉴赏作品时去细细品味以获得不同的美感享受。可以说，中国古代的文学鉴赏理论，与其说它是理性的、伦理道德的概念化的认知，不如说它是直观的、富于艺术想象和创造的审美心理活动，是一种动态的审美感知，而不是静态的物象观照。

词论中的婉约、豪放的区分，也是与阴柔阳刚的观念有关。明代张綖在《诗余图谱·凡例》中说：『词体大略有二：一体婉约，一体豪放。婉约者欲其词情蕴藉，豪放者欲其气象恢宏。盖亦存

①《惜抱轩文集》卷六。

乎其人，如秦少游之作多是豪放。大抵词体以婉约为正。』此说一出，影响甚大，也许这也是因为它符合我国古代喜欢以阴阳刚柔论作家作品风格的鉴赏习惯吧？到王国维的《人间词话》，虽然没有直接谈到阳刚阴柔，但是他谈境界有大小和有我之境、无我之境以及所举的种种词作，都与豪放婉约、阳刚阴柔的不同风格有内在联系。

④滋味兴趣说。文学鉴赏是一种审美活动，读文学作品如同欣赏音乐绘画一样，在审美的过程中，获得思想感情的净化熏陶。所以，我国古代文学理论中，特别强调『滋味』和『兴趣』。滋味，就是要有味觉的快感，汉字中的『美』字，从羊从大，可能古人造字时就是以味觉的快感作为美感，所以『味』字就被用来表示文学艺术给人的美感。孔子听古乐受陶醉，以至于『三月不知肉味』，其实，也就是用味觉之美去形容听觉之美罢了。《乐记》中有『大羹不和』的说法，大羹也就是太羹，古代祭祀用不调五味的肉羹，就是我们说的『原汁原味』，用以比喻未加修饰的原始朴素的音乐。王充论文，主张自然明白，『言瞭于耳，事味于心』，认为『大羹必有淡味』，①淡味即是未加佐料的原味，也是一种朴素之美味。陆机在《文赋》中也用『缺太羹之遗味』来比喻诗文要有余味。后来，『味』就成为文学鉴赏所获得的美感的代称，刘勰论『情采』则云：『繁采寡情，味之必厌。』（《情采》）论『隐秀』则云：『玩之者无穷，味之者不厌』。（《隐秀》）钟嵘在

①王充《论衡·自纪》。

《诗品》中则把『味』和『滋味』通用，他评论五言诗说：『五言居文辞之要，是众作之有滋味者也。』而在评论玄言诗时则说：『理过其辞，淡乎寡味。』到了唐代的司空图，他更明确的说：『文之难，而诗之难尤难。古今之喻多矣，而愚以为辨于味，而后可以言诗也。』①他追求的是『韵外之致』、『味外之旨』的『醇美』。苏轼对司空图之论十分赞赏，他在《书黄子思诗集后》②中说：『信乎表圣之言，美在咸酸之外，可以一唱而三叹也。』又在《送参寥师》诗中说：『咸酸杂众好，中有正味永。诗法不相妨，此语更当请。』③可见我国古代诗文论中讲滋味、韵味、趣味、兴味，都是讲文学鉴赏中的审美感受。

与此有关，严沧浪提倡的『兴趣』说，也属于诗歌鉴赏的审美范畴。严羽在《沧浪诗话》中，两处提到『兴趣』，一处说：『诗之法有五：曰体制，曰格力，曰气象，曰兴趣，曰音节。』把兴趣归于『诗法』之中，并不是讲一种具体的创作方法，这里讲的是五法，俱是诗的最基本的艺术特征，兴趣当然也是诗歌的艺术特征之一。另一处说：

盛唐诸人惟在兴趣，羚羊挂角，无迹可求。故其妙处透彻玲珑，不可凑泊，如空中之音，相中之色，水中之月，镜中之象，言有尽而意无穷。

这里的『兴趣』就是直接涉及诗歌的艺术特征给人们以美感的问题了。严羽反对那种『以文字

①《司空表圣文集》卷二《与李生论诗书》。 ②经进《东坡文集事畧》卷六十（文学古籍刊行社）。
③转引自《中国历代文论选》。

为诗，以才学为诗，以议论为诗』而不懂诗歌的艺术特征的诗风；也不欣赏那种语言太直白，意境太浅露，缺乏韵味的作品。他所作的镜花水月之喻，无非就是说诗歌要有形象性、有意境，才会产生『言有尽而意无穷』的审美趣味，所以他才说：『诗有别才，非关书也；诗有别趣，非关理也。』这别才、别趣，说的是诗歌的一种特殊性，即其自身的审美特性。显然，兴趣是诗歌意境给人们的审美趣味，是一种美感经验。关于『兴』的概念，自孔子说『诗可以兴』之后，就把它和文学联系起来，后来产生了许多词语如兴象、兴味、兴致、兴寄等等，都具有特定的美学含义。而兴趣一辞，则是兼融诸说而形成的诗歌审美的特定的美学概念，这就是诗歌鉴赏所特有的美感，它和滋味、兴味、兴致等等是有内在联系的。历代诗论、文论、画论中，多用这些词语来表述创作和鉴赏过程中的美感活动，这也是我国古代文学理论的民族特色之一。

以上我从文原论、创作论、鉴赏论三个方面大致勾画了我国古代文学理论体系的一个轮廓。这里有两个问题再说明一下。

第一个问题，说到『体系』这个概念，它可以是广义的，也可以是狭义的。就广义而言，除上述三个方面外，还可包括文学发展史论、文体论等等。我主要是想就作为文学理论的三个最基本的问题，去梳理出我国古代文学理论体系的基本框架，所以就不涉及其他方面。就以所谈到的三方面而言，也只是举其要者去论述，而不是面面俱到。譬如说创作论，包括的内容也很丰富，诸如创作方法、结构手法、文学技巧等等，我都未予叙述。以后如有条件，当撰专著论述。

第二个问题，我所列举的许多名词概念，如原道、情志、意境、神思、言意、知音、滋味等等，学术界早已有许多研究成果。我这里并不是简单地重复别人之论而将以罗列，我力图按自己的理解，去寻绎这些名词概念之间的内在联系，只有找到这些纷繁的、复杂的理论概念之间的内在联系，才能构成相互依存的互动的理论体系。这也是我研究的初衷，但面对我国古代的博大精深的文学理论，想要把整体体系说清楚，那自非短期内能做到，也决非一、二人之力可以完成，拙文仅是抛砖引玉而已。

（原载《楚雄师范学院学报》二〇〇四年四月）

政声·人品·诗风

——读钱南园遗诗杂记

一

孟子曾对他的学生万章说：『颂其诗，读其书，不知其人，可乎？是以论其世也，是尚友也。』（《孟子·万章》）这就是我们常说的知人论世。我们读一个作家的作品，必须对这位作家的生平思想有所了解，我们读钱南园的诗亦然。而要了解这个作家和作品，又必须对他的社会背景有所了解。钱沣字东注，号南园，昆明人，生于乾隆五年（一七四〇），卒于乾隆六十年（一七九五），享年仅五十五岁。钱南园少时家贫，『幼不能购书，辄于废纸中拾残篇读之。』（《昆明县志》）勤奋读书，终于在三十一岁时(一七七一)举进士，官至御史，为人刚正不阿，为政清廉，敢于和权贵贪赃枉法的腐败现象作斗争。特别是敢于对在朝权势最大的和珅进行抵制和斗争。这一切使得钱南园政声卓著，誉满全国。同时，钱南园的诗书画也有很高成就，尤其是他的书法成就最大，名重文林，为书家师法，世称为『钱体』。可以这样说，钱南园的政声和人品，为世人所称道和景仰，但真正名传后世而为人们所熟知的是他的书法，而对学术领域则著述甚少。他可称得上是蔑视权贵，廉洁爱民的政治家，是育才、爱才、识才的教育家，同时又是饮誉艺苑的书法家。至于他的诗，由于传世作品不多，又因他的政声和书法的声誉，确乎压盖了他的诗名，所以论及钱南园者，多把视角对准他的政声、人品和书法，而对他的诗作则重视不够。其实，我们如果把他的诗作和他的书画及政绩生平联系起来看，那么他的诗也具有不可忽视的价值。在他身上体现出来的政声、人品和诗风的统一，才是钱南园的完整的体现。所以对他的诗，我们也应作进一步研究。

从现存的钱南园遗诗来看，可知他在公务之馀，也喜欢写诗，凡于行役旅途或朋友交谊，游山玩水之际，几乎都有酬唱和纪行之作，但是他多不经意留稿，故多有遗失。清代学者俞樾在《重刻钱南园遗集序》中说：

> 海内重其为人，并重其翰墨，得先生之书若画，咸珍若拱璧，而其诗文顾不多见。梧们祭酒刻其遗诗才二卷耳。同治间，湖南巡抚刘公蒐辑遗文轶诗刻《南园先生集》五卷以行于世。盖先诗文不自收拾，见者抄录寻而存之，故所存止此。

同馆侍生梧门法式善在《原刻南园遗诗序》中说：

今年正月于书肆买得先生手稿一帙，心窃喜之。适保山袁苏亭寄新刊《滇南诗略》至，所载南园诗与余所得多有不同。既而先生戚友师荔扉大令需次来都，出先生诗两帙，与所见者又多有不同。乃知先生为词向不存稿，作辄弃去，见者缮录收存之，非先生意也。

再加上钱南园逝世后，『遗孤稚弱，所存手稿，大半散失，即此三卷中，雄篇佳什，余向所心摹神追者，仅存一二，至与余赠答之章，竟自无存，则此遗佚已为不少也。然而先生之人传矣，诗固不尽于此，即此亦见一斑矣。』（同上）由此可见，钱南园的诗遗失不少，因而世人知之者亦少，否则，他的诗书画齐名，应该是必然的。现就《云南丛书》所收的《钱南园先生遗集》中的诗统计，卷一、卷二、共一百五十三首，卷三补遗五十三首，卷六又补遗六首，总计二百一十二首。

二

钱南园的遗诗虽然不多，但是，从他的诗去看他的人品、官品，三者是完全一致的。正如俞樾说的，『以先生之风骨而又以才智佐之，宜其为一代名臣哉；诗文固其馀事，而读其书想见其人，恶得以余事而忽之。』所以，我们从他的诗看他的为人，又可从他的政声、人品去看他的诗风。关于这一点，他的挚友师荔扉有一段很深刻的评述：

直言敢谏，其风采在朝廷；振拔孤寒，其精神在学校，孝于亲，友于弟，其仪式在乡党；言必信，行必果，其义气在交游。即无诗，已堪不朽，而况诗之所存者，布帛菽粟之味，运以苍古雄直之思，亦适如其人不忝乎！（《原刻钱南园遗诗跋》）

可以说这就是对钱南园的政声、人品、诗风的高度概括。纵观钱南园的诗，虽多有关心时事，同情人民和抒情写景的诗篇，但更多的是思念故乡，怀念亲友之作。师荔扉说的『布帛菽粟之味』，就是说钱南园的诗不无病呻吟，吟风弄月，而是充满生活气息，充满亲情、充满社会内容；而『苍古雄直』则是对其诗的风格的准确的概括。唯其有『直言敢谏』刚正不阿的政声，有孝悌忠信，振拔孤寒的人品，才能有这种『苍古雄直』的诗风。

三

钱南园诗多古风长调，也许是便于充分反映现实生活，抒发情怀。他在政治上敢于斗贪官污吏，正气凛然，自知处境艰险，然仍能挺身而出，在皇帝面前敢于直言，慷慨陈词。但他的诗却绝无叫嗥怒张之态，而多婉约讽喻，有温柔敦厚之风。他在《赴随州》一诗中，以较长的篇幅去描绘因土地贫瘠而离乡背境去垦荒的饥民群的苦况，对贫苦大众寄以极大的同情。诗开篇就真实地描写他和随行们天不亮就上路的旅途艰苦：

仲冬凛凛宵何长，欲鸣不鸣鸡冻僵。起驱羸马不识路，募人为导心怅惶。

塞山苦雾星斗暗，一灯孤照青无光。虽无伏鬼与立魅，填坑坠壑谁周防。

在这样艰险难行的途中，他碰到一群流浪去垦荒的饥民：『蹭蹬觉及二十里，渐有来人啾道傍。或负或担步或坐，或持儿女扶爷娘。东南回首觇出日，晨风吹破单衣裳。』及至询问情况之后，才知道他们是因为『百年生息人渐满，土毛不复供填肠。』不得已只能逃荒来襄郧汉广一带的荒山野谷开荒，在这里，『编蓬作居地无税，高下随力堪垦荒。疏引水泉拒雀鼠，一亩数斛黄赤粱』。这都是为了生存而不得已的举措，所以作者以十分同情的诗句写道：

人生所愿适乐土，终然惜汝轻去乡。祖宗坟墓寄谁所？谁供麦饭酬椒浆？

况彼水土既未习，疾病医药求谁良；谁为相保谁相爱，相恤寇盗赒婚丧。

诗中点出去垦荒可以不缴『地税』，为了『适乐土』的理想而饱尝弃境离乡、拖儿带女之苦。对老百姓的这些痛苦，官府没有人来管，诗中一口气用质问语气提出这个问题，并用《诗经》中『硕鼠』的隐喻，婉转地表现出穷苦人民希望寻找到『乐土』的愿望，揭露了当时社会现实生活的黑暗。诗写到此，笔锋一转就转到对家乡贫困现实生活的描述：『我家旧宅滇海上，入室长物唯堵墙，今年天罚降淫潦，举室中露无赢粮。』他又把注意力转回眼前，担心灾民『露襟血泪倾淋浪，且得无作沟中瘠。』他寄希望于这里的地方官，这是他的『故旧』，此人『负才敏异心慷慨，尝欲广厦奉天下』，希望能施善政，使人民能过安定的生活。这首诗，深得杜甫、白居易的歌行之风，也是钱南园政声、人品、诗风三位一体的表现。

四

钱南园在他的仕途中，并不热衷于升官发财，相反他面对险恶腐败的官场，一方面以舍得一身剐的精神和贪官污吏作斗争，另一方面则随时准备隐退。他宁愿过一种清贫而自得的生活，过一种贫民的生活。他于乾隆辛卯中进士，授国史馆纂修官，至乙未年昆明大水灾，他请假回家省亲，他写了《乙未乞假还滇留别京中诸友》四首，其中一首写道：『衣奔食走漫无成，长惜风尘岁月倾。雪暗乌罗孤马瘦，江吞赤壁一舟轻。未关乡党排元叔，也值诸侯礼正平。窃禄五秋今抱病，薄功厚享致灾生。』可见他致仕不久，就已产生壮志未酬之感。为未能建功立业而得『厚享』感到不安，隐隐约约地流露出对平民生活的眷恋。他在诗中写道：

> 囊中南纪是巫庐，彩云南边路更余。来为饥肠驱曼倩，去愁渴肺老相如。
>
> 长镵蛇岭饶生术，短艇龙江易得鱼。回首故人霄汉上，金银楼阁拱仙居。

蛇岭龙江当指昆明蛇山盘龙江，他宁愿过渔樵生活，并不羡金银楼阁的仙居。回家后不久，擢升御史，正是大有作为之日，政声卓著，但宦途险恶，亦时有隐退之心。在《宿正定同陈绸斋、杨云超、施邃园》一诗中充分表现出他的这种内心的隐私：

长路冲炎倦马过，各称无计奈愁何！重闻赵女新声改，三见燕台滞客多。

云变半阴暗恒岳，尘腾十丈走滹沱。怜余恃有昆湖梦，夜夜先还理钓蓑。

正定县在石家庄北滹沱河流域，古燕赵之地。燕台即黄金台，钱南园夜宿友人处，朋友谈心，感慨甚多，『各称无计奈愁何』，虽有『黄金台』的诱惑，然多为滞客，绝非久留之地，而在梦中，则早已飞回昆湖去理钓蓑去了。他在《送彭南池还滇并呈苏端树》中有『垂涕若逢苏叔党，道余宦况亦堪怜』之句，亦足以见其内心的沉重。这也就是他在《渡河》中表露的『失意年来惯，还乡路正多』的心情了。难怪他在《不寐戏作》中大有『吾之患在有吾身』（《老子》）之感：

寒窓秃树影槎枒，多蝨攻肌费抑爬。残梦蘧蘧散蝴蝶，长更阁阁闹蝦蟆。

名场画后粗成饼，禅劫蒸余待热沙。未到无身均大患，聊堪惆怅有些些。

作者在这里用了庄生梦蝶的寓言和老子『吾之患在有吾身』的思想，希望能从身不由己的官场中摆脱出来，但现实中是不可能的，只好留下一些惆怅吧了。

五

钱南园诗中，多有亲友酬唱怀乡念旧之作。这类作品最能表现出作者对朋友情感之深厚和真诚，可以看出他是一个性情中人。从他的诗中可知他和万荔村、陈再冯、师荔扉等是至交好友。其中他和师范（荔扉）交情甚笃，往来诗歌酬唱也多，诗集中所载《送师荔扉之永平府》、《送师荔扉》、《闻师荔扉游山海关有怀》、《送师荔扉用前韵》等七八首，从他的《师荔扉枉过留饮二日辱赠余诗又与徐镜秋赠答，因依韵酬之并依镜秋韵一首》即可看出他们的交情之深：

不笑鷦鷯老一支，深杯频劝我何辞。
百年已断槐宫梦，孤兴犹寻柏石诗。（注：用苏题画诗意）
脱木高风吹蓟水，联床旧雨话滇池。
直愁马首之东去，霜月仍悬两地思。

在《右酬荔扉》中有『肝肺论交两不难，应知白首若新欢』、『所嗟病骨支离久，不奈霜威抵暮寒』之句，都充分表现出他们之间的肺腑之交，终身不渝。从师荔扉为钱南园收集整理遗诗并在《原刻钱南园遗诗跋》中对钱南园的为人的深刻分析看，不是至交朋友是不可能做到的。

万荔村和王宜泉也是钱南园的两位好友，诗集中有关他们的诗也不少，如《同万荔村送李五高维》、《闻万荔村权牧归州遥寄》、《闻万荔村已谢施州通守》、《再寄万荔村》、《送王宜泉同万荔村游楚》、《得万荔村王宜泉书》、《再得万荔村宜泉书》等等。这里，我们无妨看看《送王宜泉同万荔村游楚》一诗：

我昔从楚来，君今从楚去。途穷仗友生，客子何欢趣。
临境幸无数，开尊幸无屡。浮云互西南，不见乡关处。
呜乎古志士，牢落非所恶。心情寄风雨，鬓髮积烟雾。
陶冶在诗篇，跨俗策高步。孰知后世名，不系穷达数。
子负磊落才，出以显亲故。但无荒日月，何道悲迟暮。
白汗身翻浆，清骊毕载路。握手更何言，泪落衣襟污。

诗中充满了朋友之间互相勉励，互相关心的真挚感情，充满了『跨俗策高步』的高洁情怀，不为牢落所伤，不为迟暮而悲，不求后世之名，不为穷达所系。这种殷殷友谊，真切感人。这也正是师荔扉说的『其义气在交游』的表现。

六

钱南园对故乡和亲人们的感情之深厚，可以说已溶于血液之中，时时刻刻念之不忘，至性至情，处处体现出他身上的传统美德。他在《寄家书》中说：『得凭万里使，归寄数行书，借问愁心绝，何堪报倚闾。』短短几句，集中表现出他对家乡对父母的深切眷恋之情。在《再得荔村宜泉书》中写道：『秋老汉东枫色赤，寒生蓟北雨声疏。遥应同梦昆湖去，断石残槎访旧庐。』身在异乡，无时无刻不在思念故乡和亲人。及至回到家，仍然两袖清风，父母兄弟都过着清寒生活，但不以为忧，而天伦之乐，足以慰别离之情，试读其《还乡》诗三首之一：

代马不忘北，越禽欣南栖。
游子乍还乡，恍恍意翻迷。
入门见父母，惜我颜黑黧。
长跪进致辞，行李实惨凄。
为言不足忧，吾肠便藿藜。
诸弟出营食，顾见蓬头妻。

弟妇拜且却，小妹娇还啼。

阿长将米归，黑盐手并齎。

喜传豆角熟，不但食黄齑。

堂堂七尺躯，壮齿生久齐。

饥寒上累亲，不如跪乳羝。

诗中包含父母子女之爱，兄弟姐妹之亲，久别相聚，悲喜交集，钱南园虽『行李实惨悽』，『饥寒上累亲』，但是亲情之乐比什么都珍贵。虽穷但人品高洁，正如作者在第三首诗的最后说的：『人生固有穷，但恐制行低。齐人饕富贵，羞死妾与妻。』这就是钱南园的人品所在，他对故乡感情深厚，得知昆明水灾的消息，心急如焚，乞假回滇省亲。他在《得万荔村王宜泉书》中写道：

联舫已传逾大别，之官几日到随州。故乡水没碧鸡市，客子风吟黄鹤楼。

岂有奇方能缩地，空凭素札一将愁。灯昏墨淡雾遮眼，木落堂空霜在头。

他为昆明水灾乞假省亲，不仅只是关心家庭，他更关心昆明水患，提出治理盘龙江、金汁河、银汁河、宝象河、马料河、海源河的方案，并作《六河歌为陈云岩观察作》，以诗论水利，提出治河具体建议和办法，也别具一格。

七

钱南园的诗，多是抒情、言志之作，但也有一些记游写景的诗，其中有不少情景交融，意境优美的篇章警句。大抵因诗人情性使然，所以凡写景者亦必寓情于景。试读其《宿太华寺》诗：

半壁苍烟拥薜萝，江禽啼处晚船过。树交危蹬盘青霭，天纵飞楼纳白波。

夜不分明花气冷，春将狼藉雨声多。愁中不暇枕幽兴，佳水佳山奈尔何？

诗中描写的西山和滇池的景致，宛如一幅天然画卷，苍烟、晚船、危蹬、飞楼、青霭、白波、浑然一体。又逢太华山之夜雨，引起诗人「春将狼藉」的暮春愁绪，纵是佳水佳山，也难唤起枕边幽兴了。这是写景诗，而贯穿于内脉的则是抒情，人与自然完全被情融为一体了。这种情景交融的手法和诗的意境，在钱南园的诗中并不少见，如《雨宿通海》、《初雪》、《野步》、《野寺》、《九日岳麓》、《夜泊》等等，俱系情中景，景中情，含蓄蕴藉，多有馀味的佳作。我们再来欣赏他的《自随州至江陵》诗：

江陵城上望，江外望公安。万古滔天水，孤城一弹丸。

风连巫峡动，烟入洞庭宽。去住嗟今昔，斜阳更依阑。

这是作者『自随州至江陵独行凡四日，所至数吟以遣疲惫，共得八首』的最后一首。全诗境界开阔壮美，意境沉郁苍凉，从『万古滔天水』到『孤城一弹丸』，发思古之幽情，联系自己的亲身经历，不胜今昔之感。面对斜阳，倚栏沉思，则古今胜概，人生际遇，尽融入宇宙混沌之中。这也是钱南园把自己融入自然和历史画卷中的人生境界。也可以把它看做是钱南园政声、人品和诗风融为一体的艺术境界。『蓬背风欹夜泊迟，暗灯虚照鬓如丝。生平夜雨听多少，江阔春寒正此时。』（《夜泊》）在人生历程中，总是风风雨雨，夜雨春寒，多少经历，不知不觉间，青春早逝，老之将至，这不正是作者的人生写照么？

（原载《钱南园研究文集》，云南民族出版社二〇〇七年）

题品司空图《诗品》

前言

司空表圣《二十四诗品》问世后千余年间，古今论之者多矣。惟因表圣以诗论诗，多意象，少说理，多隐喻，少直陈，多含蓄，少表白，故后人对《诗品》之理解，众说纷纭，同异之间，各有妙解，各有体悟。或差之毫厘而意味迥异，或肝胆胡越①而殊途同归。见仁见智，俱可互参，其独有所悟者，虽与众不同，亦不失其为一家之言。余于而立之年，初读表圣《诗品》及其《与李生论诗书》、《与极浦谈诗书》等，深感其有别于言志抒情之常谈而独标味外之旨，以寻绎诗之审美旨趣，复以象外之象、景外之景喻诗之意境美；如此论诗，独辟蹊径，别有天地，非对诗有特殊妙悟者所不能道也。五十年间，余常翻阅《诗品》以自愉，然仅于似解非解之间把玩而未能深究其所以然。其所谓象外之象、景外之景，岂非不著一字、尽得风流之谓欤？然则，不立文字，教外别传者，亦非言意之所能及也。诗道亦然，故悟有深浅，各人自知，未可强求一律也。余不敏，未敢以

①《文心雕龙·比兴》：「物虽胡越，合则肝胆。」又《庄子·德充符》：「自其异者观之，肝胆楚越也；自其通者视之，万物皆一也。」又《淮南子·俶真训》：「是故自其异者视之，肝胆胡越。」

长篇大论申述表圣《诗品》之内蕴，平时偶有所悟，则记之以七绝，前有释义数语作补充。固未敢自诩能得表圣之原旨，如或得其皮毛，则应归表圣论诗引发启示之功，余之所论仅一得之见耳！

表圣《诗品》，或称之为意境美学，或称之为风格美学，惟其探求诗歌之美，则旨归为一，故称之为诗美学亦宜。前人亦多有题咏《诗品》者，如顾翰之《补诗品》，曾纪泽之《演司空表圣诗品二十四首》，更有模仿而演变为《文品》、《词品》者，俱借题发挥，各抒己见，未必以阐发表圣《诗品》诗论内涵为宗，故毋需以研究者之眼光求之而论其短长。余所品题者，则力图发挥表圣《诗品》之内在精神，然探幽发微，亦非余力之所能及，乃笼统以意象称诸品，以期能悟其默会意象之表①而存其想象之空间。一孔之愚见，或恐取笑于真知者也。

二千有七年丁亥之深秋于云南大学龙泉路教工小区

①叶燮《原诗》：『划然示我以默会意象之表。』

一、雄浑

包罗宇宙，混元一体。至大无形，亘古长存。此雄浑之意象也。赞曰：

包罗宇宙覆乾坤，大象无形自入浑。

万物欣欣通一气，涵虚妙造复还元。

《雄浑》原文：

大用外腓，真体内充。返虚入浑，积健为雄。

具备万物，横绝太空。荒荒油云，寥寥长风。

超以象外，得其环中。持之匪强，来之无穷。

二、冲淡

太初有无，元气淡然。涵润海宇，天地与归。此冲淡之意象也。赞曰：

若即若离有若无，心怀淡泊自如如。

太和元气天生就，动静咸宜返太初。

注：泰初亦作太初，天地之『元气』。《庄子·天地》：『泰初有无』。成玄英疏：『泰，太；初，始也。元气始萌，谓之太初。』

《冲淡》原文：

素处以默，妙机其微。饮之太和，独鹤与飞。

犹之惠风，荏苒在衣。阅音修篁，美曰载归。

遇之匪深，即之愈希。脱有形似，握手已违。

三、纤秾

生机盎然，百花盛开。纤细秾郁，春色满园。此纤秾之意象也。赞曰：

流水桃花柳色新，千层碧浪草青青。

莺鸣幽谷人心醉，万紫千红满目春。

《纤秾》原文：

采采流水，蓬蓬远春。窈窕深谷，时见美人。

碧桃满树，风日水滨。柳阴路曲，流莺比邻。

乘之愈往，识之愈真。如将不尽，与古为新。

四、沉着

境界空阔，思深意远。胸有沟壑，自得无言。此沉着之意象也。赞曰：

绿林野屋海天空，独步沉吟入大通。

明月清风江渚上，深情尽在不言中。

《沉着》原文：

绿杉野屋，落日气清。脱巾独步，时闻鸟声。

鸿雁不来，之子远行。所思不远，若为平生。

海风碧云，夜渚月明。如有佳语，大河前横。

五、高古

不拘形迹，抱朴守真。无拘无束，来去无踪。此高古之意象也。赞曰：

返朴归真格调高，畦封脱尽自逍遥。

不拘形迹真人在，夜半清钟动九霄。

《高古》原文：

畸人乘真，手把芙蓉。泛彼浩劫，窅然空踪。

月出东斗，好风相从。太华夜碧，人闻清钟。

虚伫神素，脱然畦封。黄唐在独，落落玄宗。

六、典雅

高山流水，弦外知音。诗书为友，见性明心。此典雅之意象也。赞曰：

茅屋雨声伴素琴，玉壶春满见冰心。

布衣情愫淡如菊，竹韵书香不染尘。

《典雅》原文：

玉壶买春，赏雨茅屋。坐中佳士，左右修竹。

白云初晴，幽鸟相逐。眠琴绿荫，上有飞瀑。

落花无言，人淡如菊。书之岁华，其曰可读。

七、洗炼

洗则不杂，炼则有神。炉火纯净，一字千金。此洗炼之意象也。赞曰：

千锤百炼出真金，字字珠玑费苦吟。

附赘悬疣留笑柄，空灵警句见超心。

《洗炼》原文：

如矿出金，如铅出银。超心炼冶，绝爱缁磷。

空潭泻春，古镜照神。体素储洁，乘月返真。

载瞻星辰，载歌幽人。流水今日，明月前身。

八、劲健

刚健既实，饮真茹强。力拔泰山，气韵超常。此劲健之意象也。赞曰：

万里长空独御风，浩然正气足弸中。
守真蓄素天行健，砥柱中流气若虹。

《劲健》原文：

行神如空，行气如虹。巫峡千寻，走云连风。
饮真茹强，蓄素守中。喻彼行健，是谓存雄。
天地与立，神化攸同。期之以实，御之以终。

九、绮丽

绮而不俗，丽质天生。非彩非绘，造化逢春。此绮丽之意象也。赞曰：

天生丽质亦堪怜，富贵牡丹气使然。

雾縠漪涟红杏月，三春花柳濯清泉。

《绮丽》原文：

神存富贵，始轻黄金。浓尽必枯，淡者屡深。

雾馀水畔，红杏在林。月明华屋，画桥碧阴。

金尊酒满，伴客弹琴。取之自足，良殚美襟。

十、自然

天人合一，妙悟天开。雕绘满眼，真趣荡然。此自然之意象也。赞曰：

雪月风花信手拈，池塘春草暖云烟。
文章贵在存天趣，大道悠悠法自然。

《自然》原文：

俯拾即是，不取诸邻。俱道适往，着手成春。
如逢花开，如瞻岁新。真与不夺，强得易贫。
幽人空山，过雨采苹。薄言情悟，悠悠天钧。

十一、含蓄

拈花示众，似有真宰。不立文字，教外别传。此含蓄之意象也。赞曰：

不著空文象外传，大音妙处觉无弦。
空灵境界存真宰，万取一收意飒然。

《含蓄》原文：

不着一字，尽得风流。语不涉己，若不堪忧。
是有真宰，与之沉浮。如渌满酒，花时反秋。
悠悠空尘，忽忽海沤。浅深聚散，万取一收。

十二、豪放

情满四海，气贯九州。纵横捭阖，浩荡天风。此豪放之意象也。赞曰：

浩气长存唱大风，海天无际荡心胸。

豪情弥满知真力，放眼星河大化中。

《豪放》原文：

观花匪禁，吞吐大荒。由道反气，处得以狂。

天风浪浪，海山苍苍。真力弥满，万象在旁。

前招三辰，后引凤凰。晓策六鳌，濯足扶桑。

十三、精神

活泼泼地，释氏所宗。生机盎然，精气玄同。此精神之意象也。赞曰：

泼泼生机精气神，春融万物草茵茵。

青松高挂悬岩上，郁郁葱葱傲彩云。

《精神》原文：

欲返不尽，相期与来。明漪绝底，奇花初胎。

青春鹦鹉，杨柳楼台。碧山人来，清酒深杯。

生气远出，不着死灰。妙造自然，伊谁与裁。

十四、缜密

精雕细刻，天衣无缝。匠心独运，巧夺天工。此缜密之意象也。赞曰：

云霞雕色无痕迹，锦绣天成造化奇。
水色山光尤邃密，匠心独运出玄机。

《缜密》原文：

是有真迹，如不可知。意象欲生，造化已奇。
水流花开，清露未晞。要路愈远，幽行为迟。
语不欲犯，思不欲痴。犹春于绿，明月雪时。

十五、疏野

疏中见淳，野中见真。淳则见性，真则明心。此疏野之意象也。赞曰：

真淳率性自无羁，形迹不拘物我齐。

脱略萧疏随意适，浮华涤尽入天倪。

《疏野》原文：

惟性所宅，真取不羁。控物自富，与率为期。

筑室松下，脱帽看诗。但知旦暮，不辨何时。

倘然适意，岂必有为。若其天放，如是得之。

十六、清奇

冰清玉洁，脱俗超奇。秋高气爽，野鹤孤飞。此清奇之意象也。赞曰：

超尘脱俗自清奇，晴雪青松映绿溪。

空碧悠悠高泻月，寻幽曲径已忘归。

《清奇》原文：

娟娟群松，下有漪流。晴雪满竹，隔溪渔舟。

可人如玉，步屧寻幽。载瞻载止，空碧悠悠。

神出古异，淡不可收。如月之曙，如气之秋。

十七、委曲

余味曲包，情变所孕。山重水复，文脉所注。此委曲之意象也。赞曰：

文似看山不喜平，一波三折浪千层。

廻肠九曲愁思远，委婉屈伸万种情。

注：刘彦和《隐秀》云：『深文隐蔚，余味曲包。』又（《神思》云：『神用象通，情变所孕。』）

《委曲》原文：

登彼太行，翠绕羊肠。杳霭流玉，悠悠花香。

力之於时，声之於羌。似往已迴，如幽匪藏。

水理漩洑，鹏风翱翔。道不自器，与之圆方。

十八、实境

即目所见，触景生情。情真景实，妙在直寻。此实景之意象也。赞曰：

情景相生境界真，秋风落叶客心惊。

伤时感事花含泪，触动天机见性情。

《实景》原文：

取语甚直，计思匪深。忽逢幽人，如见道心。

清涧之曲，碧松之阴。一客荷樵，一客听琴。

情性所至，妙不自寻。遇之自天，泠然希音。

十九、悲慨

长铗夜鸣，慨当以慷。人生苦短，悲从中来。此悲慨之意象也。赞曰：

块垒胸中愤不平，尤伤大道日沉沦。
长江日夜东流去，慷慨悲歌万古声。

《悲慨》原文：

大风卷水，林木为摧。适苦欲死，招憩不来。
百岁如流，富贵冷灰。大道日丧，若为雄才。
壮士拂剑，浩然弥哀。萧萧落叶，漏雨苍苔。

二十、形容

形似易工，神似难求。独与道契，著手成春。此形容之意象也。赞曰：

离形得似贵传神，灵素清明返本真。
大道无形唯妙契，风云花草自同尘。

《形容》原文：

绝伫灵素，少回清真。如觅水影，如写阳春。
风云变态，花草精神。海之波澜，山之嶙峋。
俱似大道，妙契同尘。离形得似，庶几斯人。

二十一、超诣

神机卓绝，妙境超常。空中之音，片羽吉光。此超诣之意象也。赞曰：

镜花水月了无痕，天籁无声识大音。

若即若离与道契，孤峰出岫本无心。

《超诣》原文：

匪神之灵，匪机之微。如将白云，清风与归。

远引若至，临之已非。少有道契，终于俗违。

乱山乔木，碧苔芳晖。诵之思之，其声愈稀。

二十二、飘逸

浮云飘荡，林韵逸响。神仙安在？目击道存。此飘逸之意象也。赞曰：

清心寡欲俗尘除，云卷云舒意自如。

浪里烟波鸥上下，缑山鹤唳月牙初。

《飘逸》原文：

落落欲往，矫矫不群。缑山之鹤，华顶之云。

高人画中，令色絪缊。御风蓬叶，泛彼无垠。

如不可执，如将有闻。识者已领，期之愈分。（注）

注：一本作『期之已领，欲得愈分』，较通达。

二十三、旷达

物我齐观，死生一理。荣枯有数，顺应自然。此《旷达》之意象也。赞曰：

包罗万象心宜旷，放眼星河四海通。

宇宙为心天地阔，死生蝶化古今同。

《旷达》原文：

生者百岁，相去几何。欢乐苦短，忧愁实多。

何如尊酒，日往烟萝。花覆茅檐，疏雨相过。

倒酒既尽，杖藜行歌。孰不有古，南山峨峨。

二十四、流动

流水不腐，生命机枢。天地之化，歌诗之符。此《流动》之意象也。赞曰：

生生不息乐天枢，宇宙无穷信不诬。
大道恒存周复始，歌诗万世德充符。

注：《庄子》有《德充符》篇，郭象注：『德充于内，物应于外，外内玄和，信若符命而遗其形骸也。』《流动》有『载闻其符』句。

《流动》原文：

若纳水輨，如转丸珠。夫岂可道，假体如愚。
荒荒坤轴，悠悠天枢。载要其端，载同其符。
超超神明，返返冥无。来往千载，是之谓乎？

附录

关于北京大学文艺理论进修班（一九五四—一九五六）的回忆

——张文勋先生访谈录

时间：二〇〇五年十一月

地点：云南大学张文勋先生寓所

李世涛（中国艺术研究院副研究员）：张先生，首先感谢您抽时间接受我的采访。我知道，您长期致力于中国古代文论的教学与研究工作，参加过上个世纪在北京大学举办的文艺理论进修班，见证了新中国成立以后的一些文艺界的活动。因此，我希望您能够为我们介绍些您的经历，帮助我们了解当时的情况。我问的第一个问题是，根据您的理解，当时在北大举办文艺理论进修班的背景如何？主要目的是什么？

张文勋：背景大致是这样的，上世纪五十年代初，新中国处于建设初期，百废待兴，全国正掀起向苏联学习的高潮。当时，我国提倡一边倒，各个方面都学苏联老大哥。北大也响应号召，办了个文艺理论进修班，目的是想从苏联搬来一套比较系统的文艺理论，能为我所用，当时的文艺理论在有的学校叫『文艺学引论』，就是为了这门课培养教师。一九五四年，我刚刚大学毕业不久，还是云南大学的助教，学校接到教育部的通知，要各个综合性大学派教师到北京大学进修文艺理论课，我也被派到北大进修。当时我们班的学员大都是从各大学中文系来的，北京大学、复旦大学、南京大学、北师大、武汉大学、厦门大学、西北大学，几乎全国综合性大学都派了学员，北大中文系、外文系的许多老师也来听课，人很多。我们班的正式学员有三十人左右，多数学员比较年轻，我们大都是二十多岁，但也有几位年纪较大的教授、副教授，还有两位是系主任。我们班年纪较大的有武汉大学的胡国瑞，他原来是搞古典文学的；西北大学中文系的郝御风，当时他是中文系的系主任，教授；武汉大学的毕奂午也是教授。当时，蒋孔阳先生的年纪不大，比我大四五岁，他当时是讲师。再加上北大正式招收的研究生班，他们和我们在一块学习，合起来人就比较多了。说明在建国初期，大家迫切希望学习新的知识，学习马克思主义。当时，办这个班的目的是非常明确的，一是为了学苏联的文艺理论，当时苏联的文学理论被认为是马克思主义文艺理论，要全部地搬过来；再有就是为各个综合大学中文系培养文艺学教师。当时，有好多老先生为了学习马克思主义，也来参加学习了。

李世涛：当时继北大之后，全国的许多大学都从苏联请了一些专家到中国亲自授课，可以说，北大在这方面也是开风气之先，北大的毕达柯夫班也很有影响。作为一名学员，您能否介绍些当时的授课情况？

张文勋：我们主要学文学理论，主讲老师是毕达柯夫，他是季摩菲耶夫的学生，在卫国战争时受过伤，失去了一只胳膊。实际上，我们学的主要是季摩菲耶夫的东西，他的著作后来又被翻译到中国来；另一门课是哲学系的哲学，也是一个苏联专家萨波什尼柯夫讲的，我很喜欢听他讲的这门课，他讲的是哲学原理，当然也讲马列主义；我们还有一门课是俄罗斯苏联文学，可惜老师的名字我忘了，这个专家只剩下一条腿，也是卫国战争时受了伤。当时，主持我们教学工作的是杨晦先生，他是中文系系主任，他给我的印象非常好，是很有道德修养的一位学者。有时，杨晦先生，朱光潜先生，蔡仪先生等北大的一批搞文艺理论、美学的专家也和我们一块儿听课。所以，我们也就是这时候开始认识这些老先生的。

由于是刚刚解放不久，我们这个班的主要任务就是要原原本本地、系统地把苏联的文艺理论学过来，掌握起来。毕达柯夫讲课的内容，基本上是按他老师季莫菲耶夫的理论体系，时或引用一点毛泽东和鲁迅的有关论述。季莫菲耶夫的文艺理论，当时被认为是马列主义文艺理论，其中除了以马克思、恩格斯、列宁、斯大林等的理论观点为依据之外，还大量沿用了十八、十九世纪俄罗斯革命民主主义者们的文艺理论，如别林斯基、车尔尼雪夫斯基、杜勃罗留波夫等等；也还有许多西方文学家、美学家的一些理论观点。我们学习主要是课堂听课主要靠翻译，我们的翻译是李广成先生，他现在还在北京，去年我到北京开会，还与他通过电话。我们的任务是记录好，翻译过来。所以，毕达柯夫的讲稿经过翻译后也由高等教育出版社出版了。平心而论，前苏联时代的文艺理论，以马克思主义文艺思想为指导思想，吸收和包容了西方各个历史时期的优秀的文艺理论遗产，开创了新领域、新的理论，自有其历史价值。过去，我们曾一度把它奉为圭臬而排斥其他的理论是错误的；凡是作为特定的历史时期内，人类创造的一种文化遗产，必然有其合理的、健康的成分，我们还是应该去研究、学习，从中吸取有益营养。现在，有的人谈马列主义而色变，一讲马克思主义文艺理论，似乎就成为『极左』的代名词，从而拒之于千里之外，这同样也是错误的。我的这些想法，决非是一种追逐时潮的空论，而是我在这半个多世纪中从事学术研究的切身体会。

我们除了听苏联专家的课外，还去听过中文系主任杨晦教授的『文艺学引论』课。杨先生讲课，主要以毛泽东《在延安文艺座谈会上的讲话》和周扬编的《马克思主义与文艺》等为理论依据之外，还大量引用中国古代文论，如《文心雕龙》、《诗品》等等。这引起我们对中国古代文论的极大兴趣和注意。所以，在向苏联专家学习的同时，我们也注意对我国古代文论、诗论、画论、乐论的研究。

李世涛：根据我读到的材料，当时您们进修班的不少学员都编写了文艺理论教材，可以说是我国建国后的第一次文艺理论教材建设高潮。您自己也参加了杨晦先生主编的《文艺学概论》，您能否介绍些您们这部教材的编写情况？

张文勋：我们听了苏联专家和杨先生的课后，两相对照，各异其趣，从中却悟出一个道理：学习苏联的文艺理论和西方的一切文艺理论，都必须和中国的文艺实际相结合，要联系中国的实际，为我所用。在这种认识的指导下，我们班经过反复考虑后倡议，除了整理毕达柯夫的讲稿外，我们要自己编一本适合中国文科大学生用的『文学概论』教材，尽可能地把我们学到的苏联的东西与中国的文艺结合起来，我被推选为编写组组长。这倡议获得很多同志的热烈响应并积极参加，也得到杨先生的大力支持。这本教材也是杨先生亲自主持的，我们在他家里开过好几次会，他多次听取我们的汇报，提出不少有指导性的建议。我们还登门拜访蔡仪先生，向他请教，他也从美学的角度谈了一些很好的意见。

应该这样说，我们主要学苏联的东西，就把它的框架直接搬过来了，结合中国的实际情况时总是越不出这个框架，因为理论框架不容易突破。现在反过来检讨，当时要突破这个框架也不太可能，教材的体系实际上就是季摩菲耶夫的体系，包括文学的基本原理、文学的发展过程、文学的艺术性这几块。我们把他的体系直接搬过来，再结合中国的文艺实践，主要还是引用毛泽东文艺思想，特别是他的延安文艺座谈会上的讲话。同时，我们尽可能地结合中国的作家、作品。现在回想起来，这非常好，就是把中国传统的古代理论尽可能地吸收进去，这与杨晦先生有很大的关系。虽然我们编的教材《文艺学概论》没有正式出版，只是油印出来了，但油印本在不少大学中文系曾使用过，还是用过一段时间的，对『文学理论』课程的教学，起到了一定的参考和促进作用。当时正式出版的是季摩菲耶夫、毕达柯夫的教材。回到云大后，我主持编了一本《毛泽东文艺思想》，蒋孔阳出的《文学基本知识》也是他自己独立完成的。

李世涛：可以说，对于中国当代文艺理论建设来说，确实经历了一个逐步发展、完整的过程，其中北大文艺理论进修班起到了不可代替的作用。您长期研究文艺理论，您认为进修班有哪些方面是应该肯定的？您自己的切身体会是什么？

张文勋：我们结业返校后，绝大多数都上『文学理论』课，基本上都按所学的这些理论体系讲课，各综合性的大学中文系基本上都用这个体系，影响比较大，所以『文革』时期批的就是这个，说我们是我国推行修正主义文艺理论的罪魁祸首，原因就是我们把苏联的东西搬过来。批判时，把这些东西当做『封、资、修』，说里面的资产阶级东西很多。现在回过头来看，我认为，当时把苏联的文艺理论引进来，反映了我国的客观现实，有其必然性，对马克思主义文艺理论、前苏联的文艺理论的评价，具体说对季、毕理论的评价，也应该用历史的观点作实事求是的评价。实际上，季摩菲耶夫的文艺理论中也吸收了很多西方文艺理论，并不是只有马克思主义的东西。具体来说，是西方古典、现代文艺理论，再加上马、列、斯大林的东西综合而成的。现在看，作为一种学说，作为一种文艺理论，我认为其中包含有许多人类文化的精华，到现在也有它的价值，绝对不是『文革』中所说的『完全就是封、资、修』。因为马克思主义本身是一种学说，又引进了许多西方的文艺理论，再加上又结合了我国自己的文艺实践，对于建立真正有中国特色的文艺理论，这个过程是非经历不可的，不然的话，文艺理论建设就无从谈起。就理论体系来讲，谁能一下子就搞个新的体系，也不容易突破，这也是影响大的一个原因，现在新出了许多文学理论教材，都想突破，但基本原理还是没有多大突破的。

尽管『文革』期间批我们是『封、资、修』，我也作为修正主义文艺思想的代表受到了批评。但我认为，当时能够把西方文艺理论、前苏联的文艺理论比较系统的掌握过来，而且又比较系统地教给学生，不管怎样，这点是功不可没的；第二，当时，除了翻译的苏联文艺理论著作外，我们自己也编写出版了一些文艺理论著作，这些著作是新中国成立后的最早的、较为系统的文艺理论教材，也是我国文艺理论发展过程中不可缺少的一步；第三，培养了一批文艺学的教师，这些老师大都成为综合性大学中教文艺理论的骨干教师，他们又培养出了一大批人才，没有这个过程是不行的。我们班的这些同学返校后，随着时间的推移和教学改革的变化，各人的专业研究重点，也有了不同，其中不少同学在不同的学科中获得很高成就，如美学家、复旦大学蒋孔阳教授，他在学术上的成就很突出。在我们班上的时候，他不怎么活跃，不大说话，就爱读书。我和王文生等这批人较年轻，也比较活跃，蒋先生与我们处得很好。开始时，除了听课，一起讨论外，我们平时很少见他，他整天泡在图书馆读书。后来我们编这本教材时，他就回去了。以后我才知道，他一直在写《文学基础知识》，他也把所学的苏联文学理论都吸收进去了。我们返校后不久，他的书就出版了。由于当时的教材很少，他的著作的发行量很大，也产生了很大的影响。但回到复旦大学后，他主要搞美学，主要研究西方美学，对德国古典美学研究很有成绩，出版了不少著作，在我们的同学、学长中，他的成就是最突出的。他接受了马克思主义文艺理论，但对他影响最大的是西方美学。此外，我们班上还有文学史家、武汉大学胡国瑞教授；词学家、中山大学邱世友教授；剧作家、省文联主席王肯等等，在学术上都是很有成就的。我认为，这三点是应该充分肯定的，也是北大文艺理论班进修的历史价值。

现在有的人对我们当时学习马列主义文艺理论颇有微辞，其实，我年轻时学的是马列主义文艺理论，我一点都不后悔。对我来说，我研究古文论主要有两个武器：一个是马列主义文艺理论的武器；一个是西方美学的武器。我一直这么看，但我不必开口闭口称马列主义，我的文章中虽然引用马克思列宁的话很少，但我信仰历史唯物主义和辩证唯物主义，并以此来指导我的研究。在我的学术道路上，曾信仰过马克思主义的文艺理论，也曾从中获得有益的理论修养。我也注意借鉴西方从古希腊罗马到现代文明中的有益的文化，但是，我更注意对我国悠久历史文化的研究。在北大文艺理论进修班的学习，使我意识到学习马克思主义的文艺理论，学习西方的文艺理论，最终还是要和中国的实际相结合，立足于中国历史传统与现代生活的土壤。于是，我从那个时候起，就把目光投向丰富多彩的中国古代文学理论，努力去发掘、弘扬我国古代优秀文化传统，以期建立真正具有中国自己民族特色的崭新的文艺理论。

李世涛：应该说，在当时『一边倒』的形势下，北大文艺理论进修班也摆脱不了『左』的束缚和影响，这又反映在中国当代文艺理论建设中。如今已时过境迁，您认为进修班的局限有哪些呢？

张文勋：最大的缺陷就是在于当时把从苏联学过来的那套文艺理论当做是马克思主义文艺理论，太过于遵守那个体系、框架，甚至成为教条化，结果在相当长时间内都突破不了，束缚了大家的文艺思想。关于这个问题，应当实事求是地历史地去看。

李世涛：您们读书时，正是我国文艺界各种批判活动不断的时候。您在校期间，不知经历过文艺界的争论和批判活动没有？

张文勋：那时没有什么争论，最大的批判活动就是批判胡风，主要是批判胡风文艺思想。当时是一边倒，其实胡风也是讲马克思主义。现在看起来，根本就不需要斗，他的理论中也有很好的东西。

李世涛：您们是如何批判胡风的文艺思想的？

张文勋：我们班上也点了几个『胡风分子』的名，但都是原单位提供的材料。我们是从各地来的，根本不知道情况，也没有参加过批斗会之类。但是，我记得那时朱光潜先生的美学思想受到了批评，在北大，朱光潜先生的美学与蔡仪先生的美学，似乎就是两条对立路线的斗争，蔡仪被认为是唯物主义的、马克思主义的，朱先生则处于被批判、挨打的地位，北大批判朱先生是受到极『左』思想的影响，但对我来说，我读的最多的还是朱先生的书，他对我的影响也最大，如《给青年的十二封信》、《文艺心理学》等等，都是当时读的。由于在一起听课，我还认识了蔡仪先生。

李世涛：应该说，当时引进苏联的文学理论，主要的就是学习马克思主义文艺理论，北大文艺理论进修班实际上部分地承担了将马克思主义文艺理论进行中国化的转化任务。从这种意义上讲，是否可以说，北大进修班现象有其必然性？

张文勋：我认为，在我国当时的文艺学确实还是个空白，那时主要有毛泽东的《在延安文艺座谈会上的讲话》，主要是文艺为工农兵服务、普及与提高，还谈不上是系统的、严格的体系性的文艺理论。苏联的文艺理论把列宁的反映论运用到文学理论中，还是比较新的。季摩菲耶夫的文学理论是有他的体系，如文艺与社会的关系这些基本原理都有。他也提出了一些理论，基本上是按照马列主义提出来的，主要是反映论。文艺反映社会生活、文艺的技巧（也就是创作方法），有些理论我们过去也有，但没有他这么系统。季摩菲耶夫的教材也涉及到文艺发展史，主要讲文艺思想发展的历史，也是有理论性的。我们把它引过来以后，至少是把我们过去零散的理论系统化了。我认为，在特殊的历史条件下把他的理论搬过来，有其历史必然性。后来说的教条和教条主义是有的，主要是我们机械地照搬了他的观点，对我国文艺的发展有些束缚。

八十年代中期，在文艺理论的教材建设中，『突破季、毕的体系』的呼声很高，但编出的教材只是部分章节上的一些调整，提法稍微有些改变，在大的框架上面，我认为仍没有多大的突破。这说明美学、文艺理论在全人类、全世界有其共同、共通之处，不是说想突破就能突破的。现在的文艺理论在五十年代的基础上不断地改进、不断地发展，如果要完全割断历史，重搞一套，实际上也是不可能的。

李世涛：回到云南大学任教后，文艺界的政治运动还是连续不断，不知您参加过这些运动没有？具体说来，就是诸如文艺界关于革命现实主义与革命浪漫主义的讨论，对钱谷融先生的人道主义的批判等等。

张文勋：有些问题的讨论，如对现实主义的讨论，我都参加了，我也写了好多文章。可以说这些理论概念，是我们从苏联引进、学习过来的。原来我们对这个概念并不明确，一九五八年，开始讨论革命浪漫主义，我当时还是助教，我写了很长的论文。我没有抽象地讨论现实主义、浪漫主义，而是具体地探讨了我国从古代到现代的现实主义文学传统，我还写过一篇现实主义与浪漫主义结合的文章，我讲，没有绝对的现实主义和绝对的浪漫主义，真正好的作品都是二者的结合。文章最初都刊发在《云南大学学报》。现在回过头来看，我是把它作为一个学术问题讨论，并没有作为政治问题来看待。所以，我认为，现在这些观点我还可以保留，我把这几篇论文都收入了我的文集。五十年代，从北大回来后，最热闹的就是讨论这些问题了。

钱谷融先生的人道主义，当时我的理解是，人道主义就是人本主义，是西方文艺复兴时的东西，我们已经接受很多了。所以，当时批钱先生的人道主义的时候，教研室开会讨论这些问题，让大家发表意见，谈的也无非是人道主义有抽象的人道主义和具体的人道主义之类的问题。

李世涛：请问您后来是如何转向了中国古代文艺理论研究的？

张文勋：这个选择与批判胡风的政治运动有关，我们对文艺界的政治运动不感兴趣，我想对当时正在进行的文艺思想批判运动，只要知道一些情况就可以了，并不热衷于参加，但是对古文论研究的兴趣却日渐浓厚。

另一个重要原因是受了杨晦先生的影响。当时，我去听杨先生给大一学生讲课时发现，他对中国古代的《文心雕龙》等文论、诗论引用得很多，讲得也很多，我很受启发。我和王文生在北大时是最好的朋友，形影不离。我们互相影响，后来都搞中国古代文论的教学和研究，我们的关系很好。离开北大后，我们回到各自的大学从事教学科研工作，起初都承担文艺理论的教学，但坚持教马列主义文学理论课的也不太多，多数人就转向搞古代文论、古代文学了。后来，王文生又到郭绍虞先生那儿进修，学习了一年。那时，国家教委委托郭绍虞先生编中国古代文论那套书，他就作为郭绍虞先生的助手参加了，成为副主编。这部书的影响也很大。

李世涛：您本人见证了建国以来的中国古代文艺理论研究，您长期从事古代文论研究的教学和研究工作。您是如何看待建国后的古文论研究的？

张文勋：上世纪五十年代前，古文论真正的理论研究不多，还没提到议事日程上来。郭绍虞、杨明照先生，等老一代学者虽早已有研究，但人数不多，他们这一代的主要贡献是对古文论作了注释、校勘，给我们打下了很好的基础。郭绍虞先生最早写成了《中国文学批评史》，为我们理出了一条线索，我们是在他们的基础上才开始搞的。老实说，如果没有他们的工作，茫茫大海，我们是无所适从的。前一辈人的工作是重要的基础，包括郭绍虞先生、刘大杰先生、罗根泽先生的中国古代文学批评史研究，范文澜先生的《文心雕龙》研究。他们的工作为以后的古文论研究打下了很好的基础，为我们铺了路。

新中国建立以后，在五十年代相当长的一段时期内，各种文艺批判运动不断，这些老先生整天都提心吊胆的。因此，反右的前后十年，基本上是停顿、即使有研究，也只能悄悄地、偷偷地自己搞。在北大读书时，我喜欢《文心雕龙》，五六、五七年受杨晦先生的影响，我写了几篇文章，但都是用笔名发表的，如发表在《光明日报》上的关于刘勰的世界观讨论的几篇文章。当时古代文论研究还未形成一个高潮，到了『反右』以后，特别是在六十年代，学术界提倡『百花齐放，百家争鸣』，出现了包括《文心雕龙》研究在内的古文论研究的一个小小的热潮。但时间不长，也就是短短的四五年，『文革』一来，就又全部停顿了。那时发表的文章主要是批判性的文章，我们这些人都是挨批的对象，我曾作为『封、资、修』的代表被批过，当时包括程千帆、马茂元等先生都是被打成『牛鬼蛇神』。这样一停顿就是十多年。

一九七九年开第一次中国古代文论会议前，王文生给我讲了一些情况，我建议在昆明开，云南省委宣传部也很支持。会议期间，就成立了中国古代文论学会，也是成立较早的一个全国性的学会。开会时，郭绍虞先生不能赴会，大会播放了他的录音发言。当时，刚打倒『四人帮』不久，程千帆、钱仲联、杨明照、吴祖缃、周振甫、舒芜、马茂元先生等很多老学者都参加了会议；年轻的如蒋孔阳、袁行霈、李庆甲、张少康等等学者也来了。参加会议的学者很多。在学会中有很多是我们北大时的同班同学，如郝御风、蔡厚示、邱世友、吕慧鹃、王文生等等，这也算是我们班对古代文论研究的贡献吧！

从『四人帮』垮台到现在，古代文论研究出现了真正的高潮，也就是说从中国古文论昆明会议以后，古文论研究有了很快的发展。古文论热的现象并不是偶然的，也不是为了赶时髦，主要是因为中国古代文论博大精深，太丰富了，与西方的文论、美学相比，至少是可以相提并论的。古代文论研究的分支也逐渐独立起来，《文心雕龙》研究已有一个专门的研究学会，诗学、词学、戏曲各个学科也都发展起来了。这样，研究的对象更加丰富，现在大家都意识到研究古代文论是为了建立和发展当代文学理论，所以才提出了中国古代文论的现代转换，也就是古文论与现在对接的问题，现在讨论的文章很多。

李世涛：您到北大学习，又协助杨晦先生做过不少工作，应该与他有不少接触。谈谈您对他的了解和看法。

张文勋：当时杨先生是中文系主任，又给中文系本科学生上『文学概论』课，我们也去听了这门课，所以和杨先生接触较多。他讲课也和平时聊天一样，娓娓道来，深入浅出；他不习惯于开药方、念讲稿式的教法，而是讲观点、讲看法，古今中外融会贯通，使学生受到启发。他没有照搬苏联专家所讲的文艺理论，而是突出了毛泽东《在延安文艺座谈会上的讲话》精神，强调联系中国传统文学理论的实际。杨先生对中西文艺思想非常了解，尤其对『五四』以来中国的文艺思想和现状十分熟悉，所以讲课举例，信手拈来，如数家珍。我们对他很尊敬，他架子不大，很平易近人。我认为，他在文艺理论上有突出的亮点：一个是解放前他就接受了马克思主义，他接受马克思主义比较早，而且他的国学功底很好，对中国古代的《文心雕龙》、《诗品》很有研究，能用所学的理论来解释中国古代的文艺理论，这对我们影响很大。他在讲课、编教材时，他的观点很明确，就是一定要把中国的东西用进去。当然，他自己有多大的学术成就，这涉及个人对他的看法。他长期搞革命工作，对革命文艺运动很熟悉，这对我们的影响也是很大的。后来的几十年，我基本上都是专从事古代文论研究了，特别是我对《文心雕龙》作了较多的研究，这同他的影响也是分不开的。

李世涛：谈到中国古代文艺理论研究和全国古代文论研究会，好像还与周扬有些关系。实际上，北大文艺理论进修班也与周扬有些关系。您能否从这个角度谈些您对周扬的了解？

张文勛：我们在读进修班的时候，周扬同志也来过，我们在一次会议上见过，我们学过他的理论，听过他的讲座。根据我对周扬同志的认识，他有个基本观点，就是要把苏联的东西、外国的东西与中国的实际结合起来，要建立具有中国特色的马克思主义文艺理论，这一点周扬同志是很明确的，是他一贯的主张，他一直都在坚持、在提倡，一直到全国第四次文代会上的报告，对我们也很有启发。我读大学的时候，就对他提出的建设有中国特色的马克思主义文艺理论有深刻印象，我认为，这是重要而正确的，关键是要研究中国，外来的东西、西方的东西，一定要与中国的实际结合，马列主义一定要指导中国的现实，与中国的现实相结合。

周扬是古代文论学会最早的名誉会长，我们受他的影响很深。他强调建立有中国特色的马克思主义文艺理论体系，据说他曾到北大开过讲座，但我那时还没到北大，也没有听过，但他有个思想，就是要中国化，要结合中国的实际，这一点我认为是对的。我们成立文论学会请他担任了我们的名誉会长，得到他的支持，但他没有直接介入学会的工作。后来又请他做《文心雕龙》研究学会的名誉会长，他还亲自出席成立大会。开四次文代会，我也参加了，会下碰到周扬，我说：『周扬同志，您担任我们的名誉会长，你要支持支持我们呀！您提出中国古代文论要与实际结合，要研究具体的问题。我们现在的古代文论研究受您的影响很深！』他笑着说：『我不是支持您们了吗？』

李世涛：最后，再次感谢您抽出宝贵的时间接受我的采访，也祝您健康、长寿！

（原载《文艺理论研究》二〇〇七年二期）

我的教学生涯

我从一九五三年毕业于云南大学中文系后，留系工作至今，转眼之间已经有五十多年。其间，除在北京大学进修二年（一九五四—一九五六）外，一直没有离开过云大。我亲身经历了云大半个多世纪的变化，目睹了云大的盛衰。如今，我已年逾八十，但尚未完全离开讲坛，回顾这五十多年的教学生涯，切身感受到我们国家教育的天翻地覆的变化。时代不同了，现在的教学和我们那个时代也大不相同了，真令人有不胜今昔之感。想当年还年轻，刚走上讲台的时候，就是一份讲稿，一支粉笔，一块黑板，有时还带一杯香茶，别的什么都没有了。而现在，现代化的电教室，各种科技手段辅助教学，布幕上放映的图案、提纲，甚至是记录片，形象化的教学，可以替代许多手工业式的操作，这是社会的进步，科学的发达，我们那个时代的教学是难以想象的。虽然如此，但是教学毕竟具有自身的规律和基本原则，诸如认真负责的教学态度，丰富充实的教学内容，严谨科学的教风学风，师生互动交流的教学方法等等，这些是决不会因现代化教学手段的广泛应用而被淡忘的。我在这篇短文中拟回忆我在教学中的一些往事，同时谈一些心得体会，这在我们一些年轻教师看来，也许觉得是太陈旧而过时了。但是，从如何做一个称职的教师这个意义上说，也许还有点借鉴的作用吧！

一、当助教的岁月

我一九五三年毕业留系任教，至一九六三年才提为讲师，整整十年的助教生涯，经历了『反右』等一系列政治运动，当时大家的脑子里很少有提职称的观念。但是，从一九五三年到一九五七年那段时间，党中央提出向科学进军的号召，学校对教学、科研抓得很紧，要求很严格。到一九六〇年至一九六五年这段时期，随着全国的调整整顿，恢复教学秩序，学校提出以教学为中心，调动教师的积极性，抓教学，抓科研，又掀起了一个高潮。我作为一个年轻的助教，对上讲台和学术研究，也经过较严格的训练（其间包括到北大进修两年）。那时对上课教师都要求有教学计划、教学大纲、讲稿。对初上讲台的年轻教师（助教上讲台讲课的只是少数），除上述那些要求之外，还要在教研室讨论讲稿并试讲。教研室通过了，指导教师认可后才得上讲台讲课。记得我第一次备课题目是《从经济基础与上层建筑的关系看文学艺术的性质》，这是马克思主义文艺理论中的一个重要问题，也是『文学理论』课开宗明义要讲的问题。教研室经过多次讨论，也是一个学术讨论的问题。在教研室讲，大家提了许多建议，对我这个第一次上讲台的助教来说，不仅使我提高了理论水平，增强了信心，而且还从教态到教学方法，都受到较好的规范训练。这种做法现在看来也许觉得太死板了，但我觉得年轻教师初次上课，这样做大有益处，也是对教学负责，对学生负责。我从北大回校后，先是给高年级上《文学理论》课，后新开了一门《中国文学批评史》。这是一门难度很大的课程，我在北大进修时已有所准备，但是还需要读大量古书，如《文心雕龙》、《诗品》等等。那时社会活动多，会议多，读书多半靠晚上，一般是半夜两三点钟睡觉，有时就赶通宵。学校当时规定给年轻教师指定指导教师，我的指导教师是学识渊博的刘尧民教授，我跟他学《庄子》、学《楚辞》，他审阅我的一些读书笔记和部分讲稿。我牢记住先辈学者们说的一句话：你要给学生一瓢水，你自己就得准备一桶水。因此，在备课过程中，就得大量读书，促使我对专业打下较好的基础。现在回想起来，我觉得对年轻教师，特别是初上讲台的教师严格要求是十分必要的。一般来说，刚大学毕业，或者是读了硕士、博士的年轻教师，缺乏教学经验，学识也还有再充实和积累的过程。对他们严格要求，可以帮助他们树立优良的教风学风，培养成对教学认真负责的严谨作风。

我当了十年的助教，这十年间由于种种社会政治的原因，教学和研究经常受到一些干扰，但是也接受过许多教学和科研的严格训练，尽管我的职称只是助教，但是业务上还能努力进取，没有虚度时日，还是足以自慰的。

二、当好先生要先当好学生

教师的职责就是教书育人，用韩愈的话来讲就是要『传道、授业、解惑』，如果自己不努力学习，不断更新知识，不断提高学术水平，那是难以做到『为人师表』的。先当好学生倒不一定是经常出外进修、出国留学（我没有反对的意思），主要的是抓紧日常的自学。从传授知识的意义上来说，你开出一门课就必须具有这门学科的较完整的知识，你就得先读书学习，而且应该站在该学科的前沿。这也就是要求你先当好学生。如果只是按统一教材照本宣科，甚至是『以己之昏昏』而妄求使人『昭昭』，那就是一个不称职的教师了。一个优秀教师，一个有水平有成就的教师，即使你在学术上已取得骄人成绩的时候，你就更需要把自己摆在『我永远是一个学生』的位置上，你才能不断学习，不断进取，不断创新，不断获得新的成就。教大学生是如此，教硕士生、博士生的老师更需如此。学无止境，老师应该给学生作出勤奋好学的表率。『学然后知不足』，这是我国的古训。我开始教《中国文学批评史》的时候，还算是年轻教师，后把这门课改为《中国古代文学理论》，到上世纪八十年代，给研究生上课，改为《中国古代文艺美学》。这不只是名称的改变，而是本课程所关学科的深化与提升。结合教学和科研，我必须不断拓展和深化本学科的研究范畴。所以，我也必须不断拓宽知识领域，我必须在原有知识基础上，进一步读儒家经籍，读《老子》、《庄子》，读佛教重要经典。这就促使我不断拓展知识，丰富学识，理论上也有新的发现。到如今，我已年逾八十，但是读书学习，不断吸收新知识，已成为生活习惯。也只有不断先当学生，才能适应和满足对学生教学的需要。我想，对于一个教师来说，无论是哪个时代，这是提高教学质量的先决条件。如果老师讲课，十年如一日，内容陈旧，死背教条，那么学生是不会欢迎的。

三、教与学的双向流动

教与学的关系，是教师与学生之间，也即是施者与受者之间的双向交流关系，也是主体与客体对换位置而达到交流的关系。就教而言，老师是主体，就学而言，学生是主体。教学的过程，就是要发挥教与学双方的主体意识而调动双方的主观能动性。因此，教师每上一堂课是成功还是失败，除了看课堂内容水平的高低之外，还要看是否在教与学双方互动交流中已被学生所接受。如果教师在课堂上只照自己的讲稿念，根本没有和学生互动而产生共鸣，到下课钟声响，夹起书包就走，这堂课肯定是失败的，至少不能说是很成功的。

要做到双向交流，首先教师在讲台上随时心目中要有台下的学生，你的注意力、你的情感都要投注在学生上。这样，你才能唤起学生的反响，才能在师生间搭起一座无形的桥，以讲授的课堂内容为媒介产生互动。因此，讲课要尽可能地用启发式，不要只是单向地采用注入式、填鸭式。现在的人上课多应用许多电器课件，这固然是先进的教学手段。但任何现代化教学工具，它只是起到辅助的作用，绝不能替代教师直面学生的授课，更不能因过多使用教学工具而阻断了教师和学生之间的双向直接互动。启发式教学并不是简单地理解为课堂上多提问学生，使学生处于一种被动而紧张的状态中。启发式是在讲授中要有新见解、新思考，能唤起学生的注意，启发他们思考问题，扩展他们的思维空间。讲课要能提出思考问题，给学生留余地，有时也要『引而不发，跃如也。』这样又可以引导学生在下一次课一开始就进入情况。总之，启发式不是叫学生死记硬背，而是要把他们吸引到广阔的科学领域中。只有这样，才可能培养学生独立思考的能力，也才能培养他们独立研究的能力。而这一切，只有在师生双向互动的教学流程中，在潜移默化的教学过程中才能实现。我想，作为导师，除了给学生传授知识外，更重要的是要传授治学态度、治学方法，使学生能独立思考、独立研究；这样，才能培养出有创造性、开拓性的人才。

四、身教言教为人师表

我教了一辈子的书，也可以说是桃李满园了。我的学生中有许多已成为在学术上早有成就的学者名流，也有不少事业有成的党政领导干部。作为一个教师，最大的愉快莫过于亲眼看到自己的学生成为栋梁之才。有些弟子尽管他们官高位显，或者已是知名的专家学者，但他们并没有忘记老师。有时他们也来登门看望，经常听到的一句话就是说：『老师不仅教我们怎样读书做学问，还教我们怎么做人。我们终身难忘。』这些话也许是出于客气，但也是对老师的激励。一个称职的老师不仅要给学生传授知识，还要给学生树立做人的榜样，身教言教是不能截然分开的。我们常说教书育人，在教书的同时不要忘了也在育人。老师的思想言行，品德作风，无时无刻不在影响着学生。所以，一个教师首先就要给学生做出榜样。学生尊敬老师，不仅是看你有没有真才实学，还看你做人处世的道德人品。我国有句古训说『正人先正己』，老师为人师表，倒不在于听你怎么说，而是在于看你怎么做，不言之教的力量是难以估量的。其实教师对学生的思想品德教育，固然也需要『诲人不倦』，但更重要的是在日常生活中的『榜样』的作用。一个教师，你是否爱岗敬业，对自己的工作兢兢业业？对学生是否倾注爱心，倾注心血？教风学风是否严谨科学？对人是否真诚守信？如此等等，学生们都看在眼里，记在心里，在不知不觉中，对学生都会产生影响。一个老师，尽管你能说会道，甚至善于哗众取宠，但如果学风不正，弄虚作假，处世口是心非，行为不端，对工作缺乏责任心，敷衍了事。试想，你在学生中将会产生什么样的影响！其实，学生们观察老师的为人，并不在乎听你满口仁义道德，或者是什么惊人的豪言壮语；他们倒是很注意你的细节行为。

我在五十多年的教学生涯中，没有什么轰动的业绩，也没有什么惊人的创举，只是老老实实地备课、上课、辅导、改作业；余下的时间就是读书、做学问、写文章。我自觉教书是认真的，做学问是努力的，我所做的是一般教师都应该做的，而且是能够做到的，如此而已，岂有他哉！但正就是这些教师应该做的平平常常的事，常常受到学生们的肯定和赞扬。我的学生张国庆教授在一篇回忆文章中写到这样一件有关我的小事：

一九八四年初春，昆明骤降六十年未遇的大雪。一夜雪花飞舞，晓来已是茫茫乾坤白，雪深路难行了。那几日我正感冒发烧，望着居室外被雪压断的排排大树粗枝，顿生畏寒畏难之意。心想：这样的天，老师未必会去讲课吧？又想：万一老师去了我没去，不也太难堪了吗？最后还是裹上厚厚的大衣踏上了雪深半米的艰难道路，而思想仍在斗争着。进了学校，人影稀疏。转过几个弯，一抬眼，只见教室外的台阶上，年近花甲的老师正笑着跟我打招呼呢。我连忙加快了脚步。『病好了嘛？大冷天，没好就不必来了嘛。』老师关切的说。『这天…真冷…老师都来了，学生怎能不来…』我有点语无伦次。旋即觉得喉咙一哽，赶快和老师相伴着进了教室。从那时到现在，老师伫立风雪中等候我们上课的情景，一直深深印在我的脑海里。我从事高教工作二十年来，尚能较为严格地要求自己，我想，与老师当时对我们的严格要求和老师本人的严于律己、率先垂范是分不开的。

文章中所记的本来是一件小事，我早已遗忘了，但我的学生还记得那么清楚。学生往往就是通过这样的小事去看老师，而这样的小事也往往会对学生产生影响。我的另一位学生叫于坚，他现在已是享誉国内外的著名诗人了。他在一篇回忆文章中谈到我，他写道：

我曾经说，在这个传统文化已经被『彼岸化』的时代，《论语》就像黑暗中重新升起的圣经。我听说最近张先生在云大开了几次讲座，爆满，窗户上都塞着人。真是人间正道是沧桑啊！想起从前先生给我们上课的样子，朴素、平静，很慢。没有什么自我表现，就是一位普通的、热爱自己专业、对学生负责的老师……时代居然坐下来，老老实实听一位儒生说话了。

学生对老师的印象，他这样写道：『张先生的课堂上，我听到的是与思想界的时髦不同的声音，他在讲中国的刘勰。讲「文之为德也大矣，与天地并生者何哉？……」洪流边的一股清溪，什么是知识分子的独立精神，这就是。他的课是一棵树，会在时间中生长起来。』我之所以在这里引我的学生们的回忆，也许比我自己挖空心思去『总结经验』要好些。学生是老师的镜子，你的一举一动都会在镜子里面照出来。要做到为人师表，最关键的就是要有爱心：爱你的教师职业，爱你的专业，爱你的学生，同时也爱你自己，这就是我们常说的自重自爱。

（原载《云南大学学报》二〇〇七年九月二十三日、九月三十日）

跋涉者的足迹

——学术自述

《跋涉者的足迹》是几年前我的一些学生为纪念我从事教学科研五十周年而编写的一本文集书名，现在我又借用它来作为这篇文章的标题，并不是想去谈我人生跋涉之路，而是想回顾我从启蒙读书、不断学习、直到长期从事教学、科研所走过的路；再从所留下的深深浅浅的脚印中，去体悟一下在学术道路上艰苦跋涉的酸甜苦辣，同时梳理一下经验教训和心得体会。这样做，对我的学生们和年轻的学界同仁们，也许还有一点借鉴的意义。对我走过的学术历程，我未作理论上的评述，而是作事实的叙述，这样不致有先入为主的误导之弊；至于得失利弊，读者自有评论，仅供参考而已。

一、青少年时代：传统文化的浸润与新文化知识的熏陶

我出生于一个地道的白族农村家庭，在《徐霞客游记》中称之为波大邑，现称包大邑，属洱源县凤羽镇。此地虽属农村，但自古有供子弟读书求学之风，启蒙读书都在私塾，稍长可进书院。当然，能供读私塾的人家并不是很多，而且多半是中途辍学，能坚持读到应考科举者，则已寥寥无几。我父亲识字不多，我十岁丧父；母亲不识字，但一心要供我读书，所以五岁就送我进私塾。读书以背诵为主，从《三字经》开始，夹以《千字文》、《百家姓》等类，继以《大学》、《中庸》、《论语》、《孟子》，都要求先背诵，然后才逐段讲解。幼年无知，对其义不甚了了，但却能背诵以至琅琅上口。因此，从小受到我国传统文化的浸润，潜移默化，已成为我文化意识中挥之不去的情结了。

大约是一九三五年前后，我随我的一个堂兄到白米庄清源小学读书，开始接受新知识教育。一年后，我们村里也成立了起凤两级小学，我即转回村里读小学，直到高小毕业。一九四一年考入洱源县立初级中学，尔后，又先后在蒙自中学、大理省中读高中，一九四七年高中毕业。我回顾这段读书求学的经历，是想说明当时所接受的教育对我的知识结构的形成，起了重要的影响。

首先是我国传统文化，其中主要是儒学文化的影响，或者可以这样说，虽然还谈不上是文化的

修养，但却培养了对古文的爱好。我不仅可以背诵些诗文，也还学用文言文写作文。在洱源县中读书时的语文老师，是科举出身的老先生，古文功底深厚。到我读高中时的语文老师是一位大学毕业生，国学功底也很深，无疑都给我很大影响。同时，我有一位伯父是清末的文生，寒暑假回家就到他家学古文，《古文观止》上的不少名篇就是跟他读的。从初中到高中的语文教材中，古文的比例也很重，所以，对我国传统文化典籍，也有较多接触。可以这样说，我后来从事中国古代文论和美学的研究，喜爱诗词写作，和青少年时代受的教育是分不开的。

其次，新文化的熏陶，这是主导的方面，除了接受一些自然科学知识外，最多的还是『五四』以来的新文化的影响，而文学艺术的影响尤为明显。高中时代，我对文学有浓厚的兴趣，除古典诗词的爱好之外，尤爱文艺创作。从高中到读大学之前的一段时间内，在省内报刊上发表过为数不少的小说、散文、诗歌、杂文。有一点创作经验和感受，对我后来研究文艺理论和美学，有很大帮助，使我对很多理论概念有比较实在的体会。随着年龄的增长，我逐渐转向古典诗词的创作，这也有助于我对诗词审美的更深一层感悟。

再次，初步接受了一些西方文化的知识，除了在世界历史地理课中得知世界那么大，还有许多外国人文地理外，开始读到一些外国文学作品。

从小学到中学，只不过是我开始吸收知识，陶冶文化修养的阶段，也是我认识世界、认识社会人生的智力开发时期，但是对我后来的学术道路的选择，却也起着重要的影响。虽然，我对数学（包括三角、几何、代数）也感兴趣，成绩也不坏，但是考到大学时的专业选择，我还是毅然决然地报考云南大学文史系文学专业。

二、大学时代：中西文化知识的吸收和文学爱好的形成

一九四八年，我考入云南大学文史系读书，主读文学专业，后文史系分为中文、历史两系，我在中文系就读，可以说我读大学的专业选择，既是满足了我的爱好，也是我今后的学术道路的开始。进入大学后，求知欲很强烈。古今中外文学，中西历史文化，西方美学，俄罗斯苏联文学，马克思主义文艺理论……对我来说都具有很大的吸引力。我如饥似渴地、甚至是有点贪婪地追求新知识。我当时没有家庭经济供给，生活困难，买不起书，所以学校图书馆和设在翠湖的省图书馆，成了我的粮仓，或借书，或进阅览室。那时，很少有玩乐消闲之所，有时间就是读书，因为自己买不

起书，所以每读一本书，特别是比较重要的经典名著，我必写读书笔记。大学时代读书显得有些驳杂，但是俗话说的开卷有益，对我今后的学术研究也大有好处。当然，我读书虽杂，但也不是漫无边际，还是以文学艺术和历史、文化、哲学为主。

第一类：文学作品，除我国古典文学作品外，读的较多的是俄罗斯、前苏联文学作品，对列夫·托尔斯泰、屠格涅夫、契柯夫、普希金、高尔基等的作品，尤为喜爱。西方古典名著比如莎士比亚、狄更斯、雪莱、拜伦等的代表作，也尽我能找到的去阅读。至于解放初期出版的为数不多的我国新文学作品（如赵树理、李季）和老一代著名作家巴金、茅盾等的作品，自然是在我必读书之列。

第二类：文艺理论和美学书籍。我读大学后三年是建国初期，文艺理论学习主要以毛主席《在延安文艺座谈会上的讲话》为纲，以周扬编的《马克思主义与文艺》为必读书，另外就是从前苏联翻译过来的一些文艺理论著作和文章。但是就我和几位同班同学的爱好而言，我们还十分喜爱西方的文艺理论和美学。那时因种种条件限制，我只零星地读了一些有关著作，其中，印象最深的是托尔斯泰的《艺术论》、普列汉诺夫的《艺术与社会生活》、厨川百村的《苦闷的象征》以及弗罗伊德的《精神分析引论》、亨德的《文学概论》、哈忒的《疯狂心理》等等。而我国朱光潜先生的《文艺心理学》等著作，给我的影响很多，使我第一次接触克罗齐的形象的直觉等等理论。这些知识对我来说还只是处于零乱的入门阶段，尚缺乏系统的知识，但对我拓展知识面，扩大学术视野，起了促进的作用。

第三类：中国古代文学史及文学作品。应该说这在读中学时已有较多接触，但较系统的知识还是经过大学文学史课程的学习所得。所读的古典文学作品，除《三国演义》等四大名著认真读过之外，对诗、词、曲、赋类作品，都只是以课堂上举例作品居多，就是对李白、杜甫，也只是多读了几篇，未及全读。对诗词真有点较深的体悟，还是得力于刘文典先生讲授的《温李诗》，他对温飞卿的《商山早行》、李义山的《锦瑟诗》及《无题》诸作的理解，对我如何去分析和解读诗词有很多启发。

我在入大学之前就喜爱文学创作，入学后也以课余时间写作，先后在报刊发表过小说、散文、诗歌等文学作品，这些作品都以《青春试笔》为名收集在我的文集第五卷中。我对创作实在没有什么成就，基本是属于练笔；但是多少有点创作实践，对我后来从事文学理论研究是有帮助的。对一些理论概念的解释，不至流于空泛。尤其是大学毕业后专门从事理论研究，创作也转向传统诗词的写作，对我研究古代文论和美学，影响更为直接。我想，搞文学理论研究，尽可能有些创作实践，二者相辅相成，有利于学术研究。

三、从北大进修到『文革』十年：从文艺理论研究转向中国古代文论研究

大学毕业后留系任教，在文艺理论教研室任秘书。一九五四年，被送到北京大学中文系文艺理论进修班学习，这个班是教育部委托北大中文系办的。当时是新中国建国初期，全国学习前苏联，文艺理论当然也要学习前苏联的『马克思主义文艺理论』。办这个班的目的就是要为全国各综合大学中文系培养文艺理论教师，故专门从前苏联请了毕达可夫来讲课。毕氏是当时被认为前苏联文艺理论权威的季莫菲耶夫的学生，季氏编写了一套文艺理论教科书，影响很大，毕达可夫基本上就是按这套书的体系讲课。我们也就是要不折不扣地接受这套理论。我们班的学员有一些是教授、副教授、系主任，但大多数是青年教师，如复旦大学蒋孔阳，武汉大学王文生，中山大学邱世友，厦门大学蔡厚示，吉林大学王肯等等。北大的美学大家朱光潜教授、蔡仪教授等也来听课，可见当时前苏联的文艺理论以马克思主义理论的身价来到新中国，就具有绝对权威的性质，用历史的观点去看，这也是可以理解的。虽然，后来人们对这套文艺理论对我国文艺理论的影响有很多非议，但我认为只要我们摆脱了教条主义的束缚，回到科学的实事求是的轨道上来，那么，当时引进苏联文艺理论，既是客观环境所必需，就学术而言，作为一种文艺思想传入中国，也有其积极的意义，使我

们有一个比较系统的理论参照系，结合我国文艺的实际情况，也可以形成具有中国特色的自己的文艺理论体系。就我本人而言，我经过在北大两年的学习，直接受益的是不仅学到一些前苏联马克思主义文艺理论的知识，而且使我平时知道的一些零散的文艺理论知识逐步系统化。也可以说我算是较系统地掌握了一种理论工具，使我运用它去研究、参照、比较各种文艺理论，取长补短，转益多师，形成自己的见解。除此之外，我认为我在北大学习所获得的最大收获，就是开拓了学术视野，扩大了学术领域。我从同班来自各大学的同学那里，听到许多各地前辈学者们治学的传闻轶事，使我意识到除了正在学习的前苏联文艺理论之外，还有许多学问。我们也去听中文系主任杨晦先生给本科生上的『文艺学引论』课，其中除重点讲文艺的工农兵方向等等之外，还讲到许多中国古代文学理论，譬如《文心雕龙》、《诗品》等等，这引起我的极大兴趣。有一天我在琉璃厂旧书店买到一本文化书店出版的石印本《文心雕龙》，回去认真阅读起来，我才惊讶地意识到，原来我国古代就有这样精深的文艺理论专著。虽然，我尚未深入研究，但它已经把我的兴趣和注意力引向我国古代文论领域。

回到云南大学后，我给四年级学生讲授『文学理论课』，无疑是要把在北大学的理论传授给学生，对当时文艺理论界讨论很热烈的关于现实主义、浪漫主义、形象思维等问题，我也写过几篇较长的论文。在这当中，我意识到空谈理论是不行的，应结合我国文学实际去研究，尤其需要用这些理论去分析研究我国数千年的文学史。就我的爱好而言，我也有意识地把注意力转向中国古代文学和文论领域；因此，我也就用更多的时间和精力去读古代文论著作，并认真读了一些《中国文学批评史》、《中国文学史》著作，如郭绍虞先生的《中国文学批评史》、刘大杰先生的《中国文学发展史》等等。同时，我重点读了范文澜先生和杨明照先生校注的《文心雕龙》以及人民文学出版社出版的『中国古典文学理论批评专著选辑』系列书籍，这些都对我有很大帮助。从此，我的主要研究方向，从文艺理论转向中国古代文论研究。一九五八年，我第一次给中文系古典文学专门化的同学讲授《中国文学批评文选》课，第一讲就讲陆机的《文赋》，后来，改成《中国文学批评史》课。我在一九五九年七月的一篇日记中有这样一段话，可以看到我当时转向古代文论研究的心思：

研究古典文学，书越读越多，越钻越深，一篇文章或一句话，就够你钻研很长时间，难怪过去有很多人钻进去就钻不出来。不过，我认为只要不在文章字句上钻牛角尖，能够用马列主义武器去深入古书堆中，那么，不仅可以钻出来，而且还可以取得好的东西。我的基础差，但就我的能力范围内，只要围绕『文学批评史』这中心去学习，我想也不是高不可攀的……今天整天钻研关于肖统父子的文学批评及活动资料，很有兴趣。下午，到古典书库借了他们的文集，要讲他们的文学批评，必得读一读他们的文章。

我引这段日记的目的，是想回顾一下我当时的学习情况，研究古代文论，必须从读原文原著入手，同时也表明我转向中国古代文论研究的决心。这不是由于某种实用主义的驱使，而是由于我早年受中国传统文化的影响所形成的兴趣和爱好所使然。那时，我是边学习，边研究，边讲课，发表了几篇有关的论文，其中在《光明日报》副刊发表有《刘勰在〈文心雕龙〉中关于形象思维和比兴手法的论述》、《漫谈刘勰文学观的哲学思想基础》，另在学术刊物上还发表了长篇论文《我国古代文学理论家对文学艺术特征的认识》。虽然，这些文章都还不成熟，但也表明我对古代文论研究的积极性是很高的。

四、『文革』后三十年：个人学术方向定位和发展

一九七六年『文革』结束时，我已进入知『天命』之年，虽已步入老年期，所幸精力尚健，又逢冰融雪化，万物复苏，心情舒畅，多年被压抑的学术情怀，获得解放，故近三十年间，得以集中

精力，从事教学和科研。我围绕给本科生和研究生讲授的『中国古代文学理论』、『中国古代文艺美学』、『《文心雕龙》专题研究』等课程，开展学术研究。

①一九七九年『中国古代文论学会』在昆明成立，云南大学中文系受教育部的委托承办这次会议，整个筹备工作由王文生和我负责。在会议的前前后后一段时间里，我对我自己的研究方向和定位，作了仔细的思考。这之前，我也沿着郭绍虞、罗根泽等老一辈学者所用的『中国文学批评史』这一名称，我把它看做为一门课去讲授，并写了一部讲稿，我曾打算把它写成一部书。这计划因『文革』而搁浅了。到文论学会成立后，我觉得以『中国古代文学理论』去概括我国古代的文论、诗论以及文学批评，似乎更为确切，所以我对原来的打算作了一些修正，拟从文学理论的角度去研究。对一些代表性的重要著作如《文赋》、《文心雕龙》、《诗品》、《沧浪诗话》等等，我都侧重在发掘其理论内涵。久之，更觉得我国古代文学理论博大精深，乍看起来似乎不成体系，综合以观，则贯穿着一条具有民族特色的理论系统。我分别对孔子的文学观、《乐记》论『中和之美』、刘勰的《文心雕龙》、肖统的《文选序》、白居易的《诗论》、严羽的《沧浪诗话》、叶燮的《原诗》、李渔的戏曲理论以及王国维的《人间词话》等，作了较多的研究和思考，更感到我国古代文学理论之丰富精彩。一九八四年上海古籍出版社为我出版的《中国古代文学理论论稿》，基本上反映了我这时期的学术思路。

随着研究视野的拓展，我觉得研究古代文论，不能只停留在就文论谈文论，必须把古代文论放到大文化背景下去考察。首先，不能离开儒、道、佛各个家文化的影响而孤立地谈文论。一九八二年我在《社会科学战线》发表的《论六朝文学理论发达的原因》等论文，基本上体现了我的在大文化背景下去研究文学理论的意向。一九八八年在中国社会科学出版社出的《儒、道、佛美学思想探索》，就是在上述认识的指导下写成的。我在《后记》中曾说：『我们研究一个国家、一个民族的文学艺术，就不能不把它放在这个国家民族的整个文化背景下，从多方面进行透视。中华民族古代文化在它形成的历史过程中，我注意到儒、道、佛三家的思想学说，起了重大的作用，产生难以估计的深远影响。可以说，抽去儒、道、佛三家的思想学说以及由于它们的影响而形成的各种意识形态，要谈中华民族文论，那是不可思议的。』这就是我当时的学术思路。回过头来说，这种思路的形成，还由于接受了朱光潜、钱钟书等老一辈学者的著作的影响，他们的深厚的国学功底，使他们在美学、文学的研究方面，获得那么高的成就，是我们学习的榜样。

这里我还想顺便谈谈我对云南民族文化的肤浅的研究。一九五八年我参加云南民族民间文学大理调查队历时半年的白族文学调查收集工作，在调查的基础上，我们编写出版了《白族文学史》（初稿）。从此以后，我对民族民间文艺及文化也比较注意。后来，我受命出任『西南边疆民族经济文化研究中心』主任，组织主持了一些研究课题，主编研究丛书，出版了一批有影响的著作，其中如《滇文化与民族审美》、《民族文化学》等等。在参加研究的过程中，使我体会到多元民族文化的交流和汉文化对各民族文化的影响。这对我研究我国古代文艺美学和文论，也拓宽了眼界，也扩大了研究领域。二〇〇五年，『中国文联晚霞文库』出版了我的《民族文化与文学》一书，基本上反映了我对这方面的研究成果。这些对我研究中国传统文化与美学，都是有帮助的。

②中国古代文论与古代美学，这又是我长期思考的又一个问题。在研究过程中，我看到同是一部文论、诗论著作，有的在文学理论范畴中去研究，而一些研究中国古代美学的学者们，则又从美学的角度去阐释。以《文心雕龙》而论，这究竟是一部文论专著，还是一部美学专著，我对此感到困惑。后来我想我国古代不像西方早有文学与美学之分，但是总会涉及文学艺术的审美观念和美的特征问题，所以，如果我们把一些文论、诗论著作中的某些最基本的理论，上升到美学的层面上去研究，有助于把我国古代文论研究引向深入。所以从二十世纪八十年代开始，我研究的注意力更多的转向美学，而且想从源头上做起，集中视点于儒、道、佛三家美学思想的比较研究。我认为把三家美学思想作较深入的探索，那么，无论是对魏晋六朝的文艺美学，还是对后来的大量诗话、词话、直至王国维的《人间词话》等等，都可以从中寻绎出我国古代美学思想的发展脉络。当然，我

个人的学识有限，能力也很小，想全面展开研究是不可能的；我只能把视线缩短到先秦至六朝时期的儒、道、佛美学思想，兼及它们对后世某些理论家的影响。我的研究范围和成果，主要表现在一九八八年出版的《儒道佛美学思想探索》和一九九二年出版的《华夏文化与审美意识》两书中；二〇〇四年在《儒道佛美学思想探索》的基础上，补充修订为《儒道佛美学思想源流》一书，较系统地体现了我的总体思路。我在《自序》中说，我在本书中『把儒、道、佛美学思想结合起来综合论述，力图使中国古代美学思想，在中华大文化背景下成为整体，以期从中窥见我国古代美学的系统性。』当然，这只是我的一种理想，要凭我个人的研究而真正理出这系统性，那是很困难的；但是只要经过更多的人的努力研究，这并不是不可能的。

③中西互参，对照研究。我在研究中国古代文论和美学时，力图用西方的一些美学理论做参照去阐释其内涵。我对西方的哲学和美学虽有爱好，但没有专门深入研究，从读大学时代开始，我就喜欢获取这方面的知识，直至如今，我也不忘去读一点有关的书籍，懂得一些有关的常识。当然，我没有条件去做比较文学、比较文化的工作，因为我的外语水平太差，不能读原著，也没精力去深入钻研西方哲学。我只想用我仅有的肤浅的西方哲学和美学知识作为参照，来阐释我国古代文论、美学和哲学的理论内涵，以避免仅靠章句之学（当然，这是基础工作，很重要）的局限性。王国维

是国学大师，但是他对叔本华等西方哲学家都有研究，他参照西方的哲学、美学，所以对《红楼梦》，对古典戏曲，都有独创性的阐释，尤其对『境界』理论的创造性论述，无疑是和他借鉴西方美学分不开的。他不是教条式的照搬西方，而是立足于中国传统文化，对意境、神韵、情志等等美学理论作创造性的发挥。朱光潜先生也运用西方美学的形象直觉说、游戏说、心理距离说等等，结合中国传统哲学，对文艺心理（审美心理）作了独树一帜的阐述。这一些都是成功的范例，我虽力所不能及，但心仪已久，想尽力学习。我这里只不过是谈谈我对这种研究方法的体会，并不是说我对这方面已经做得很好了。

我在研究工作中，也只不过是在力所能及的范围内去参照西方哲学和美学，在我的一些论文中也不一定引经据典，言必称康德、黑格尔，但是他们的哲学中的一些基本观念，总是在脑际使我获得一些新的思路。比如说，我研究孔子和先秦儒家的文学观和美学，我就会想到亚里士多德的《诗学》。当我研究老、庄的著作时，我不能不想到黑格尔的理念说及其辩证方法。当我研究佛学中的『六根互用』说及审美心理中『通感』现象时，我很自然地就想到列宁的《唯物论和经验批判论》中重点批判的英国哲学家阿万那留斯的『感觉复合论』。特别是对意境理论的研究，我有自己的一些看法，主要得力于老、庄的虚实、有无学说和佛学中的缘起说和因明说的启示。在此基础上，我常用西方存主义者们的『在』与『此在』、『自我超越』等类理论和符号学理论中的指称理论等等，参照分析意境的结构层次和语言现象的艺术功能。不久前，我发表了一篇论文《『自我』的『超越性』：以萨特解读老庄》，也是对这种互参方法的尝试。中西互参，或者叫中外互参，这应该说是随着全球经济一体化和信息时代的到来，全球文化交流是必然的趋势。全球文化是否也会一体化？那只是一种设想，但是各国文化大交流和渗透是一种必然的趋势，在交流和互渗中，各国文化又必然保持其独立性而存在，这也是必然的。所以，我们参照西方哲学、美学，阐释我国古代哲学和美学，不但不会西化，反而更可以发掘我国古代哲学、美学的理论内涵而使之发扬光大，更足以彰显我国具有民族特色的文化而屹立于世界人类文化之林。

五、学无止境：几点心得体会

以上所谈，都是对我走过的学术道路所作的实录，平铺直叙，得失之间，未作评述；这样写的目的，是力图求其真实，得与失俱可作借鉴。最后，再谈几点心得体会。

①研究中国古代文论，必须从读原著入手，这是最基础的工作。原著包括古代文论有关原著和重要的文学作品，尤其是诗词。读作品要点面结合，要从章句开始，重点作品要深入研究，例如儒、道、佛各家主要代表作品，又如《文赋》、《文心雕龙》等等，不能只是泛览，而是要从章句入手，参阅诸家注释（有些译文可参阅，但不能只靠翻译的白话文本）。至于古代文学作品如《诗经》、《楚辞》、唐诗宋词及各种类型的文学作品，应尽可能地多读。这个基本功是非具备不可的。当然，这也非一两日之功，而是要成为伴你一生的读书之乐。

②中国文学史、文论史、美学史和中国通史（包括思想史）的四结合。这并不是说要研究者在各方面都成为专家（能做到当然是最好不过），而是说研究中国古代文论和美学，必须同时具备文学史和历史的知识，因为无论是哪一家的文学理论和美学理论，都是在特定的文学发展和历史条件下产生的。就以每一个时代的文学思想而说，都与各个时代的历史发展有关，魏晋南北朝文学理论的发达，是当时的社会历史的产物。宋、元、明、清各个不同的文学思潮的出现，都是如此。这本来是一个很简单的道理，但是我们在研究时，往往被忽略。

③古今中外，多学科融通的研究方法。无论是自然科学或社会科学，随着科学的发展，分科日趋细密。但是，也随着科学的发达，各种学科之间又互相依存，不可分割，尤其是各直接相关的学

科之间，更是互相依赖，互相促进。所以多学科交叉研究、边缘学科的创新，已引起研究者们的重视。当然对于一个研究者来说，多学科不等于要求什么都要精通，但立足于自己从事研究的某一学科，同时掌握一定的相关学科的知识，这是必要的。我国传统学问，大多是文、史、哲兼通，这不是没有道理的。除多学科融通之外，应该中西沟通，古今融通，古为今用，外为中用。学术视野和知识结构，最好是古今中外。研究中国古代文学理论和美学，既要以西方的理论做参照系，又不能不立足于现代去审视过去。我们赞誉一些学术大师，总是用古今淹通、学贯中西一类的话，当然，这并不是谁都可以做到的；但是，学无止境，学术视野要开阔，知识面要广，这倒是做学问所应努力追求的。我自己在研究过程中，总觉得知识欠缺，捉襟见肘，很多学术问题虽然也有自己的一些见解，但要真正去钻研，总觉得力不从心，这都是由于学识浅薄，识见不深的缘故。这里还要顺便说一下，我主张读书要古今中外，绝不是走大而无当、博而寡要的误区，由博返约，由浅入深才是正路。『为学须如金字塔，又能博大又能高』，看来，这句话还是值得我们好好品味的。

二〇〇五年岁次乙酉之冬至

（原载《思想战线》二〇〇四年第六期）